Aktuelle Frauenforschung
Band 41

Bürgerinnenbeteiligung in der Kommune:

Empirische Studie
zur politischen Partizipation von Frauen
am Beispiel
der Zukunftswerkstätten in Heidelberg

Katharina Katt

Centaurus Verlag & Media UG 2000

Katharina Katt, geb. 1961, studierte nach ihrer langjährigen Arbeit als Krankengymnastin Politikwissenschaft, Soziologie und Jura in Heidelberg, Berlin, Frankfurt, San Francisco und Berkeley. Der Schwerpunkt ihres wissenschaftlichen Interesses liegt auf dem Gebiet der Frauenforschung. Sie war insgesamt sechs Jahre Mitglied im Gemeinderat der Stadt Heidelberg und beschäftigte sich dabei maßgebend mit Frauenpolitik. Heute ist sie als Generalsekretärin der Evangelischen Frauenarbeit in Deutschland e.V. tätig.

Die Deutsche Bibliothek – CIP-Einheitsaufnahme

Katt, Katharina:
Bürgerinnenbeteiligung in der Kommune:
empirische Studie zur politischen Partizipation
von Frauen am Beispiel der Zukunftswerkstätten in Heidelberg /
Katharina Katt.– Herbolzheim : Centaurus-Verl.-Ges., 2000
  (Aktuelle Frauenforschung ; Bd. 41)
  ISBN 978-3-8255-0304-8   ISBN 978-3-86226-314-1 (eBook)
  DOI 10.1007/978-3-86226-314-1

ISSN 0934-554X

Alle Rechte, insbesondere das Recht der Vervielfältigung und Verbreitung sowie der Übersetzung, vorbehalten. Kein Teil des Werkes darf in irgendeiner Form (durch Fotokopie, Mikrofilm oder ein anderes Verfahren) ohne schriftliche Genehmigung des Verlages reproduziert oder unter Verwendung elektronischer Systeme verarbeitet, vervielfältigt oder verbreitet werden.

© *CENTAURUS Verlags-GmbH & Co. KG, Herbolzheim 2000*

Satz: Vorlage der Autorin

Für Oliver

Inhaltsverzeichnis

A. EINLEITUNG	1
I. Einführung	1
II. Problemrelevanz und Fragestellung	3
III. Methodisches Vorgehen	6
B. THEORETISCHER TEIL	8
I. Die Zukunftswerkstatt	8
1. Die Methode der Zukunftswerkstatt	8
2. Die Zukunftswerkstätten in Heidelberg	11
2.1. Entstehungsgeschichte	11
2.2. Durchführung und weitere Organisation des Projekts	13
II. Demokratietheoretischer Kontext	15
1. Partizipatorische Demokratietheorie	15
2. Kommunitarismus	18
3. Kritik an partizipatorischen und kommunitaristischen Ansätzen	19
III. Direktdemokratie in der Kommune	22
1. Definitionen	22
2. Direktdemokratie auf kommunaler Ebene	23
3. Bestehende direktdemokratische Beteiligungsformen auf kommunaler Ebene in Baden-Württemberg	25
3.1. Entscheidungsrechte	25
3.2. Initiativrechte	26
3.3. Institutionalisierte Teilhabe der Bürgerschaft am Informationsfluß und Förderung der politischen Willensbildung	26
4. Weitere Ansätze zur Förderung der kommunalen Bürgerbeteiligung	27
5. Zukunftswerkstatt und Direktdemokratie	30
IV. Macht- und Entscheidungsstruktur in der Kommune	31
1. Definitionen	31
2. Community-Power-Forschung	32
2.1. Forschungsansätze	33
2.2. Das Konzept der Veto-Spieler	35

3. Kommunalpolitische Handlungsträger in Heidelberg 35
   3.1. Kommunalpolitische Handlungsträger zur Vertretung von
       Haueninteressen 38
4. Ablauf der kommunalpolitischen Entscheidungsfindung 39
5. Verortung der Zukunftswerkstatt in der kommunalen Macht- und
   Entscheidungsstruktur in Heidelberg 41
   5.1. Die Zukunftswerkstatt im Konzept der "Veto-Spieler" 41

V. Politische Partizipation 43
1. Der Partizipationsbegriff in politikwissenschaftlicher Perspektive 43
2. Dimensionen politischer Partizipation 44
   2.1. Verortung der ZWS im Dimensionalitätsraum politischer
       Partizipation 47
3. Theoretische Ansätze der Partizipationsforschung 50
   3.1. Das sozio-ökonomische Ressourcenmodell 51
   3.2. Der "Rational-Choice"-Ansatz 52
   3.3. Sozio-psychologische Ansätze 53

VI. Einflußfaktoren auf das Partizipationsverhalten 55
1. Subjektive Faktoren 56
   1.1. Sozio-strukturelle Merkmale 56
       1.1.1. Sozio-ökonomische Ressourcen 56
       1.1.2. Alter 56
       1.1.3. Wohndauer 57
   1.2. Sozio-psychologische Merkmale 57
       1.2.1. Politische Sozialisation 57
       1.2.2. Political Efficacy 59
       1.2.3. Zufriedenheit mit dem politischen System 60
       1.2.4. Parteipräferenz 60
       1.2.5. Gratifikation 61
2. Situative Faktoren 62

VII. Politische Partizipation von Frauen 63
1. Thesen der Frauenforschung 65
   1.1. Institutionelle und kulturelle Hemmnisse für die Partizipation von
       Frauen 65
   1.2. Weibliches Politikverständnis 66

2. Einflußfaktoren auf das Partizipationsverhalten von Frauen	69
2.1. Subjektive Faktoren	69
2.1.1. Sozio-strukturelle Merkmale	69
2.1.2. Sozio-psychologische Merkmale	71
2.1.3. Zusätzliche Faktoren des weiblichen Lebenszusammenhangs	75

C. EMPIRISCHER TEIL 77

I. Fragestellung und Hypothesen 77

II. Methode 79

1. Untersuchungspersonen	79
2. Kontrollgruppen	80
3. Konstruktion des Fragebogens	81
4. Variablenoperationalisierung, Validität und Reliabilität	83
4.1. Die unabhängige Variable	84
4.2. Die abhängigen Variablen	84
5. Durchführung und Verlauf der Untersuchung	85
6. Auswertungsstrategie	87

III. Ergebnisse

1. Untersuchungen der Variablen der Partizipationsforschung mit Kontrollgruppen	89
1.1. Sozio-ökonomische Ressourcen	89
1.1.1. Bildung	89
1.1.2 Berufliche Stellung	90
1.1.3. Haushaltseinkommen	90
1.2. Political Efficacy: Politikinteresse	92
1.3. Alter	92
2. Untersuchung der Variablen der Partizipationsforschung ohne Kontrollgruppen	94
2.1. Political Efficacy: Einstellung zum politischen Prozeß	94
2.2. Politische Sozialisation	95
2.2.1. Vorbilder	95
2.2.2. Politische Biographie	96
3. Erklärungsversuche zur Ausbildung von stabilen Gruppenstrukturen in der Zukunftswerkstatt	97
3.1. Signifikante Unterschiede zwischen Teilnehmerinnen und "Abspringerinnen"	98
3.1.1. Unterschiede in den sozio-strukturellen Merkmalen	98
3.1.2. Unterschiede in Motivation und Themeninteresse	100

3.1.3. Unterschiede in der Wahrnehmung des sozialen Klimas
und der Gruppeneinbindung 100
3.1.4. Unterschiede im familiären Rückhalt 102
3.1.5. Unterschiedliches Politikinteresse 102
3.2. Ergebnisse 103
4. Die Teilnehmerinnen der Zukunftswerkstatt und die Institution
"Zukunftswerkstatt" aus ihrer Sicht 104
4.1. Beschreibung der Teilnehmerinnen 104
4.1.1. Sozio-strukturelle Merkmale und Erwerbstätigkeit 104
4.1.2. Zufriedenheit mit dem politischen System und Parteipräferenz 106
4.1.3. Selbstverständnis der Zukunftswerkstatt-Teilnehmerinnen 109
4.1.4. Problemwahrnehmung und Stadtteilbezug 109
4.1.5. Motivation, Gratifikation und persönliche Hindernisse 113
4.1.6. Wirkung der Zukunftswerkstatt auf die Teilnehmerinnen 116
4.2. Die Zukunftswerkstatt aus der Sicht der Teilnehmerinnen 120
4.2.1. Aufgabe und Zielsetzung der Zukunftswerkstatt 120
4.2.2. Arbeitsweise der Zukunftswerkstatt 120
4.2.3. Themen und Erfolge 123
4.2.4. Erfahrungen und Hindernisse 125

D. ZUSAMMENFASSUNG DER ERGEBNISSE 130

I. Ergebnisse des theoretischen Teils 130

II. Ergebnisse des empirischen Teils 131

III. Diskussion der Ergebnisse 135

IV. Ausblick 137

E. LITERATURVERZEICHNIS 139

Liste der Schaubilder

Schaubild 1: Verortung der ZWS in der kommunalen Macht- und
Entscheidungsstruktur in Heidelberg ... 40

Schaubild 2: Verortung der ZWS in den Dimensionalitätsraum politischer
Partizipation ... 49

Schaubild 3: Übersicht über die Darstellung der Ergebnisse ... 88

Schaubild 4: Haushalts-Netto-Einkommen im Vergleich ... 91

Schaubild 5: Bestätigte Variablen der Partizipationsforschung ... 94

Schaubild 6: Einflußfaktoren auf die Gruppenstabilität in der ZWS ... 103

Schaubild 7: Wichtigstes Problem in Heidelberg im Vergleich ... 110

Schaubild 8: Themen der Unzufriedenheit im Stadtteil ... 112

Schaubild 9: Die in der ZWS bearbeiteten Themen ... 123

Schaubild 10: Sozialprofil der "typischen" ZWS-Teilnehmerin ... 133

Liste der Tabellen

Tabelle 1: Übersicht über die Zuordnung der Variablen aus der
Partizipationsforschung   85

Tabelle 2: Abstrakte Motive für das Engagement in der ZWS   113

Tabelle 3: Konkrete Motive für das Engagement in der ZWS   114

Tabelle 4: Übersicht über die erzielten Lerneffekte   118

Abkürzungsverzeichnis

BVerfG   Bundesverfassungsgericht
GemO   Gemeindeordnung für Baden-Württemberg
GG   Grundgesetz
ZWS   Zukunftswerkstatt

A. Einleitung

I. Einführung

Eine klassische demokratietheoretische Debatte wurde 1998 im Landtag von Baden-Württemberg geführt: Um die Mitwirkungsrechte von Bürgerinnen und Bürgern in wichtigen Gemeindeangelegenheiten zu verbessern, hatte die Landesregierung einen Entwurf zur Änderung der Kommunalverfassung eingebracht.[1] Manchen, wie der Initiative "Mehr Demokratie e.V.", gingen die geplanten Beteiligungsrechte nicht weit genug,[2] andere befürchteten, daß dadurch "nur kleine Minderheiten gestärkt werden, die häufig örtliche Projekte verhindern wollen".[3] Gestritten wurde also um das richtige Maß an Partizipationsmöglichkeiten für die Bürgerschaft.[4]

Dieser Streit um das richtige Maß wird als normative Debatte um Beteiligungsrechte und um das Prinzip der Volkssouveränität bereits seit der Antike geführt. Die in der Politikwissenschaft gängige Definition von "Partizipation"[5] besagt, daß über die Beteiligung eine Einflußnahme auf politische Entscheidungen erfolgt. Da somit die Machtverteilung im politischen System zur Diskussion steht, vollzieht sich die Auseinandersetzung um dieses Thema entsprechend kontrovers. Auf der einen Seite postulieren Elitetheorien eine Begrenzung der Bürgerteilhabe auf die Wahl der Repräsentantinnen und Repräsentanten sowie auf die Mitarbeit in Parteien. Die Gegenseite stellt diesem Konzept mit Theorien von der partizipatorischen oder direkten Demokratie das Recht der Bürgerschaft auf umfassende politische Mitbestimmung, z.B. durch Plebiszite, gegenüber.

Aufgrund von negativen Erfahrungen mit diesem Instrument in der Weimarer Republik erfolgte bei der Gründung der Bundesrepublik und der Schaffung des Grundgesetzes eine deutliche Entscheidung für ein antiplebiszitär ausgerichtetes repräsentatives demokratisches System. Die politische Partizipation beschränkte sich bis gegen Ende der 60er Jahre überwiegend auf die Teilnahme an Wahlen,

---

[1] "Kommunales Verfassungsrecht wird novelliert", in: *Staatsanzeiger für Baden-Württemberg*, 12.01.98: 5; "Bürgerbegehren werden erleichtert", in: *Staatsanzeiger für Baden-Württemberg*, 06.07.98: 5.
[2] "Start für landesweites Volksbegehren", in: *Südkurier Konstanz*, 20.06.98: 7.
[3] So der Präsident des baden-württembergischen Gemeindetages Brucker. "Der Gemeindetag warnt: Quertreiber nicht fördern", in: *Schwäbische Zeitung*, 27.01.98: 8.
[4] Der Landtag hat diesen Streit zwischenzeitlich entschieden und die Durchführung von Bürgerbegehren und Bürgerentscheid erleichtert. *Badisches Tagblatt*, 16.07.98: 6.
[5] Verba/Nie 1972: 1-5; Barnes/Kaase et al. 1979: 42; Kaase 1993b: 466

direktdemokratische Partizipationsmöglichkeiten bestanden höchstens vereinzelt in den Ländern oder etwas häufiger in den Kommunen.

Der kommunalen Ebene wurde beim Aufbau des politischen Systems und bei der Schaffung demokratischer Strukturen in der Bundesrepublik Deutschland eine Schlüsselstellung zugewiesen. Gemeindepolitik kann als "Schule der Demokratie" angesehen werden, da angenommen wird, daß positive partizipatorische Erfahrungen auf kommunaler Ebene das politische Kompetenzbewußtsein auch auf nationaler Ebene erhöhen.[6] Die Kommune erfüllt für ihre Bewohnerinnen und Bewohner nicht nur die Funktion einer affektiv wahrgenommenen Heimat, sondern sie ist auch ein Ort, um in der Öffentlichkeit eine Meinung gesprächsweise auszuprobieren und um sich so in das Geflecht der Meinungen und in die gesellschaftliche Konstruktion von Wirklichkeiten einbinden zu lassen.[7] Auch das verfassungsrechtlich garantierte[8] Recht auf kommunale Selbstverwaltung findet in den Partizipationsrechten der Bürger/innen an den öffentlichen Angelegenheiten seinen Niederschlag. So sieht das Bundesverfassungsgericht die Aufgabe der kommunalen Selbstverwaltung auch in der "Aktivierung der Beteiligten für ihre eigenen Angelegenheiten, die die in der örtlichen Gemeinschaft lebendigen Kräfte des Volkes zur eigenverantwortlichen Erfüllung der öffentlichen Aufgaben der engeren Heimat zusammenschließt mit dem Ziel, das Wohl der Einwohner zu fördern und die geschichtliche und heimatliche Eigenart zu wahren".[9] Dabei spielt das Land Baden-Württemberg als "Urland unmittelbarer Demokratie"[10] eine Vorreiterrolle, denn es führte 1956 als erstes Bundesland den Bürgerentscheid als Form der direkten Bürgerbeteiligung auf kommunaler Ebene ein. Die zwischenzeitlich für die kommunale Ebene zu beobachtende Erweiterung partizipatorischer Mitwirkungsmöglichkeiten liegt dabei durchaus im Trend, denn es hat sich in den westlichen Demokratien durchgesetzt, die repräsentative Demokratie durch direktdemokratische Institutionen zu ergänzen.[11]

---

[6] Gessenharter 1996: 6
[7] Ebd.: 5
[8] Art. 28 Grundgesetz; Art. 71 Landesverfassung Baden-Württemberg
[9] BVerfGE 11, 266 (275 f.)
[10] Knemeyer 1995: 146
[11] Allerdings hat die Gemeinsame Verfassungskommission (1992-1993) nicht vorgeschlagen, bei einer Reform des Grundgesetzes verstärkt plebiszitäre Elemente einzuarbeiten. Dies führt Schmidt (1996: 94) auf die Zusammensetzung der Komission aus Mitgliedern des Bundestages und Vertretern des Bundesrates und deren Interesse an einer Konsolidierung des Parteienstaates zurück.

II. Problemrelevanz und Fragestellung

In repräsentativen Demokratien haben zwar formal alle Menschen den gleichen Zugang zum politischen System, in der Praxis wird dieser Anspruch aber nicht eingelöst. Es sind auch nicht alle Bevölkerungsgruppen – und somit ihre Interessen – in den Parlamenten gleichermaßen vertreten. Die Chancen, Macht und Einfluß auf politische Entscheidungen zu nehmen, sind ungleich verteilt.

Eine der unterrepräsentierten Gruppen ist die der Frauen. So betrug der Frauenanteil der Abgeordneten des Deutschen Bundestages 1997 26,3 %[12] und im Landtag Baden-Württemberg 16,1 %.[13] Auch in Heidelberg herrscht in den kommunalpolitischen Gremien ein deutlicher "Männerüberschuß": Im Gemeinderat waren im Juli 1997 32,5 % der Ratsmitglieder weiblich, in den Bezirksbeiräten 25,3 %.[14] Zwar ist auf allen Ebenen des parlamentarischen Systems im historischen Verlauf eine Zunahme des Frauenanteils zu verzeichnen, dennoch kann von tatsächlicher politischer Gleichberechtigung angesichts dieser Zahlen nicht die Rede sein, denn gemessen an ihrem Bevölkerungsanteil – in Heidelberg 53,1 %[15] – sind Frauen nicht adäquat vertreten.

Dem daraus resultierenden Defizit bei der Berücksichtigung der Interessen von Frauen im kommunalpolitischen Prozeß sollte mit der Schaffung der in der vorliegenden Arbeit untersuchten Zukunftswerkstätten (ZWS) begegnet werden. Nach dem Politikverständnis der derzeit amtierenden Heidelberger Oberbürgermeisterin Beate Weber zählt die Beteiligung von Betroffenen am politischen Entscheidungsprozeß zur notwendigen Praxis einer lebendigen Demokratie. Vor diesem Hintergrund ist auch die Einrichtung des Verkehrsforums für den Bereich der Verkehrspolitik und eben der ZWS für die Stadtteilrahmenplanung zu sehen.

Die ZWS ist eine in den 60er Jahren von dem Zukunftsforscher Robert Jungk entwickelte Methode der Meinungsbildung und Entscheidungsfindung in Gruppen, deren Mitglieder aus einem möglichst breiten Bevölkerungsspektrum kommen sollten. Ziel ist dabei, die Gestaltung der Lebens- und Arbeitswelt nicht länger allein Experten zu überlassen, sondern auch die ansonsten im System der repräsentativen Demokratie "Sprachlosen" und "Ungefragten" zu berücksichtigen und eine umfassende Einbeziehung von allen denkbaren Interessen in die Entscheidungsfindung sicherzustellen.

---

[12] Sozialministerium Baden-Württemberg 1997: 3
[13] Ebd.
[14] Eigene Erhebung auf Grundlage der vom Hauptamt herausgegebenen Adressenlisten der Gremienmitglieder.
[15] Stand: 30.06.97. Nach Angaben des städtischen Amts für Stadtentwicklung und Statistik der Stadt Heidelberg gegenüber der Verfasserin.

Die theoretische Entstehung der ZWS fällt zusammen mit der Zunahme der Forderung nach einer erweiterten politischen Beteiligung. Die während der Studentenbewegung eingeleitete und später von Bürgerinitiativen und durch die Entstehung einer postmaterialistischen Gesellschaft vorangetriebene "partizipatorische Revolution"[16] hat erfolgreich zu einer Ausweitung des politischen Verhaltensrepertoires der Bevölkerung geführt. Auch die Proteste der neuen Frauenbewegung gehören in diese Zeit. Im Zuge dieser Entwicklung haben zahlreiche gesetzlich nicht eindeutig geregelte Einflußstrategien neuer sozialer Bewegungen an Bedeutung gewonnen. Auffällig ist ferner die Tendenz des staatlichen Sektors, gesellschaftliche Aktivitäten teilweise zu integrieren. In diesen Bereich fällt z.B. die Schaffung von Frauengleichstellungsstellen in den Verwaltungen.[17] Forderungen der neuen sozialen Bewegungen wurden somit Bestandteil der etablierten Kommunalpolitik.[18] Gleichzeitig mit der gesellschaftlichen Forderung nach mehr Bürgerbeteiligung erfolgte eine Aufwertung der kommunalen Ebene, eine "Politisierung" der Kommunalpolitik.

Die empirische Partizipationsforschung, die sich lange Zeit fast ausschließlich auf Wahl- und Umfrageforschung konzentrierte, trug dem veränderten Partizipationsverhalten der Bevölkerung ebenfalls Rechnung und bezog nicht mehr nur Wahlanalysen, sondern auch neue Beteiligungsformen in ihre Untersuchungen ein. Durch die neue Frauenbewegung motivierte Wissenschaftlerinnen entwickelten eigene Konzepte zur Erklärung weiblichen Partizipationsverhaltens. Eine ihrer Thesen besagt, daß Frauen ein eigenes Politikverständnis aufweisen, das sie andere Partizipationswege wählen läßt als Männer. Wegen des eigenen Politikverständnisses von Frauen plädieren einige dieser Forscherinnen für "eine institutionelle Frauenpolitik der Gegenmacht, für die Ausbildung eigener Machtzentren und für ein Nebeneinander verschiedener Politikformen".[19]

Dies ist eine Forderung, die die Heidelberger ZWS ansatzweise erfüllt, da die Teilnahme an dieser Institution – zumindest während des Einführungsseminars – ausschließlich Frauen vorbehalten war. Die Frauenbeauftragte der Stadt Heidelberg wählte 1993 das Modell der ZWS, um Defizite bei der Beteiligung von Frauen in der Stadtplanung auszugleichen. Ausgangspunkt war die Beobachtung, daß sich Frauen bei den von der Stadtverwaltung durchgeführten Bürgerversammlungen zur weiteren Entwicklung von Stadtteilrahmenplänen kaum beteiligten. Um dieses Demokratiedefizit auszugleichen, beschloß das Amt für Frauenfragen, auf Stadtteilebene Zukunftswerkstätten für Frauen anzubieten. So wur-

---

[16] Kaase 1982: 177
[17] Meyer 1990: 12
[18] Roth 1994: 237
[19] So Marianne Rodenstein in ihrem Vortrag auf einer Tagung des Arbeitskreises "Lokale Politikforschung" am 28.03.96 im Institut für Politische Wissenschaft in Heidelberg.

den die ZWS – bundesweit erstmalig und bisher einmalig – in allen Stadtteilen durchgeführt und in die Rahmenplanung jedes einzelnen Stadtteils integriert. In mehreren Stadtteilen existieren die ZWS bis heute, in anderen Stadtteilen kamen sie hingegen über ein erstes Treffen nicht hinaus.

Obgleich die ZWS zunächst eine Methode zur gruppeninternen Meinungsbildung und Entscheidungsfindung ist, stellt sie aus politikwissenschaftlicher Sicht eine Beteiligungsform dar, da nach dem Selbstverständnis die Arbeitsergebnisse der ZWS der Öffentlichkeit oder der Stadtverwaltung vorgelegt werden sollen. Die neuere Partizipationsforschung differenziert u.a. zwischen der Beteiligung an Aktivitäten im unkonventionellen Bereich (Beteiligung an Bürgerinitiativen, neuen sozialen Bewegungen) und Aktivitäten im konventionellen Bereich (Parteien, Wahlen, Parlamente). Bei den von der Frauenbeauftragten eingerichteten ZWS handelt es sich im engeren Sinne nicht um Aktivitäten im unkonventionellen Bereich, da die ZWS nicht von den betroffenen Teilnehmerinnen selbst initiiert worden sind. Allerdings unterfallen sie auch nicht dem konventionellen Bereich, da sie parteiunabhängig arbeiten. Die Zukunftswerkstätten und ihre Teilnehmerinnen liegen gewissermaßen "zwischen" diesen Bereichen.

In Untersuchungen der politischen Beteiligung von Frauen steht das weibliche Wahlverhalten, der Frauenanteil in Parteien und Parlamenten und die von Frauen dort erlebte Situation im Vordergrund. Häufig wird dabei beklagt, daß der Forschungsstand und die Materiallage zu "Frauen und Politik" dürftig ist. Werden Einflußfaktoren auf das Partizipationsverhalten von Frauen analysiert, dann beziehen diese sich meist auf Frauen, die in konventionellen Beteiligungsformen aktiv sind. Hingegen liegen nur wenige Untersuchungen über Frauen vor, die sich im unkonventionellen Bereich engagieren. Die vorliegende Arbeit versteht sich daher als Beitrag sowohl zur Partizipations- als auch zur Frauenforschung.

Folgende Fragen sollen geklärt werden:
- Wer sind die ZWS- Teilnehmerinnen? Was unterscheidet sie von Frauen, die nicht oder nicht mehr teilnehmen?
- Welche Faktoren wirken auf ihr Partizipationsverhalten? Unter welchen Rahmenbedingungen partizipieren sie? Warum nehmen sie an der ZWS teil, in welchen Aspekten überwiegt der Nutzen der Partizipation die Kosten?
- Welchen Effekt hat ihr Engagement in der ZWS auf die Teilnehmerinnen? Was haben sie gelernt? Ist es zu einer Politisierung gekommen?
- Was unterscheidet die Teilnehmerinnen von den Frauen, die an der ZWS interessiert, zu einer kontinuierlichen Mitarbeit aber nicht bereit waren? Welche Gründe haben diese bewogen, "abzuspringen"? Wie bilden sich stabile Strukturen aus?

- Wie wird die ZWS aus Sicht der Teilnehmerinnen bzw. der ehemaligen Teilnehmerinnen beschrieben? Mit welchen Themen beschäftigen sich die Frauen? An wen wenden sie sich mit ihren Anliegen? Wo sehen sie Erfolge, Mißerfolge, Hindernisse? Wie evaluieren sie selbst das Projekt und ihre Arbeit?

Gegenstand dieser Untersuchung sind jedoch nicht nur die Akteurinnen der ZWS, sondern auch das Instrument der Zukunftswerkstatt als Form der Bürgerbeteiligung. Die vorliegende Arbeit versucht somit auch, einen Beitrag zur lokalen Politikforschung zu leisten.

III. Methodisches Vorgehen

Ob eine Bürgerin oder ein Bürger sich politisch beteiligt, wird von einem komplexen Zusammenspiel zwischen institutionellen Strukturen, äußeren Ereignissen und individuellen Merkmalen beeinflußt. Um die verschiedenen Aspekte der Partizipation in der ZWS aus unterschiedlichen Perspektiven zu betrachten, gliedert sich die vorliegende Arbeit in einen theoretisch-formalen Teil und in einen empirischen Teil.

Im *theoretischen Teil* wird zunächst die ZWS als Instrument zur Bürgerbeteiligung untersucht. Dabei wird die Methode der ZWS und ihre Durchführung in Heidelberg vorgestellt und anschließend der demokratietheoretische Kontext der ZWS erläutert. Im Anschluß an die Diskussion, ob die ZWS als direktdemokratisches Instrument zu begreifen ist, erfolgt eine Einordnung der ZWS in das Macht- und Entscheidungsgefüge Heidelbergs. Dabei wird auf die Community-Power-Forschung und das Veto-Spieler-Konzept Bezug genommen. Zu einer umfassenden Analyse des Instruments gehört ferner eine Einordnung in den Dimensionalitätsraum der politischen Partizipation. Darauf folgt eine Darstellung der theoretischen akteursbezogenen Ansätze der Partizipationsforschung und der empirisch nachgewiesenen Einflußfaktoren auf das Partizipationsverhalten. Aus den Erkenntnissen der Partizipationsforschung werden dabei die Fragestellungen und Hypothesen abgeleitet, die in dieser Arbeit untersucht werden sollen. Ferner werden die von der Frauenforschung aufgestellten Thesen vorgestellt und daraus Einflußfaktoren auf das Partizipationsverhalten von Frauen abgeleitet. Da eine umfassende Partizipationsforschung anerkennt, daß multiple Faktoren auf das individuelle Partizipationsverhalten wirken, wird hier mit einer Kombination der verschiedenen Erklärungsansätze gearbeitet. Diese multikausale Vorgehensweise ist erforderlich, um der Komplexität des Untersuchungsgegenstandes gerecht zu werden.

Im *empirischen Teil* stehen dann die Akteurinnen, also die aktuellen Teilnehmerinnen und die ehemaligen Teilnehmerinnen der ZWS, im Mittelpunkt. Durch die Analyse ihres Partizipationsverhaltens soll der Versuch unternommen werden, der Lösung des "puzzle of political participation"[20] näher zu kommen.

Kurz vor der hier vorliegenden Untersuchung wurde am Institut für Politische Wissenschaft unter der Leitung von Dr. Dieter Roth eine Erhebung durchgeführt, bei der die Heidelberger Bevölkerung zur Kommunalpolitik in ihrer Stadt befragt wurde. Mit Hilfe der dabei ermittelten Daten konnte eine geeignete Kontrollgruppe – eine repräsentative Gruppe von "Durchschnitts-Heidelbergerinnen" – gebildet werden, mit der die ZWS-Teilnehmerinnen kontrastiert werden können. Zu weiteren davon nicht abgedeckten Fragen erfolgt eine Verwendung von Daten der sozialwissenschaftlichen Erhebung ALLBUS, wodurch das Modell der "Durchschnitts-Baden-Württembergerin" konzipiert wird. Insoweit stellt die vorliegende Arbeit eine vergleichende Feldstudie dar, bei der auch Methoden der vergleichenden Analyse zur Anwendung kommen. Sofern allerdings zu einzelnen Fragen keine Kontrollgruppe vorliegt, erfolgt lediglich eine beschreibende Darstellung der Teilnehmerinnen der ZWS.

Zum Abschluß findet anhand der ermittelten Ergebnisse aus politikwissenschaftlicher Sicht eine Auseinandersetzung mit der Frage statt, ob die ZWS ein geeignetes Instrument zur Bürgerbeteiligung darstellt. Es wird erörtert, ob die ZWS den selbst erhobenen Anspruch erfüllt, den Ungehörten und Ungefragten – in diesem Fall den im politischen System unterrepräsentierten Frauen – die Durchsetzung von Interessen zu erleichtern. Diskutiert wird, ob eine institutionelle Verankerung der ZWS in der Kommunalverfassung zur Verringerung von Demokratiedefiziten erstrebenswert ist.

---

[20] Brody 1978 (zit. nach Dalton 1996: 63)

B. Theoretischer Teil

I. Die Zukunftswerkstatt

1. Die Methode der Zukunftswerkstatt

Der Begriff "Zukunftswerkstatt" bezeichnet eine Methode, die von Robert Jungk und Norbert Müller Mitte der 60er Jahre entwickelt wurde. Ihr Ausgangspunkt ist die Beobachtung, daß im politischen System nicht alle Bürgerinnen und Bürger in politische und administrative Entscheidungsprozesse einbezogen sind. Es besteht – so Jungk – eine "Lücke im demokratischen System".[21] Die Zukunftswerkstatt ist ein Instrument, das den Ungehörten, Ungefragten und Unbeteiligten die Möglichkeit bieten soll, sich an den sie betreffenden Problemen und Planungsvorhaben zu beteiligen. Interessierte Personen aus unterschiedlichen Lebenszusammenhängen, mit unterschiedlichen Sichtweisen und Bildungsvoraussetzungen sollen durch die Zukunftswerkstatt in die Entscheidungsfindung miteinbezogen werden, "die sonst nur Politikern, Experten und Planern vorbehalten ist".[22] Auf diese Weise soll das diagnostizierte Demokratiedefizit gemindert werden.

Die ZWS versucht dabei, auf die Teilnehmer/innen zuzugehen und direkt bei ihrem Alltagsempfinden anzusetzen. In einem kreativen Klima sollen Intuition und Emotion eher angesprochen werden als rationales Denken, das zu sehr an der Realität orientiert ist. Die Teilnehmer/innen werden nach ihren individuellen Wünschen befragt. Im Gegensatz zum gewohnten logischen Denken steht dabei die individuelle Phantasieentfaltung in der Gruppe im Mittelpunkt. Soll sich Phantasie entfalten können, muß wissenschaftliches Vorgehen, das ständige Absicherung und beweisbare Zusammenhänge fordert, zunächst erst einmal zurückgestellt werden. Intuitives, emotionales Denken ist notwendig, um den wirklichkeitsnahen, rationalen Rahmen sprengen zu können. Ziel ist letztendlich, möglichst viele Ideen in die Entscheidungsfindung einfließen zu lassen, die in einen "utopischen Entwurf"[23] münden. Auf diese Weise kann sich nach Jungks Ansicht eine innovative Kraft formieren, die sich zu einem Motor für soziale Neuerungen entwickelt.

Doch auch rational-analytisches Denken hat in der ZWS einen Platz, da die durch intuitiv-emotionales Denken gewonnenen ersten Arbeitsergebnisse in den

---

[21] Jungk/Müller 1981: 17
[22] Ebd.: 20
[23] Ebd.: 21

folgenden Arbeitsphasen miteinander verbunden und im letzten Arbeitsschritt auf ihre Realisierbarkeit geprüft werden. Dadurch wird gewährleistet, daß einerseits der Realitätsbezug nicht verloren geht, sich andererseits aber Phantasie und Kreativität voll entfalten können und auch die Entstehung unorthodoxer Vorschläge möglich ist. Diese kombinierte Vorgehensweise ist wohl eines der auffälligsten Merkmale der Werkstattmethode, die auf ihre Beziehung zu Kreativitätstechniken in der Psychologie hinweist und sie von anderen Formen der Bürgerbeteiligung unterscheidet. Der Ablauf einer ZWS gliedert sich in vier Teile:

1. Vorbereitungsphase: Bevor die eigentliche Arbeit in der ZWS beginnt, werden den Teilnehmenden von einer Moderatorin oder einem Moderator die Methode, die Geschichte, die dahinterstehende Idee und die anvisierten Ziele erläutert. Die Teilnehmer/innen werden rechtzeitig mit der Vorgehensweise und mit dem Arbeitsstil (Arbeit im Plenum und in Kleingruppen, mit Wandzeitungen, den "methodischen Spielregeln", etc.) vertraut gemacht. Bestehende Bedenken gegenüber der zunächst wenig zielorientiert erscheinenden Methode der Zukunftswerkstatt sollen abgebaut werden. Durch eine Vorstellungsrunde ist ein erstes Kennenlernen in der Gruppe möglich.

2. Kritikphase: Mit ihr beginnt die eigentliche Zukunftswerkstatt. Die Teilnehmer/innen listen spontan Kritik am Ist-Zustand auf und halten diese auf Wandzeitungen fest, ohne sie zu diskutieren und zu bewerten. Im Rahmen der kritischen Bestandsaufnahme können die Teilnehmer/innen erst einmal ihre Unzufriedenheit, ihre Frustration, aber auch ihre Wut äußern, und sie können erfahren, was andere an dem Thema betrifft. Die Kritikpunkte werden anschließend thematisch geordnet und in Arbeitsgruppen vertieft.

3. Phantasiephase: Die intensive und positive Auseinandersetzung mit der Kritik erfolgt durch das Formulieren von Phantasien und Utopien zum Thema. Ohne Rücksicht auf Gesetze, Vorschriften, finanzielle Restriktionen, auf das "Machbare", sollen die Probleme in einen neuen Kontext gestellt und Lösungen gefunden werden. Wie die Erfahrungen gezeigt haben, ist diese Phase für die Teilnehmer/innen meist die schwierigste. Oft ist das realistische Denken so vorherrschend, daß es sehr schwierig ist, sich ohne Grenzen auszumalen, "wie's wäre, wenn's schön wäre".[24] Utopien werden häufig kaum eingebracht oder bereits unter ihrem Machbarkeitsaspekt formuliert. Dabei geht es in der Phase gerade darum, gewohnte Denkschemata zu verlassen und Raum für offenes, spontanes Verhalten zu schaffen. Dadurch sollen neue, auch unorthodoxe Vorschläge ent-

---

[24] Deutscher Volkshochschulverband 1990: 57

stehen. Phantasie-Stichworte werden zunächst gesammelt, dann werden sie entweder zu Phantasiethemenkreisen zusammengefaßt, oder es wird versucht, einen "utopischen Entwurf" zu formulieren.

4. Realisierungs- oder Projektphase: Die Ideen aus der dritten Phase werden gewichtet, und erste Schritte für deren Verwirklichung kommen zur Sprache. "Utopische Entwürfe" oder Phantasiethemenkreise werden einer kritischen Prüfung unterzogen und auf Durchsetzbarkeit untersucht. Robert Jungk weist darauf hin, daß es an dieser Stelle zu einem "Realitätsschock" für die Teilnehmer/innen kommen kann, wenn zwischen den Utopien und den realen Bedingungen eine große Diskrepanz besteht. Dieser Umstand kann dazu führen, daß den Teilnehmer/inne/n gesellschaftliche, politische oder auch ökonomische Zusammenhänge bewußter werden und es vielleicht sogar zu einer Politisierung der Teilnehmer/innen kommt. In der Zukunftswerkstatt wird diskutiert, an wen sich die Teilnehmer/innen mit ihren Vorschlägen und Ergebnissen wenden können und wollen. Expert/inn/en, Fachleute aus der Verwaltung, die Kriterien für die Verwirklichung beitragen können, sollen hinzugezogen werden. Schließlich wird das "Machbare" als Verwirklichungsziel zusammengefaßt bzw. die noch zu schaffenden Rahmenbedingungen für die Durchsetzung der Vorschläge und Entwürfe werden festgehalten. Es sollte auch diskutiert werden, welche Mittel zur Verfügung stehen, um Aufmerksamkeit zu erreichen und Ideen umzusetzen.

Sind alle Phasen der Zukunftswerkstatt durchlaufen worden, so kann am Ende von den Teilnehmer/inne/n ein Forderungskatalog aufgestellt werden, der an Interessierte weitergegeben oder veröffentlicht werden kann, damit die Ergebnisse in den Entscheidungsprozeß miteinfließen können. Vorschläge und Pläne sollten einer breiteren Öffentlichkeit vorgestellt werden, um deren Reaktion kennenzulernen und für eine weitere Konkretisierung und Durchsetzung der Pläne zu nutzen. Es können Arbeitsgruppen gebildet werden, die über das Ende der eigentlichen Zukunftswerkstatt hinaus Projekte weiter bearbeiten. Die Weiterarbeit in den Arbeitsgruppen nach der Zukunftswerkstatt nennt Robert Jungk "Permanente Werkstätten".

Die Stärken des Instruments "Zukunftswerkstatt" liegen laut Dickhaut/Saad in der intensiven Ideenfindungsphase, der ganzheitlichen Herangehensweise, der zielgruppenorientierten Informationsaufarbeitung, der konsensualen Entscheidungsfindung und dem geringen finanziellen und zeitlichen Aufwand. Als Schwächen werden mengenmäßig geringe Informationsvermittlung und teilweise geringe Ergebnisorientiertheit, unkonkrete oder ausschnitthafte Ergebnisse genannt.[25]

Seit diese Methode in Deutschland und im Ausland eingeführt und weiterentwickelt wurde, haben hunderte von Zukunftswerkstätten in den verschiedensten Lebens- und Arbeitsbereichen stattgefunden. So wurden beispielsweise zwölf Zukunftswerkstätten in den Stadtteilen von Basel unter dem Motto "Ökostadt Basel: Gemeinsam für ein lebendiges Quartier" veranstaltet,[26] in Wuppertal wurden vier themenbezogene Zukunftswerkstätten (z.B. "Kulturstadt Wuppertal")[27] angeboten, in Hamburg wurde eine Zukunftwerkstatt ausschließlich für ältere Menschen im Stadtteil Steilshoop organisiert,[28] und in Augsburg fand eine stadtweite ZWS statt.[29]

Die Mehrzahl dieser Zukunftswerkstätten wurden gemischt-geschlechtlich durchgeführt. Eine Ausnahme bildet die Zukunftswerkstatt in Hagen, die 1993 zur frauengerechten Gestaltung des Stadtteils Hagen-Vorhalle veranstaltet wurde.[30] Das Heidelberger Angebot von Zukunftswerkstätten in allen Stadtteilen, die sich ausschließlich an Frauen richten und die sich als permanente Zukunftswerkstätten etabliert haben, ist hingegen einzigartig in der Bundesrepublik.

2. Die Zukunftswerkstätten in Heidelberg

2.1. Entstehungsgeschichte

Bei ihrer Wahl zur Oberbürgermeisterin im Jahre 1990 hatte Beate Weber den Bürgerinnen und Bürgern mehr Bürgerbeteiligung versprochen. Ausgehend von einem partizipatorischen, einem "kommunikativen Politikverständnis"[31] hat sich die Oberbürgermeisterin seither für eine stärkere Einbindung und Beteiligung der von Entscheidungen betroffenen Heidelbergerinnen und Heidelberger eingesetzt. So wurden verschiedene Gremien, wie z.B. das Verkehrsforum, implementiert oder die öffentlichen Veranstaltungen zur Erstellung eines Tourismusleitbildes durchgeführt.

Um Bürgerbeteiligung auch für die Stadtentwicklungsplanung zu gewährleisten, wurde von der Oberbürgermeisterin die Erstellung von Stadtteilrahmenplä-

---

[25] Dickhaut/Saad 1994: 19
[26] Verein Ökostadt, Basel/Ökozentrum Langenbruck (Hrsg.) 1989
[27] Wuppertal, Kulturamt/Amt für Stadtenwicklung (Hrsg.) 1990
[28] Martin-Luther-Gemeinde Steilshoop, Hamburg et al (Hrsg.) 1991
[29] Pfaff/Deimer 1994
[30] Frauengleichstellungsstelle Hagen 1992
[31] Schneider 1997: 140

nen angeregt, bei denen die dezentrale Aufarbeitung der Alltagsbedürfnisse möglichst vieler Menschen bereits während des Planungsprozesses Berücksichtigung finden soll. Die Stadtteilrahmenpläne tragen – ausgehend von den Bestandsaufnahmen in den einzelnen Stadtteilen – dazu bei, soziale, ökonomische, ökologische und städtebauliche Fragen zu klären und die Entwicklung im jeweiligen Stadtteil zu fördern. Gleichzeitig sollen sie die Prioritätensetzung innerhalb des gesamtstädtischen Haushaltsplanes erleichtern und einen gesamtstädtischen Entwicklungsplan vorbereiten, der bis zum Jahre 2010 die Ziele und das Handeln der Verwaltung absteckt.

Um den Bürgerinnen und Bürgern die Partizipation an der Stadtentwicklungspolitik zu erleichtern, veranstaltete die Verwaltung 1992 die ersten Stadtteilgespräche im Rahmen der Entwicklung der Stadtteilrahmenpläne. Diese Gespräche waren als Bürgerveranstaltungen konzipiert, auf denen von Verwaltungsseite aus ein Überblick über die Situation im Stadtteil und den Verfahrensablauf der Stadtentwicklung gegeben werden sollte. Auch die Leiterin des 1992 neu geschaffenen städtischen Amtes für Frauenfragen, Dörthe Domzig, besuchte diese Veranstaltungen und stellte fest, daß Frauen im Publikum kaum vertreten waren.

Über die Gründe kann nur spekuliert werden: Vermutlich haben Frauen mehr Probleme als Männer, auf einer öffentlichen Versammlung zu sprechen. Ein Grund könnte außerdem darin liegen, daß Frauen ihre Anliegen nicht relevant oder "politisch" genug erscheinen, um sie auf einer solchen Veranstaltung vorzutragen. Zu Domzigs Beobachtungen kam hinzu, daß in öffentlichen und privaten Planungsbüros überwiegend Männer arbeiten, und daß auch die mit der Stadtentwicklung befaßten Gremien eine starke Überrepräsentanz männlicher Mitglieder aufweisen.[32] Ihrer Meinung nach führt dieser Umstand zu einer Stadtplanung, die sich "...fast ausschließlich an den Interessenlagen von nur berufstätigen, erfolgreichen Mittelschichtsmännern zwischen 30 und 60 Jahren"[33] orientiert. Dörthe Domzig beschloß deshalb, eine spezifische Veranstaltung zu initiieren, die ausschließlich für Frauen organisiert werden sollte, um betroffene Bürgerinnen anzusprechen. Sie wollte dadurch das Interesse von Frauen an Stadtentwicklung und -planung wecken und sie dazu motivieren, eigene Ideen daran zu formulieren und einzubringen.

Für das Beteiligungsmodell "Zukunftswerkstatt" entschied sie sich, da dieses genügend Zeit bietet, um Alltagsbelange ernsthaft zu untersuchen. Als "frauenfreundlich" erachtete Domzig, daß eine mögliche "Schwellenangst" durch die Stadtteilbezogenheit der Veranstaltung und durch das systematische Angebot von Kinderbetreuung sowie die Zahl und Länge der Pausen gemindert wird. Ein wei-

---

[32] Domzig 1995: 7
[33] Ebd.: 9

terer Pluspunkt wurde darin gesehen, daß in der ZWS persönliche Interessen unzensiert zum Ausdruck gebracht werden können.[34]

Das Amt für Frauenfragen erhoffte sich von einer so gestalteten Bürgerinnenbeteiligung nicht nur ein genaueres Bild der Interessenlagen und Anliegen von Frauen, sondern es wollte Frauen auch dafür gewinnen, sich mit den eigenen Vorstellungen aktiv in die Politik einzumischen. Die gewählte Beteiligungsform war ein Versuch, auch solche Frauen für das "Politikmachen" im weitesten Sinne zu motivieren, die bisher weniger oder gar nicht damit vertraut sind.[35] Für alle Beteiligten sollte deutlich werden, welche Entscheidungswege bei der politischen Planung durchlaufen werden und welche Möglichkeiten zur Mitbestimmung, insbesondere bei der Entwicklung des eigenen Stadtteils, offen stehen.[36]

2.2. Durchführung und weitere Organisation des Projekts

Die erste Zukunftswerkstatt wurde im Oktober 1992 im Stadtteil Kirchheim initiiert, die letzte vom Amt für Frauenfragen moderierte ZWS wurde im Dezember 1994 in der Altstadt organisiert. Die einzelnen Seminare wurden analog der Vorgehensweise bei der Stadtteilrahmenplanung durchgeführt, d.h. die Zukunftswerkstätten fanden nacheinander in allen 14 Stadtteilen statt, in denen es zuvor Stadtteilgespräche gegeben hatte.

Zunächst wurde die Zukunftswerkstatt in der lokalen Presse angekündigt. Die Teilnehmerinnen sollten in einer Tagesveranstaltung in Form eines Workshops die Gelegenheit erhalten, ihre Kritik an der bisherigen Gestalt und Entwicklung ihres Stadtteils vorzutragen. Sie waren zudem aufgefordert, zu zentralen Kritikpunkten utopische Gegenentwürfe zu formulieren. Um den Bekanntheitsgrad für die Zukunftswerkstatt zu erhöhen, wurden gleichzeitig Flugblätter in Geschäften der Stadtteile ausgelegt, die die Zukunftswerkstatt ankündigten, und es wurden Briefe an Multiplikatorinnen verschickt. Um möglichst vielen Frauen die Teilnahme zu ermöglichen, wurde eine Kinderbetreuung während des Tagesseminars angeboten.

---

[34] Ebd.: 9

[35] Ebd.: 10

[36] Die ZWS läßt sich auch mit den Forderungen vereinbaren, die von Expertinnen, die sich mit politischer Bildung von Frauen befassen, aufstellen: Die Bildung müsse dort stattfinden, wo "sich die politische Betätigung von Frauen abspielt: Nicht in Parteien, sondern eben auch in sozialen Einrichtungen, in der Nachbarschaft, in Frauen- und Bürgerinitiativen" (Augstein 1990: 76). Auch andere von Augstein erhobene Forderungen, nämlich, daß sich Bildungsangebote ausschließlich an Frauen richten sollten, flexible Zeiten und Kinderbetreuung aufweisen sollten, wurden dadurch erfüllt.

Die Zukunftswerkstätten wurden unterschiedlich aufgenommen. In Kirchheim beispielsweise nahmen 27 Frauen teil, in Neuenheim hingegen nur vier. Zunächst wurden die Arbeitsergebnisse vom Amt für Frauenfragen protokolliert, den Teilnehmerinnen zur Verfügung gestellt und in die Arbeit der Stadtverwaltung eingebracht. Konkrete Ergebnisse, die aus den einzelnen Zukunftswerkstätten resultierten, flossen dabei im Rahmen des Gesamtprojekts in die Stadtteilrahmenpläne für die einzelnen Stadtteile mit ein. Ein weiterer wichtiger Schritt im Verlaufsprozeß waren Leitlinien für die zukünftige Stadtplanung, die das Amt für Frauenfragen aus den Arbeitsergebnissen der Werkstätten entwickelte. Diese Leitlinien umfaßten dabei Politikfelder wie Sicherheit, Wohnraum und soziales Umfeld, aber auch Infrastruktur und Verkehrspolitik. Ziel dieser Leitlinien war es, Anhaltspunkte zu schaffen, die Stadtplanern Orientierungshilfen an die Hand geben.

Die Arbeitsergebnisse der Werkstätten wurden ebenfalls an die zuständigen Ämter weitergegeben, wo geprüft wurde, inwieweit eine kurzfristige Umsetzbarkeit konkreter Anliegen möglich ist. Die Ergebnisse der jeweiligen Stadtteil-Zukunftswerkstatt wurden in einem eigenen Abschnitt "Exkurs: Zukunftswerkstatt – Frauen gestalten ihren Stadtteil" in die "Bestandsaufnahme, Prognose und Bewertung" des Stadtteilrahmenplanes eingegliedert.

Das Amt für Frauenfragen zog sich anschließend zurück und regte zuvor jedoch gegenüber den Teilnehmerinnen an, die Zukunftswerkstätten in Form von permanenten Werkstätten weiterzuführen. In elf Stadtteilen wurde die Arbeit fortgesetzt. Die gegenwärtig noch bestehenden Heidelberger Zukunftswerkstätten sind in diesem Sinn daher "Permanente Werkstätten". Diese Werkstätten gehen inzwischen allerdings nicht mehr nach der oben geschilderten mehrphasigen Jungk'schen Methode vor. Da die Methode der ZWS aufgegeben wurde, liegt hier streng genommen kein Unterschied mehr zu sonstigen Gruppen, Bürgerinitiativen oder Interessensvereinigungen vor.

In den Stadtteilen Boxberg und Bergheim kamen keine permanenten Werkstätten zustande, in Rohrbach wurde die Arbeit nach einer gewissen Zeit wieder eingestellt. Die Teilnehmerinnen der heutigen Gruppen setzen sich aus Frauen zusammen, die bereits an dem ersten Tagesseminar teilgenommen haben und aus Frauen, die später dazugekommen sind. Neben den regelmäßig Mitarbeitenden helfen meist noch zusätzlich einige Frauen "ihrer" Zukunftswerkstatt bei besonderen Aktionen, nehmen ansonsten aber nur sporadisch teil.

Die weiter existierenden Zukunftswerkstätten haben eine zum Teil sehr unterschiedliche Entwicklung durchlaufen: Zwei Teilnehmerinnen der ZWS Neuenheim haben einen gemischt-geschlechtlichen Seniorentreff eingerichtet, der von bis zu 20 älteren Menschen wöchentlich besucht wird. Diese begreifen sich nicht als Nachfolger/innen des Zukunftswerkstattprojekts. Die Zukunftswerkstatt Altstadt hat sich neu formiert und nennt sich seit September 1996 "Frauen für Kinder", da sie ihren Arbeitsschwerpunkt in der Vertretung von Kinderinteressen sieht. An ihren Sitzungen nehmen auch vereinzelt Männer teil. Auch die ZWS Weststadt/Südstadt hat sich von einem reinen Frauenprojekt entfernt und für Männer geöffnet. Sehr unterschiedlich ist auch die Teilnehmerinnenzahl: Neben kleinen Gruppen mit fünf Teilnehmerinnen (z.b. Kirchheim) existieren größere Gruppen, wie z.B. in Ziegelhausen, deren 20 Teilnehmerinnen sich in zwei Gruppen mit unterschiedlichen Arbeitsschwerpunkten teilen konnten.

II. Demokratietheoretischer Kontext

Seit demokratische Verfassungen diskutiert werden, stehen Art und Ausmaß der Beteiligungsrechte der Bürger im Mittelpunkt einer kontroversen demokratietheoretischen Debatte. Im wesentlichen lassen sich dabei zwei Richtungen unterscheiden: Auf der einen Seite stehen die Verfechter der repräsentativen Demokratie (auch "Realisten" oder "Elitisten" genannt), die die Bürgerbeteiligung begrenzen und auf die Auswahl der Repräsentanten im Rahmen der Wahl miteinander konkurrierender Parteien beschränken wollen. Zu den prominentesten Vertretern dieser Denkrichtung gehören Max Weber, Joseph Schumpeter und Anthony Downs.

Die Anhänger der partizipatorischen Demokratie (auch "kritische" Demokratie genannt) hingegen fordern eine umfassende bürgerschaftliche Beteiligung ein. Sie fragen sich, ob ein geringes Maß an Partizipation nicht demokratieschädlich sei[37] – eine Fragestellung, die sich den Realisten so niemals stellen würde. Da es sich bei den Zukunftswerkstätten um ein Instrument zur Stärkung der Bürgerinnenbeteiligung handelt, liegt der Schwerpunkt der folgenden Darstellung bei der partizipatorischen Demokratietheorie.

1. Partizipatorische Demokratietheorie

Die partizipatorische Demokratietheorie hat ihre Wurzeln bereits in den klassischen Demokratiedebatten der Antike. Sie wurde im historischen Verlauf durch Rousseau, Tocqueville, durch anarchistische,[38] liberale und marxistische Positionen fortentwickelt. Eine Neubelebung der vor allem normativ geführten Debatte

---

[37] Wie z.B. Barnes/Kaase 1979: 84, die sich wegen der geringen Partizipationsneigung der Bevölkerung um die Demokratie in Großbritannien sorgen.

[38] Der anarchistische Ansatz ist der radikalste: Er geht von einer Art "Totalprivatisierung" aus, Herrschaft jeder Art soll abgebaut werden und ein konsensuelles Einigungsverfahren durch einen repressionsfreien Diskurs gewährleistet sein. Guggenberger 1993: 76.

um die "richtige" Demokratieform und um das "Beteiligungsoptimum" begann in den 60er Jahren in den USA im Zusammenhang mit dem Vietnamkrieg und der Bürgerrechtsbewegung sowie in den westeuropäischen Demokratien mit der Studentenbewegung.[39]

Ausgangspunkt für partizipatorische Überlegungen ist die Annahme, daß der Zugang zum politischen Macht- und Entscheidungssystem ungleich verteilt sei: Menschen mit niedrigem sozio-ökonomischen Status, Frauen und Farbige besässen keine Chancengleichheit. Dies läge an deren schlechter Ressourcenausstattung, die ihnen weniger politische Informationen und Kenntnisse erlaube, ihnen dadurch das Gefühl von Einflußlosigkeit vermittle und deshalb zu Nicht-Teilhabe und politischer Apathie führe. Auf diese Weise fänden nicht alle Interessen im politischen System Berücksichtigung. Die Methode politischer Entscheidungsfindung über Repräsentanten wird daher als nicht ausreichend erachtet. Ihr wird vorgeworfen, die Entpolitisierung der Öffentlichkeit und die Erhaltung und Reproduktion von Ungleichheiten zu fördern.

Ins Zentrum ihrer Überlegungen stellen die Vertreterinnen und Vertreter des partizipatorischen Ansatzes deshalb das Ideal der individuellen Selbstbestimmung, das die Autonomie des einzelnen Individuums und dessen "demokratische Selbstentfaltung"[40] postuliert. Diese soll durch eine umfassende Mitbestimmung in sämtlichen Lebensbereichen, also auch im Alltagsleben, erfolgen.[41] Es soll eine "experimentelle Gesellschaft" entstehen, die mit neuen politischen Formen experimentiert, um die rigiden Strukturen, die durch privates Kapital, Klassenbeziehungen und anderen Machtasymmetrien entstanden seien, aufzubrechen.[42] Gefordert wird weiterhin eine Demokratisierung durch Rechenschaftsablegung vonseiten des Parlamentes, der staatlichen Bürokratie und der Parteien. Gleichzeitig müßten neue Formen politischer Beteiligung auf lokaler Ebene eingerichtet werden. Von Staat und Gesellschaft wird die Herstellung von Prozeduren gefordert, die Rechenschaft der Institutionen und Teilhabe aller Bürgerinnen und Bürger sicherstellen.[43]

Auch feministische Autorinnen sympathisieren mit dem Ansatz der partizipatorischen Demokratie. Da sie sich für eine Aufhebung der Trennung zwischen der öffentlichen und der privaten Sphäre einsetzen, sind sie für die Mitbestim-

---

[39] Im Gegensatz zu den angelsächsischen Theoretikern berufen sich die deutschen statt auf klassische Demokratietheorien eher auf eine sozialistische Tradition (z.B. Vilmar 1973). Parallel zur normativen Demokratiedebatte wandte sich die empirische Partizipationsforschung zunehmend der Untersuchung und Erklärung neuer Partizipationsformen sowie der Frage nach deren demokratischer Bedeutung zu.
[40] Bachrach 1970: 119
[41] Guggenberger spricht hier von einer "Totalpolitisierung". Guggenberger 1993: 76.
[42] Pateman 1970: 110-111
[43] Vgl. zusammenfassende Übersicht in Held 1996: 262

mung auf allen Ebenen offen und empfinden die Betonung dieses Aspekts bei der partizipatorischen Demokratie als Vorzug.[44]

Die Wirkungen, die durch eine solche Systemveränderung erhofft werden, gehen von der rein individuellen Charakterbildung hin bis zu positiven Effekten auf die Gesamtgesellschaft. Durch die intensive Demokratisierung sollen selbstbewußte und kompetente Menschen erzogen[45] und mit "Empowerment",[46] also einer Machterweiterung, ausgestattet werden. Die so "Ermächtigten" sollen sich mit der Gesamtgesellschaft identifizieren und dem Gesamtkollektiv gegenüber verantwortlich handeln. Neben den erzieherischen Einfluß, dem "allgemeinen Lernen von Mit- und Selbstbestimmung",[47] tritt also auch eine integrierende Wirkung. Die Entfremdung gegenüber dem politischen System, die durch die Elitenherrschaft[48] entstanden sei, soll reduziert und ein aktives, informiertes Staatsbürgertum geschaffen und die Regierbarkeit des Gemeinwesens erleichtert werden. Demokratie ist nach diesem Verständnis Methode und ethisches Ziel. Es steht ein Prozeß im Vordergrund, durch den eine Chancengleichheit hergestellt werden soll.[49]

Sowohl die angelsächsischen Autor/inn/en wie Pateman, Bachrach und Phillips als auch fast alle deutschen Vertreter des Ansatzes der partizipatorischen Demokratie setzen die traditionellen Institutionen der repräsentativen Demokratie als unvermeidbare Basis voraus, die jedoch durch weitere "Subsysteme" mit dem Ziel einer "Maximal-Demokratisierung" wesentlich ergänzt und transformiert werden. Diese Subsysteme stellen direktdemokratische Elemente dar, die vorwiegend auf lokaler Ebene angesiedelt sind, da hier am realistischsten die Kontrolle über das Alltagsleben zu erreichen sei.[50] Die Rolle der Bürgerinnen und Bürger ist nach ihrem Verständnis auf nationaler Ebene immer begrenzt. Der Erwerb von Schlüsselkompetenzen führe jedoch dazu, daß nationale Fragen besser beurteilt werden können und auf diese Weise der Kontext der nationalen Po-

---

[44] Phillips 1995: 77
[45] Offe/Preuß 1990: 33
[46] Bachrach/Rotnick 1992
[47] Vilmar 1973: 113
[48] Bachrach 1970
[49] Vgl. Übersicht in Bachrach 1970: 118
[50] Im übrigen handelt es sich bei der Diskussion um Beteiligung nicht allein um eine politikwissenschaftlich-philosophische Debatte. So hat beispielsweise die Entwicklungsethnologie aufgrund ähnlicher Überlegungen den "Participatory Rural Appraisal"-Ansatz entwickelt, der Betroffene – vor allem Frauen – in Entwicklungsländern zu mehr Partizipation aktivieren will. Siehe dazu Schönhuth 1996 und Engelhardt 1995; vgl. ebenso Scheu 1995 und Andorfer 1995. Auch im Bereich der Gesundheitsprävention wurden ähnliche Konzepte, wie z.B. die Strategie des "Community Organizing", entwickelt. Siehe Minkler 1994. Vergleichbare Ansätze finden in der Sozialarbeit Anwendung. Siehe Kloeck 1994 und vor allem Herriger 1995; 1993; 1992.

litik geändert werde.[51] Ob die ZWS in diesem Sinn auch als "Subsystem" begriffen werden kann, wird im Kapitel B.III.5 "ZWS und Direktdemokratie" erläutert.

2. Kommunitarismus

Der oben dargestellte Ansatz einer partizipatorischen Demokratie weist Berührungspunkte zur in den Vereinigten Staaten[52] entstandenen Denkschule des "Kommunitarismus" auf. Eine "starke Demokratie",[53] die durch die Partizipation der Bevölkerung gewährleistet wird, ist ebenfalls Teil des kommunitaristischen Konzepts. Ein gemeinsamer Kritikpunkt von Kommunitarismus und partizipatorischen Demokratietheorien ist das Vorherrschen repräsentativer Elemente in den westlichen Verfassungen. Kommunitaristen fragen danach, wie eine gerechte Ordnung einer Gesellschaft und ein sozial übergreifender Wertzusammenhang[54] geschaffen werden kann, der den destruktiven Tendenzen der Individualisierung entgegenläuft und durch neue Formen der Solidarität das Gemeinwohl sichert. Eine wichtige Funktion kommt dabei den gemeinschaftsstiftenden Werten zu, die die Bewohnerinnen und Bewohner eines Gemeinwesens eint und bei ihnen die Bereitschaft zur Partizipation an den Anliegen der Gemeinschaft fördert. Durch eine basisdemokratische Partizipation soll eine nachbarschaftliche Selbstregierung geschaffen werden, die dem öffentlichen Vorteil genügt.[55]

Den Elementen der repräsentativen Demokratie wird hingegen eine zerstörerische Wirkung auf die Bereitschaft zum Bürgerengagement und zur Partizipation zugeschrieben. Die Kritik geht so weit, diese "Politik als Raubtierhaltung"[56] zu bezeichnen, bei der die Repräsentanten die individuellen Wünsche der Bürger/innen niederhalten. Barber, einer der prominentesten Vertreter des Kommunitarismus, hat konkrete Vorschläge zur Institutionalisierung von Partizipation entwickelt.[57] Er verfolgt dabei nicht das Ziel einer permanenten Partizipation, sondern einer staatsbürgerlichen Beteiligung, die zu bestimmten Anlässen aktiviert wird. Im Gegensatz dazu sieht Etzioni in einer permanenten Bürgerversammlung "die kommunitäre Aktion par excellence",[58] in der alle über Ziele und Organisation der Gemeinde mitbestimmen sollen.

---

[51] Pateman 1970: 110
[52] Reese-Schäfer 1994: 7 ff.
[53] Barber 1994
[54] Honneth 1993: 10
[55] Barber 1994: 147
[56] So der Name des gleichnamigen Kapitels in Barber 1994.
[57] Barber 1994: 214; 241-246
[58] Etzioni 1995: 166

Einen empirischen Nachweis für die Bedeutung des nachbarschaftlichen Engagements und der Gemeinschaft führt Putnam.[59] Bei einer Längsschnittuntersuchung in Italien kam er zu dem Ergebnis, daß diejenigen Regionen besonders effektiv regiert werden, die sich durch ein hohes staatsbürgerliches Engagement und eine ausgeprägte demokratische Praxis auszeichnen,[60] in denen ein hohes "soziales Kapital" besteht. Unter diesem für seine Analyse zentralen Begriff des "sozialen Kapitals" ist zu verstehen, daß eine Gruppe, in der die Mitglieder einander vertrauen, mehr produziert als eine Gruppe, in der Mißtrauen vorherrscht.[61] Die Gruppe, in der Vertrauen dominiert, akkumuliert "soziales Kapital". Durch soziale Kontrolle wird ein Netzwerk, eine Gegenseitigkeit der nachbarschaftlichen Hilfe garantiert, die ökonomischen Wohlstand sichert.[62] Damit wird gleichzeitig das Fundament für eine funktionierende Demokratie gelegt.[63] Ein weiterer Befund zeigte, daß in Regionen, in denen ein hohes staatsbürgerliches Engagement und das Vorhandensein vieler Vereine nachzuweisen war, eine erheblich höhere Beteiligung der Bevölkerung an sachorientierten Referenden zu beobachten ist als in den schwächeren "civic communities".[64] Putnam kommt empirisch zu dem das normative Postulat des Kommunitarismus[65] unterstützenden Ergebnis: "Strong society, strong economy; strong society, strong state".[66]

3. Kritik an partizipatorischen und kommunitaristischen Ansätzen

Beiden Ansätzen wird ihre vorwiegend normative Ausrichtung und die Überschätzung der Bürger und derer Kompetenzen und Ressourcen vorgeworfen. Ein "überoptimistisches Menschenbild"[67] begründe eine "unreflektierte Partizipationsromantik".[68] Vertreter/innen des "Rational-Choice"-Ansatzes,[69] die davon

---

[59] Putnam 1993. In seiner von 1970 bis 1989 durchgeführten Untersuchung ging er von Fallstudien aus, er führte 700 Interviews mit Bürgern und Politikern auf regionaler und lokaler Ebene, dazu kamen Wahl- und Gesetzgebungsanalysen, sowie die Beurteilung der Leistung von Institutionen.

[60] Putnam 1993: 87

[61] Vgl. dazu außerdem Putnams anschließend publizierte Aufsätze: Putnam 1995a und 1995b. Vgl. auch Brehm/Rahn 1997.

[62] An seiner Definition und der Funktion des sozialen Kapitals und des gegenseitigen Vertrauens zweifeln einige Kritiker/innen. Vgl. Goldberg 1996 und Levi 1996.

[63] Putnam 1993: 185

[64] Ebd.: 105

[65] Allerdings hält er im Gegensatz zu Barber strikt an der repräsentativen Demokratie und am Parteiensystem fest.

[66] Putnam 1993: 176

[67] Schmidt 1997: 176

[68] von Beyme 1992: 190

ausgehen, daß jedes Individuum versucht, seinen Eigennutzen zu maximieren, mutmaßen, daß die Kosten für den einzelnen zu hoch sind, um zu gemeinwohlorientierter Kooperation bereit zu sein.[70] Unklar ist ferner, warum sich die Beteiligten überhaupt an die "Spielregeln" halten sollten, und ob es nicht rationaler ist, auf Kosten der anderen zu leben.[71] Da empirische Untersuchungen zeigen, daß nur ein Bruchteil der Bevölkerung über den Wahlakt hinaus zu aktiver politischer Beteiligung bereit ist, wird partizipatorische Demokratie grundsätzlich in Frage gestellt.

Ferner wird darauf hingewiesen, daß sich vor allem Personen mit einem hohen sozio-ökonomischen Status[72] politisch beteiligen und deshalb von erweiterten partizipatorischen Angeboten nur ein Teil der Bevölkerung – und zwar vor allem gut ausgebildete Bürgerinnen und Bürger – profitieren dürften.[73] Es wird befürchtet, daß sogar das Gegenteil des erwünschten Effekts eintritt und sich die Ungleichheit des Zugangs zum politischen System noch verstärkt, weil "die Wenigen mehr leisten und mehr zählen als die passiven, trägen, apathischen, sich nicht beteiligenden Vielen".[74] Außerdem wird bezweifelt, daß sich durch eine Beteiligung überhaupt genügend Erfolgserlebnisse einstellen, die ihrerseits partizipationsfördernd wirken.[75]

Weiterhin wird eine mangelnde Auseinandersetzung mit der Realisierbarkeit partizipatorischer und kommunitaristischer Modelle[76] beklagt, eine Diskussion der Qualität und Folgen der in einer partizipatorischen Demokratie getroffenen Entscheidungen vermißt und das Ignorieren von Effizienzproblemen und Zielkonflikten bis hin zur Gefahr der Entstehung eines Mehrheiten- bzw. Minderheitendespotismus gerügt.[77] Unberücksichtigt bleibe ferner, ob die aufgestellten normativen Postulate nicht auch von den Eliten eines repräsentativen Systems erfüllt werden können.[78] Auch wird gefragt, ob der "Gesamtgewinn" in einer re-

---

[69] Dieser Ansatz wird in Kapitel B.V.3.2. Der 'Rational-Choice-Ansatz'" vorgestellt.
[70] Elster 1986: 118-119
[71] Levi 1996: 45-55
[72] Almond/Verba 1989, S. 238. Vgl. auch Kapitel B.V.3.1. "Das sozio-ökonomische Ressourcenmodell".
[73] Laut Inglehart vorwiegend die sogenannten "Postmaterialisten". Inglehart 1995: 92 ff.
[74] Sartori 1992: 126
[75] Lindner 1990: 187
[76] Scharpf 1975: 56; Lindner 1990: 208. Diesen Vorwurf kann man meines Erachtens zumindest den kommunitaristischen Vertretern Barber und Etzioni nicht machen: Beide stellen in ihren aktuellen Werken Kurzprogramme vor, in denen mögliche partizipatorische Modelle, deren praktische Umsetzung und Institutionalisierung detailliert vorgestellt werden. Vgl. Barber und Etzioni 1995.
[77] Schmidt 1997: 176
[78] Levi 1996: 50; Lindner 1990: 184

präsentativen Demokratie von den Bürgerinnen und Bürgern nicht höher empfunden wird[79] als in einer partizipatorischen Demokratie, die möglicherweise hohe Kosten[80] und einen geringen Interessengewinn aufweist. An den kommunitaristischen Ansätzen wird der starke Lokalbezug kritisiert, der die überregionale Umsetzung weitgehend undiskutiert lasse.[81] Befürchtet wird, daß die erwarteten Effekte wie Selbstachtung und gegenseitige Rücksichtnahme entweder ganz ausbleiben oder nur innerhalb der "community" stattfinden. Ein dadurch geförderter Lokalpatriotismus könne eine Gemeinschaft nach außen hin abschotten[82] und gar zu einer Destabilisierung der Demokratie auf nationaler und internationaler Ebene führen.[83]

Vor allem von Feministinnen wird kritisiert, daß den kommunitaristischen Ideen ein konservatives Menschenbild zugrundeläge.[84] Sie argwöhnen, daß die von den Kommunitaristen geforderten gemeinwohlorientierten Aktivitäten von Frauen zu leisten sind, diese vom Erwerbsarbeitsleben fernhalten und gesellschaftsspezifische Herrschaftsverhältnisse fortsetzen.[85] Auch wird befürchtet, daß sich der Vorrang gemeinschaftlicher Wertvorstellungen negativ auswirke, da im Interesse der Gemeinschaft über das Leben einzelner Frauen gegen deren persönliche Interessen entschieden werden könnte. Nicht unproblematisch für mehrfachbelastete Frauen sind auch die hohen Anforderungen, die die Partizipationsdemokraten an das bürgerschaftliche Engagement richteten: "Wenn es Männer kaum schaffen, all diese Versammlungen zu besuchen, wie steht es dann mit der demokratischen Frau?"[86] Wie bereits oben erwähnt, plädieren sie deshalb nicht für die Abschaffung der repräsentativen Demokratie, sondern fordert eine Ergänzung durch partizipatorische Institutionen.

---

[79] Lindner 1990: 204

[80] Zur Kosten-Nutzen-Diskussion siehe Kapitel "B.V.3.2. Der 'Rational-Choice-Ansatz'".

[81] Held 1996: 263

[82] So mutmaßt Levi, daß Nachbarschaften, die sich gegenseitig beobachten, eher Mißtrauen als Vertrauen und gegenseitigen Respekt erzeugen können. Historisch gesehen blockierten Netzwerke Innovationen und verstärkten einen Traditionalismus. Levi 1996: 51.

[83] Hardin 1995: 222-223. Er verweist in diesem Zusammenhang beispielhaft auf die ethnisch bzw. religiös motivierten Konflikte im ehemaligen Jugoslawien, Quebec und Nordirland.

[84] Squires 1994: 54

[85] Klinger 1994: 46

[86] Phillips 1995: 75. Allerdings ist die These vom knapperen Zeitbudget von Frauen als Begründung für eine geringere politische Aktivität gegenüber Männern nicht unumstritten und gilt als empirisch nicht gesichert. Siehe Kapitel "B.VII.2.1.3.1 Zeitbudget".

III. Direktdemokratie in der Kommune

Da die Tätigkeit der ZWS ausschließlich stadt(-teil)bezogen ist, werden im folgenden die bislang gemachten und normativ ausgerichteten demokratietheoretischen Betrachtungen ergänzt. Im Anschluß an Überlegungen zu direktdemokratischen Ansätzen folgt eine Darstellung der in Baden-Württemberg auf kommunaler Ebene bestehenden Beteiligungsformen, die durch einen Abriß über neu entstandene Modelle der bürgerschaftlichen Beteiligung vervollständigt wird. Daran schließt sich eine Einordnung der ZWS in das System der direktdemokratischen Partizipationsmodelle an.

1. Definitionen

Staatsrechtlich wird als *Gemeinde* oder *Kommune* – die beiden Begriffe werden synonym verwendet – eine öffentlich-rechtliche Gebietskörperschaft bezeichnet, die berechtigt ist, ihre örtlichen Angelegenheiten selbständig und eigenverantwortlich im Rahmen der erlassenen Gesetze zu regeln. Aus politikwissenschaftlicher und soziologischer Perspektive wird als ergänzendes Kennzeichen einer Gemeinde auf die Existenz von sozialen Beziehungen zwischen den in der Gemeinde ansässigen Individuen, Familien, sozialen Gruppen und Institutionen verwiesen.[87] Staatsrechtlich zählen die Gemeinden im föderalen System der Bundesrepublik Deutschland zu den Bundesländern.

Die in Artikel 28 Abs. 2 des Grundgesetzes im Rahmen der Gesetze garantierte Selbständigkeit der Gemeinden bei der Regelung der örtlichen Angelegenheiten[88] wird als *kommunale Selbstverwaltung* bezeichnet. Die Gemeinde ist in diesem Bereich eigenverantwortlich tätig und unterliegt dabei lediglich einer Rechts-, nicht aber einer Fachaufsicht.[89] Die rechtlichen Rahmenbedingungen für den politischen Ablauf in der Gemeinde werden von der *Kommunalverfassung*, d.h. in Baden-Württemberg von den Regelungen in der Landesverfassung und in der Gemeindeordnung (GemO), gebildet.[90]

---

[87] Pfizer/Wehling 1991: 18
[88] Diese umfassen z.B. die Personal-, Finanz-, Organisationshoheit.
[89] D.h. im Rahmen der Aufsicht wird nicht geprüft, ob eine rechtmäßige Handlung der Gemeinde auch zweckmäßig ist.
[90] Art. 28 Grundgesetz; Art. 71 Landesverfassung Baden-Württemberg.

2. Direktdemokratie auf kommunaler Ebene

Die reine Form von *Direktdemokratie* geht von der unmittelbaren Herrschaft des Volkes über sich selbst aus. Im Idealfall besteht somit eine Identität zwischen den Regierenden und den Regierten. Die Ausübung der Staatsgewalt obliegt direkt dem Volk, das diese Gewalt ohne eine weitere Zwischenstation ausübt. Gewählte Mandatsträger/innen, die in der repräsentativen Demokratie den politischen Willen des Volkes bündeln, gibt es nicht. In den westlichen Industrienationen unserer Zeit gibt es auch auf kommunaler Ebene keine reine Form der Direktdemokratie.[91] Direktdemokratische Elemente werden vielmehr als eine punktuelle Ergänzung zur repräsentativen Demokratie gesehen.[92]

Die Befürworter/innen der Direktdemokratie verweisen auf die von direktdemokratischen Elementen ausgehende Stärkung der Stabilität des Systems durch umfangreiche Partizipationsmöglichkeiten, die wiederum die Legitimität von Entscheidungen und deren Akzeptanz in der Bevölkerung erhöhen.[93] Positive partizipatorische Erfahrungen auf kommunaler Ebene können ferner das politische Kompetenzbewußtsein auch auf nationaler Ebene erhöhen und so der verbreiteten Parteien- oder Politikverdrossenheit entgegenwirken.[94] Gemeindepolitik kann daher durchaus auch als "Schule der Demokratie" angesehen werden.[95] Hingewiesen wird ferner auf die von direktdemokratischen Elementen geschaffene Verringerung der Distanz zwischen dem politisch-administrativen System und den Bürgerinnen und Bürgern.[96]

Gegner/innen der Direktdemokratie befürchten, daß die Wahlberechtigten weder die analytischen Fähigkeiten noch ausreichende Informationen haben, um richtig entscheiden zu können.[97] Ferner wird angeführt, daß gewählte Repräsentanten besser die Interessen der Gesamtbevölkerung berücksichtigen und Min-

---

[91] Als Formen, die der Direktdemokratie am nächsten kommen, werden in der Literatur vor allem die Bürgerversammlungen in den US-amerikanischen New England-Staaten und die Landsgemeindedemokratie in der Schweiz genannt. Luthart 1994: 40.

[92] Butler 1994: 13

[93] Luthardt 1994: 13; 21; 167

[94] Von 74 % "systemzufriedenen Bundesbürgern" im Jahre 1987 sind nach einer Umfrage des Emnid-Instituts Bielefeld im Jahre 1994 noch 49 % geblieben. Lediglich 7 % der Bundesbürger schenken den politischen Parteien 1994 noch ihr Vertrauen (Emnid-Umfrage I/94, in: Stadt und Gemeinde 1994: 233 ff.).

[95] Gessenharter 1996: 6

[96] Kleinfeld 1996: 143

[97] Nach Cronin (in Butler 1994: 18 f.) sind die an der Direktdemokratie Partizipierenden jedoch im Durchschnitt älter, haben einen höheren Schulabschluß, einen höheren sozio-ökonomischen Status und beteiligen sich stärker an der aktiven Politik als der Durchschnitt der Parlamentswählerinnen und -wähler. Die Angst vor dem "uninformierten Bürger" dürfte somit unberechtigt sein.

derheiten besser schützen können, und daß mit der Verstärkung plebiszitärer Elemente eine Schwächung von Prestige und Autorität der Repräsentanten einhergeht. Als Nachteil der Direktdemokratie wird außerdem die Tendenz zur politischen Polarisierung, die Gefahr einer Dominanz durch finanzkräftige Gruppen und die manipulative Durchsetzung von Partikularinteressen gesehen.[98]

Da auf kommunaler Ebene die Diskrepanz zwischen der Komplexität politischer Entscheidungen und der Informations- und Verarbeitungsfähigkeit der Bürgerinnen und Bürger am geringsten erscheint, sind dort auch am häufigsten direktdemokratische Elemente anzutreffen. In Deutschland ist die partizipationsfreudige Haltung in den meisten Kommunalverfassungen auch auf das Recht zur kommunalen Selbstverwaltung zurückzuführen. Die kommunale Selbstverwaltung setzt auf die eigenverantwortliche Erfüllung der örtlichen öffentlichen Aufgaben durch die Bürgerschaft und fördert daher Beteiligungsrechte, die über die Wahl von Repräsentantinnen und Repräsentanten hinausgeht.

Als klassische Instrumente der Direktdemokratie auf kommunaler Ebene gelten dabei Entscheidungs- und Initiativrechte wie Bürgerbegehren oder Bürgerentscheide.[99] Als "direktdemokratisch" können im engeren Sinne lediglich diese in der Kommunalverfassung institutionalisierten Möglichkeiten des/der Einzelnen bezeichnet werden, da nur sie zu einer direkten und für die Kommune bindenden Entscheidung führen.[100] Allerdings werden häufig auch weitere in der Kommunalverfassung geregelte Anhörungs- und Beteiligungsrechte, wie z.B. Bürgerversammlungen oder Bürgerfragestunden, der Direktdemokratie zugeordnet.

In Baden-Württemberg hat sich auf kommunaler Ebene offensichtlich der Einsatz von Elementen der Direktdemokratie als Ergänzung der repräsentativen Demokratie bewährt. Dies zeigt sich daran, daß ein Organ der repräsentativen Demokratie – die Landesregierung – ein Gesetzgebungsverfahren zur Erweiterung der direkten Partizipationsmöglichkeiten eingebracht hat.[101]

---

[98] Stelzenmüller 1994: 278; Luthardt 1992: 487
[99] Luthardt 1992: 483
[100] Buse/Nelles 1975: 81 ff.
[101] Die Landesregierung von Baden-Württemberg hat im Landtag ein Gesetzesvorhaben zur Erweiterung der direktdemokratischen Beteiligungsformen eingebracht. *Staatsanzeiger Baden-Württemberg*, 12.01.98: 5 und vom 06.07.98: 5.

3. Bestehende direktdemokratische Beteiligungsformen auf kommunaler Ebene in Baden-Württemberg

Die in fast allen Landesverfassungen bzw. Gemeindeordnungen der Bundesländer aufgenommenen direktdemokratischen Beteiligungsverfahren stellen neben den repräsentativen Verfahren der kommunalen politischen Willensbildung, wie der Wahl des Gemeinderates oder des Bürgermeisters, ein wesentliches Element der bürgerschaftlichen Teilhabe auf kommunaler Ebene dar. In Baden-Württemberg stehen den Bürgerinnen und Bürgern derzeit auf kommunaler Ebene zahlreiche direktdemokratische Beteiligungsmöglichkeiten zur Verfügung,[102] die ihnen allerdings nur zum Teil ein unmittelbares Entscheidungsrecht über bestimmte administrative oder legislative Fragen einräumen. Die Beteiligungsmöglichkeiten lassen sich nach dem Umfang der möglichen politischen Einflußnahme in drei Gruppen einteilen:

3.1. Entscheidungsrechte

Ein echtes Entscheidungsrecht der Bürgerschaft über ein konkretes Anliegen besteht nach der Gemeindeordnung Baden-Württemberg bei dem durch ein Bürgerbegehren initiierten Bürgerentscheid (§ 21 Gemeindeordnung Baden-Württemberg [GemO]).[103] Dabei handelt es sich um das einzige Element direkter Demokratie im deutschen Verfassungsrecht. Es können aber längst nicht alle Angelegenheiten der kommunalen Selbstverwaltung zum Gegenstand eines Bürgerentscheids gemacht werden. Es bleibt der Kommune selbst überlassen, welche ihrer örtlichen Angelegenheiten vom Gemeinderat noch als "wichtige Angelegenheit" in der Hauptsatzung genannt werden und so neben den bereits in der Gemeindeordnung genannten Themen potentiell einem Bürgerentscheid zugänglich sind. In diesem Rahmen liegt es somit am Gemeinderat, weitere Themenfelder einer Partizipation zu erschließen.[104]

---

[102] Nach Gabriel fanden zwischen 1956 und 1978 in Baden-Württemberg 151 Bürgerbegehren und Bürgerentscheide statt. 30 Bürgerentscheide kamen zustande, in 41 Fällen lag dem Bürgerentscheid ein Gemeinderatsbeschluß zugrunde, 29 Bürgerbegehren scheiterten. Die Beteiligungsrate schwankte zwischen 10 und 94 % der Bevölkerung. Gabriel 1989: 134.

[103] Kleinfeld 1996: 140 und Gabriel 1989: 134

[104] Je höher die förmlichen Anforderungen an ein erfolgreiches Begehren sind, je enger sein materieller Anwendungsbereich gefaßt wird und je begrenzter der Kreis der antragsberechtigten Personen ist, desto geringer dürfte jedoch seine Bedeutung für den Ablauf und das Resultat kommunaler Entscheidungsprozesse ausfallen. Gabriel 1989: 133.

3.2. Initiativrechte

Durch die Ausübung von Initiativrechten kann der Gemeinderat oder die Verwaltung gezwungen werden, sich mit bestimmten Anliegen der Bürgerschaft zu befassen[105] und über das Anliegen zu entscheiden bzw. im Anschluß an ein Bürgerbegehren (§ 21 Abs. 3 GemO) einen Bürgerentscheid durchzuführen. Ein unmittelbares Entscheidungsrecht kommt dem Initiativrecht jedoch nicht zu. Ein weiteres Beispiel ist der Bürgerantrag (§ 20b GemO), der den Gemeinderat dazu zwingt, eine Angelegenheit zu behandeln.

3.3. Institutionalisierte Teilhabe der Bürgerschaft am Informationsfluß und Förderung der politischen Willensbildung

Weitere Bestimmungen weisen ebenfalls einen partizipatorischen Charakter auf, ohne jedoch einen konkreten Einfluß auf bestimmte administrative Maßnahmen vorzusehen. Sie dienen lediglich dem Informationsfluß zwischen der Bürgerschaft und den kommunalen Entscheidungsträgern bzw. der politischen Meinungsbildung. Beispiele hierfür sind die Bürgerunterrichtung (§ 20 GemO), die Bürgerversammlung (§ 20a BWGO) und die Bürgerbefragungen bei Gebietsänderungen (§ 8 Abs. 2 GemO). Im weitesten Sinne zählen auch die im Einzelfall erfolgende Beiziehung von sachkundigen Einwohnerinnen und Einwohnern durch den Gemeinderat oder auch die in Fachgesetzen vorgesehenen Anhörungsrechte hierzu.[106] Allerdings sind einige dieser Anhörungsrechte so ausgestaltet, daß keine ausreichende Möglichkeit dazu besteht, sich zu informieren und Einwendungen zu machen.[107]

Faßt man den Begriff "politische Beteiligung" eng und beschränkt ihn auf *unmittelbare* Entscheidungsrechte über politische und administrative Fragen, dann sind diese Bestimmungen keine Partizipationsrechte mehr. Entsprechendes gilt, soweit sie lediglich den Informationsfluß zwischen Bürgern und kommunalen Entscheidungsträgern verbessern, ohne ein Entscheidungsrecht vorzusehen.[108]

---

[105] Gabriel 1989: 133

[106] Z.B. die im Baugesetzbuch geregelte Offenlage des Entwurfs eines Bebauungsplanes.

[107] Dies gilt beispielsweise für den Entwurf der kommunalen Haushaltssatzung (§ 81 Abs. 1 GemO): Diese ist sieben Tage lang öffentlich auszulegen. Innerhalb dieses Zeitraums können Einwohner/innen und auswärtige Abgabepflichtige Einwendungen und Änderungswünsche vorbringen. Von diesem Recht wird nur sehr selten Gebrauch gemacht, da die Haushaltssatzung und das Procedere für Bürger/innen nur schwer durchschaubar sind und in dem kurzen Zeitraum Massenproteste kaum organisierbar sein dürften. Kleinfeld 1996: 140.

[108] Gabriel 1989: 133

4. Weitere Ansätze zur Förderung der kommunalen Bürgerbeteiligung

Die Bürgerinitiativbewegung in den 70er und 80er Jahren hat zusammen mit der "Politisierung der Kommunalpolitik"[109] durch das Vordringen der Parteien in den kommunalen Bereich die Forderung nach Bürgerbeteiligung forciert und sicherlich auch zur institutionellen Verankerung der o.g. Instrumente in den Kommunalverfassungen beigetragen. Insgesamt hat die kommunale Ebene im Zuge der Veränderung im Parteiensystem mit der Entstehung grün-alternativer Gruppierungen seit Ende der 70er Jahre eine Aufwertung erfahren.[110] Ferner kommt hinzu, daß die Erfolge der Bürgerbewegung in der DDR ebenfalls in der Bevölkerung den Wunsch nach mehr bürgerschaftlicher Mitbestimmung gestärkt haben dürften.[111]

Doch der Druck auf Kommunen, Bürgerinnen und Bürger wirksam mitsprechen zu lassen, kommt nicht nur von der politisch engagierten Bürgerschaft. So führen die aus fiskalischen Gründen gebotenen Maßnahmen zur Deregulierung einerseits zwar zum Rückzug des Staates aus manchen Bereichen, andererseits aber auch zur Stärkung der gesellschaftlichen Verantwortung. Die Administration ist auf vielen Gebieten zunehmend auf das finanzielle und ideelle Engagement ihrer Bürgerinnen und Bürger angewiesen.[112] Angesichts der Heterogenität großstädtischer Strukturen ist ferner zu berücksichtigen, daß dort die Beziehung der Bürgerin und des Bürgers zum "zentralen Siedlungsverband" zunehmend über das Ausbilden einer Stadtteilidentität erfolgen dürfte.[113]

Auch wird die Vorstellung einer ausschließlich hierarchischen Beziehung zwischen Staat und Gesellschaft und einer insoweit vertikalen Steuerung der Komplexität der bestehenden Lebenszusammenhänge und den bestehenden Verflechtungen zwischen dem Staat und gesellschaftlichen Gruppen nicht mehr gerecht. Staatliche Stellen stehen gegenüber einer aufgeklärten und politisch interessierten Bürgerschaft unter einem erhöhten Legitimationsdruck. Politische Partizipation und relative Transparenz politischer Entscheidungen wirken hingegen legitimations- und akzeptanzstiftend[114] und steigern die Effektivität des kommunalen Verwaltungshandelns.[115] Partizipationsinstrumente können in der Kom-

---

[109] Nach Rudzio beschäftigen sich 60 - 90 % aller Bürgerinitiativen mit kommunalpolitischen Fragen. Rudzio 1991: 363 f.
[110] Hesse 1989: 125 ff.
[111] Kleinfeld 1996: 136
[112] Als Beispiel mag nur die vielerorts zwischenzeitlich übliche Gepflogenheit dienen, daß Eltern bei der Renovierung eines Klassenzimmers einer kommunalen Schule mithelfen.
[113] Grauhan 1971: 105 ff.
[114] Luthardt 1994: 21
[115] Es ist zwischenzeitlich anerkannt, daß ein wesentliches Element einer effizienten Verwaltung neben Haushaltspolitik und Personalpolitik auch eine Bürgerorientierung vorsieht. Siehe dazu

mune auf der administrativen Ebene durchaus als "Frühwarnsysteme" zum Erkennen von Defiziten beim politischen Handeln dienen. Ihnen kommt auf diese Weise eine wichtige Funktion bei der Konfliktvermeidung oder beim Konfliktmanagement zu, indem einer sozialen Ausgrenzung entgegengewirkt wird.[116]

Es ist daher nicht überraschend, daß auf kommunaler Ebene in den Kommunalverfassungen der Länder eine Vielzahl von Partizipationsinstrumenten geschaffen worden ist. Die oben unter B.III.3.1 bis 3.3 für Baden-Württemberg dargestellten[117] und in die Kommunalverfassung aufgenommenen Regelungen für eine Teilhabe der Bürgerschaft am Informationsfluß und an der politischen Willensbildung stellen ein Beispiel dar, wie solche Argumente zur Schaffung bestimmter rechtlicher Instrumente führen. Daß dieser Prozeß noch nicht abgeschlossen ist, zeigen die bereits erwähnten aktuellen Bemühungen der Landesregierung von Baden-Württemberg, bürgerschaftliche Mitwirkungsrechte weiter zu stärken.

In diesem Zusammenhang ist auch die Entstehung von weiteren bürgerschaftlichen Beteiligungsmodellen, wie z.B. den *Planungszellen*, der *Mediation* oder dem sog. "*Mehrstufigen Dialogischen Verfahren*"[118] zu sehen. Ferner sind hier die *Szenarienwerkstatt* und die "*Zielorientierte Projektplanung*"[119] sowie das in Heidelberg durchgeführte *Verkehrsforum*[120] zu nennen. Diese Beteiligungsformen, die im folgenden noch näher erläutert werden, sind gesetzlich nicht geregelt. Ihre Durchführung kann daher von der Bürgerschaft nicht eingefordert werden. Entstanden sind diese Modelle vorwiegend im Zusammenhang mit Planungsvorgängen und Großvorhaben. Allen ist das Ziel gemeinsam, mögliche Defizite bei einer hierarchischen Form der Entscheidungsfindung zu beseitigen, Planungs- und Implementationskosten sowie -zeiten zu reduzieren, die Akzeptanz für eine Maßnahme bei den Betroffenen zu erhöhen und durch eine vergrösserte Einbeziehung der Öffentlichkeit den Umfang der zu berücksichtigenden Interessen zu erweitern. In der vergrößerten Öffentlichkeit soll ein Dialog erfolgen, um mögliche Interessenskonflikte vorab zu klären und letztlich Material für eine ausgewogene und allseits akzeptierte Entscheidung zu sammeln.

Bei der *Planungszelle* erarbeiten etwa 25 nach dem Zufallsprinzip ausgewählte Bürgerinnen und Bürger zusammen mit Prozeßbegleiter/inne/n und ggf. auch mit Expert/inne/n eine Lösung in Form eines "Bürgergutachtens" für vorge-

---

die "Banner-Thesen", die sich intensiv mit den zentralen Effizienzdeterminanten für eine erfolgreiche Selbstverwaltungsleistung auseinandersetzen. Nach Kleinfeld 1996: 143 ff. m.w.N.

[116] von Aleman 1975: 29; Conradi 1986: 123

[117] Vergleichbare Regelungen gibt es in allen deutschen Bundesländern.

[118] Übersicht bei Gessenharter 1996: 11 f.

[119] Dickhaut/Saad 1994: 18

[120] Stadt Heidelberg/Heidelberger Straßen- und Bergbahn AG 1993

gebene Bewertungs- oder Planungsprobleme. Die Zufallsauswahl stellt sicher, daß nicht ausschließlich organisierte Interessengruppen oder unmittelbar Betroffene teilnehmen und daß somit eine große "Gemeinwohlorientierung" erwartet werden kann.

Die *Mediation* ist ein Verfahren, bei dem ein von allen Konfliktseiten akzeptierter Mediator versucht, zwischen zwei (oder auch mehreren) gegensätzlichen Interessenstandpunkten in der Bürgerschaft zu vermitteln. Ziel ist ein von allen Beteiligten akzeptiertes Ergebnis.

Das *"Mehrstufige Dialogische Verfahren"* hat gleichfalls ein "Bürgergutachten" zum Ziel. Dieses wird in den Schritten "Sehen – Beurteilen – Handeln" durch Interviews mit zufällig ausgewählten Bürgerinnen und Bürgern, der Auswertung einer Konfliktbeurteilung durch die wichtigsten Verbände und Gruppen sowie durch eine anschließende Planungszelle erarbeitet.

Die *Szenarienwerkstatt* zeichnet sich, ähnlich wie die ZWS, durch eine intensive Ideenfindungsphase aus. Im Unterschied zur ZWS sind jedoch bei der Entwicklung von Szenarien für Planungen aller Art neben Laien auch Expertinnen und Experten einbezogen.

Die für die Konzeption von Projekten der Entwicklungszusammenarbeit entwickelte *"Zielorientierte Projektplanung"* sieht vor, in mehreren aufeinander aufbauenden moderierten Workshops einen Meinungsaustausch zwischen von der Planung betroffenen Personen und dem Träger der Maßnahme herbeizuführen und auf diese Weise den Planungsprozeß zu optimieren.

Im *Heidelberger Verkehrsforum* haben von März 1991 bis Juni 1993 im Zusammenhang mit der Neufassung des Verkehrsentwicklungsplanes durchschnittlich 70 am Verkehrsthema interessierte lokale Gruppen, Verbände, Institutionen, Parteien, Körperschaften, Stadtteilvertretungen, Behörden und Initiativen zusammen mit der Stadtverwaltung und dem örtlichen Verkehrsbetrieb mitgearbeitet. Neben den unter der Leitung eines professionellen Moderators ablaufenden Sitzungen des Verkehrsforums als einem breitgefächerten "Expertengremium" fanden Bürgerversammlungen zur Beteiligung der Bevölkerung statt. Die Sitzungen des Verkehrsforums zielten darauf ab, möglichst weitgehend einen Konsens zwischen den Teilnehmenden herzustellen und ein Verkehrsleitbild zu erarbeiten, das als Empfehlung und Entscheidungshilfe dem Gemeinderat vorgelegt wurde.[121]

---

[121] Siehe die Empfehlungen des Verkehrsforums zum Verkehrsentwicklungsplan Heidelberg, in: Stadt Heidelberg/Straßen- und Bergbahn AG 1993. Da das Verkehrsforum ein bundesweites Novum war, wird hier sein Eigenname verwendet. Mit der geschilderten Methode können allerdings auch andere kommunalpolitische Problemfelder bearbeitet werden.

Aufgrund der noch geringen Zahl der beendeten Projekte läßt sich die Brauchbarkeit der geschilderten Modelle jedoch lediglich abschätzen.[122] Im Hinblick auf die besonders bei Großvorhaben enormen Genehmigungszeiträume und -kosten erscheint ihr Einsatz allerdings zumindest erwägenswert, um die Aufwendungen für die öffentliche Hand zu senken.[123] Und im Zeichen der grassierenden Politikverdrossenheit ist auch die positive Wirkung dieser Maßnahmen auf die politische Kultur nicht zu vernachlässigen, wenn Bürgerinnen und Bürger merken, daß sie mit ihren Sorgen und Befürchtungen auch außerhalb eines Wahlkampfes ernst genommen werden.

5. Zukunftswerkstatt und Direktdemokratie

Da die ZWS ihren Teilnehmerinnen kein eigentliches Entscheidungsrecht über kommunalpolitische Angelegenheiten einräumt, kann sie bei Verwendung eines engen Partizipationsbegriffes nicht der Direktdemokratie zugeordnet werden. Allerdings unterscheidet sich die ZWS kaum – von ihrer fehlenden Institutionalisierung in der GemO abgesehen – von den oben unter B.III.3.3 genannten, dem Informationsfluß dienenden Teilhaberechten. Die ZWS verfolgt – letztlich nur mit einer ausgefeilteren Methodik als beispielsweise die Bürgerversammlung – gleichfalls die Förderung der Meinungsbildung. Eine Einführung einer nach der Jungk'schen Methode arbeitenden ZWS in die Kommunalverfassung wäre somit unter diesem Aspekt kein Systembruch. Zur Abgrenzung von der Arbeit sonstiger Interessengruppen, die nicht in der Kommunalverfassung institutionalisiert sind, müßte jedoch sichergestellt sein, daß die institutionalisierte ZWS nach der Methode von Robert Jungk abläuft. Eine andere Frage ist allerdings, ob geschlechtsspezifische Teilhaberechte in Form einer ausschließlich Frauen zugänglichen ZWS im Hinblick auf den Gleichbehandlungsgrundsatz (Art. 3 Abs. 2 Grundgesetz) rechtlich überhaupt zulässig sind.

Der ZWS steht nur der Weg offen, durch informelles Handeln Einfluß auf kommunalpolitische Entscheidungen zu nehmen. Zudem fehlt der ZWS jene kompromißlose Ja/Nein-Logik, die allen direkten Einwirkungsmöglichkeiten eigen ist. So ist beim Bürgerentscheid nur die Äußerung einer zustimmenden oder ablehnenden Haltung möglich, während in der ZWS auch differenzierte Positionen ihren Platz haben. Die ZWS kann daher trotz ihrer Nähe zu den oben

---

[122] Gessenharter 1996: 11

[123] So hat nach Dienel die Entscheidung in Hamburg, einen Flughafen *nicht* zu bauen, 25 Jahre gedauert und 100 Mio. DM gekostet. Möglicherweise hätten diese Kosten durch den Einsatz eines der genannten Modelle gesenkt werden können.
Zit. nach Gessenharter 1996: 13 (Anm. 61).

unter B.III.4 genannten Instrumenten nicht der Direktdemokratie zugeordnet werden[124] und stellt somit auch kein Subsystem mit dem Ziel einer "Maximal-Demokratisierung" dar.[125]

Auch die oben unter B.III.4 dargestellten neuen Beteiligungsmodelle sind in Zielsetzung und Methode sowohl mit der ZWS als auch mit den bereits unter B.III.3.3 erwähnten Teilhaberechten verwandt. So soll auch die ZWS im Idealfall Mitglieder aus dem gesamten Spektrum der Bevölkerung haben, um Lösungen zu finden, die eine möglichst starke Orientierung am Gemeinwohl aufweisen. Allerdings steht am Beginn der Tätigkeit der ZWS nicht stets – wie z.B. bei der Mediation – ein Interessenkonflikt. Vielmehr kann die ZWS nach ihrem theoretischen Selbstverständnis auch angewandt werden, wenn nicht bereits über ein konkretes Vorhaben zu befinden ist, sondern erst noch Planungsziele definiert werden sollen.

IV. Macht- und Entscheidungsstruktur in der Kommune

1. Definitionen

Als Kommunal- oder Gemeindepolitik gelten die im rechtlichen Rahmen der kommunalen Selbstverwaltung stattfindenden Auseinandersetzungsvorgänge.[126] Handlungs- und Entscheidungsträger auf dem Gebiet der Kommunal- bzw. Lokalpolitik sind dabei der Gemeinderat als Vertretungskörperschaft einschließlich der Ausschüsse, Fraktionen und informellen Gruppierungen, Bürgermeister und sonstige politische bzw. administrative Führungspersonen, Parteien, organisierte oder ad hoc gebildete Interessengruppen, die Lokalpresse und die Gesamtbürgerschaft.[127] Da lokale Angelegenheiten Gegenstand der Tätigkeit der ZWS sind, gilt die ZWS im Sinne dieser Definition zumindest als Handlungsträger.[128] Im folgenden soll deshalb eine Verortung der ZWS im kommunalpolitischen Macht- und Entscheidungssystem der Stadt Heidelberg vorgenommen werden. Die rechtlichen Rahmenbedingungen für kommunalpolitische Entscheidungen wer-

---

[124] Eine Zuordnung der ZWS zur Direktdemokratie würde wohl Luthardt bejahen, der auch Erscheinungsformen von formell nicht-hierarchischen Verhandlungs- und Entscheidungssystemen bzw. zu informell praktizierten Politik- und Organisationsformen unter den Begriff "direktdemokratisch" subsumiert. Vgl. Luthardt 1997: 40.

[125] Siehe Kapitel "B.II.1. Partizipatorische Demokratietheorie".

[126] Schneider 1977: 21

[127] Gau 1983: 24

[128] Ob die ZWS auch als Entscheidungsträger bezeichnet werden kann, wird im Rahmen des Veto-Spieler-Konzepts (Kapitel B.IV.5.1.) diskutiert.

den im wesentlichen durch die Kommunalverfassung, d.h. in Heidelberg durch die GemO, gesetzt.

2. Community-Power-Forschung

Die Community-Power-Forschung[129] analysiert die kommunale Machtverteilung der Entscheidungsträger und beschreibt den Ablauf von Entscheidungsprozessen im kommunalen Elite- und Machtsystem. Somit findet dieser Forschungsansatz hauptsächlich bei der Analyse der Wirkung von Entscheidungsträgern Anwendung. Obgleich die Frage nach dem von der ZWS in Heidelberg ausgehenden kommunalpolitischen Einfluß nicht Gegenstand dieser Arbeit ist, wird doch im Hinblick auf die Verortung der ZWS auf die Community-Power Forschung eingegangen, weil diese Forschungsansätze Perspektiven darstellen, unter denen die ZWS und ihre Einbindung in das lokale Machtgefüge betrachtet werden können.

Machtstrukturen werden als multiple Netzwerke identifiziert, in denen ein interorganisatorischer Informations- und Ressourcenaustausch eine zentrale Rolle spielt.[130] Auffallend an der deutschen Community-Power-Forschung[131] ist neben der geringen Zahl von Studien die Beschränkung auf einzelne deutsche Gemeinden,[132] wobei es sich vorwiegend um Klein- und Mittelstädte[133] handelt.

---

[129] Zusammenfassungen über die verschiedenen Methoden der Community-Power-Forschung finden sich in Ammon 1967, Derlien et al. 1976: 1 ff., Siewert 1979: 6 ff., Knoke 1990: 119-148.

[130] Kleinfeld 1996: 39

[131] Vgl. die Übersicht über die methodische Entwicklung in Deutschland in Hesse 1989: 119 ff.

[132] Z. B. die Euskirchen-Studie von Mayntz 1958; die Bretten-Studie von Luckmann 1970; die Wolfsburg-Studie von Hilterscheid 1970; die Heidelberg-Studie von Wollmann 1975; die Studie von Derlien 1976 u.a. über vier deutsche Mittelstädte; die Studie über Hamm von Kevenhörster/Windhoff-Héritier/Crone 1980; die Wertheim-Studie von Ellwein/Zoll 1982; die Studie von Gau 1983 über Köln; die Mannheim-Studie von Haasis 1990; die Friedland-Ahnatal-Studie von Florstedt-Borowski 1995.

[133] Dies vor allem deshalb, weil Interaktions- und Kommunikationsstrukturen in Klein- und Mittelstädten am intensivsten ausgeprägt sind, noch durchschaubar erscheinen und der Forschungsaufwand sich in Grenzen hält. Ueltzhöffer 1975: 109.

2.1. Forschungsansätze

Im wesentlichen bestehen auf dem Gebiet der Community-Power-Forschung folgende Ansätze:[134]

- Positions-Ansatz: Bei diesem Ansatz werden die wichtigsten offiziellen Positionen in öffentlichen und z.T. in privaten Institutionen zusammengestellt, es wird gefragt, wer diese Positionen besetzt. Dieser Ansatz zielt auf den institutionellen Rahmen ab: Problematisch ist dabei jedoch die Auswahl und die Abgrenzung der Machtpositionen. Ferner wird nur die potentielle Macht und nicht die tatsächliche Macht gemessen.[135]

- Reputations-Ansatz:[136] Bestimmte Personen werden von kommunalen Expertinnen und Experten oder – seltener – von einem repräsentativen Querschnitt der Bevölkerung als einflußreich benannt und hinsichtlich ihres Einflusses auf einer Rangskala plaziert. Fraglich ist jedoch, ob die Auswahl der Akteure sicherstellt, daß die tatsächlichen Machtverhältnisse gemessen werden.

- Entscheidungs-Ansatz ("decisional" oder "issue-approach"): Hier werden kommunalpolitische Issues untersucht, die konkrete Entscheidungsprozesse ausgelöst haben. Macht hat derjenige, der in den jeweils untersuchten Streitfragen die Entscheidungsfindung beeinflußt hat. Er mußte entweder eine eigene Problemlösungsstrategie durchgesetzt oder die Vorhaben anderer erfolgreich blockiert haben.[137] Es wird daher nicht nur potentielle, sondern tatsächliche Macht gemessen. An diesem Ansatz wird jedoch kritisiert, daß sich objektive Kriterien

---

[134] Zoll 1972: 17 ff.; Haasis 1978: 23 f.

[135] Zoll 1972: 66

[136] Die erste berühmte Studie, die mit diesem Ansatz arbeitete, war die Regional-City-Studie von Hunter. Er konstatierte eine Power-Elite, deren Reputation von Macht sich vertikal in Pyramidenform gliedern läßt. Damit begann der Methodenstreit in der Community-Power-Forschung, von den Gegnern wurde vor allem das Ergebnis einer Machtstruktur, die demokratische Elitenherrschaft, kritisiert. Dahl, Polsby und Wolfinger entwickelten deshalb die Entscheidungstechnik. Siehe dazu die Aufsätze von Dahl, Polsby und Wolfinger in Zoll 1972: 146-191.

[137] Die erste Studie, die diesen Ansatz enthält, war die sog. New-Haven-Studie. Dahl wies dort pluralistische Machtstrukturen nach, die politischen Ressourcen sind auf mehrere Akteure verteilt. Macht ist nicht strukturiert und wirkt nicht kumulativ, die als einflußreich ermittelten Personen übten ihren Einfluß nur bereichsspezifisch aus. Nach Dahl ist dies auch nicht wünschenswert: Für eine gelungene Interessenvertretung hält er das Recht auf politische Partizipation und Opposition für unabdingbar. Der Methodenstreit war also ein Streit zwischen "Elitisten" oder "Oligarchisten" und "Pluralisten".

zur Auswahl der Issues nicht aufstellen lassen sowie daß nur bestimmte Machtstrukturen beleuchtet werden und andere dafür unberücksichtigt bleiben.[138]

- Nicht-Entscheidungs-Ansatz ("non-decisional-approach"): Dieser Ansatz berücksichtigt auch Macht, die sich außerhalb von entscheidungsbezogenen Interessenkonflikten manifestiert. Es wird die Dynamik eines Nicht-Entscheidungs-Prozesses untersucht, indem geprüft wird, wie und wieweit die am Status quo orientierten Personen und Gruppen die Gemeindewerte und politischen Institutionen beeinflussen, die dazu tendieren, den tatsächlichen Entscheidungsbereich auf "sichere" Streitfragen zu beschränken.[139]

- Prozeß-Ansatz ("process-approach"):[140] Bei diesem Ansatz handelt es sich um eine Kombination aus dem Entscheidungs-Ansatz mit Elementen des Positions- und Reputations-Ansatzes. Ausgangspunkt ist dabei die Überlegung, daß eine Gemeinde ein soziales Gefüge ist, in dem politische Entscheidungen getroffen werden und sich lokale Macht auf verschiedenen Stufen des Entscheidungsprozesses durch den Gebrauch direkter und indirekter Ressourcen manifestiert. Dieser Ansatz berücksichtigt auch lokale Machtstrukturen, die zunächst unsichtbar erscheinen, weil sie z.B. auf dem Einfluß von Reputation basieren, die das Verhalten der Akteurinnen und Akteure beeinflussen.

Jeder der hier vorgestellten Ansätze hat seine spezifischen Vor- und Nachteile, jeder von ihnen ist mit "kaum kontrollierbaren Unsicherheiten"[141] behaftet. Es ist kaum möglich, von den jeweiligen Untersuchungsergebnissen und Erkenntnissen auf eine gesicherte Theorie zu schließen. Optimale Resultate würde eine kombinierte Anwendung aller Techniken in der gleichen Gemeinde im gleichen Zeitraum bringen – ein solches Vorgehen ist unter forschungsökonomischen Gesichtspunkten kaum denkbar. Da in der vorliegenden Arbeit jedoch ein möglicher Einfluß der ZWS auf kommunalpolitische Entscheidungen nicht Untersuchungsgegenstand ist, wird auf eine weitere Vertiefung der o.g. Theorien der Community-Power-Forschung verzichtet und lediglich eine deskriptive Einordnung der ZWS in das kommunale Institutionensystem vorgenommen.

---

[138] Bachrach/Baratz 1972: S. 223 ff.
[139] Ebd.: 230
[140] Dieser Ansatz wurde entwickelt von Scheuch/Nuttal/Gordon 1965.
[141] Arzberger 1980: 31

2.2. Das Konzept der Veto-Spieler

Bei der Einordnung der ZWS in das kommunalpolitische Gefüge wird auf den von Tsebelis[142] entwickelten und sich mit empirischen Befunden deckenden spieltheoretischen Ansatz des "Veto-Spielers" zurückgegriffen. Tsebelis hat diesen Ansatz entwickelt, um die Entscheidungsfindung über unterschiedliche Politik- und Parteiensysteme hinweg miteinander zu vergleichen. Es handelt sich um eine Methode aus dem Bereich der vergleichenden Regierungslehre, die aber durchaus auch auf die kommunale Ebene übertragbar ist. Als "Veto-Spieler" gilt dabei ein individueller (z.B. die Oberbürgermeisterin) oder kollektiver Akteur (z.B. der Gemeinderat), dessen Zustimmung entweder nötig ist, um eine Änderung des Status quo herbeizuführen oder der das Annehmen einer neuen Politik durch sein Veto blockieren kann. Der Ansatz befaßt sich dabei vorrangig mit der Frage, unter welchen Bedingungen ein politischer Wechsel stattfindet. Maßgebend ist dabei die Zahl der Spieler, ihre ideologische Nähe oder Differenz untereinander sowie der innerhalb eines Veto-Spielers bestehende innere Zusammenhalt. Nach den Untersuchungen von Tsebelis erhöht sich die Politikstabilität mit der Zahl sowie dem inneren Zusammenhalt der Veto-Spieler und nimmt mit deren äußerer Gleichheit ab. Am politik-stabilsten sind Systeme mit vielen ungleichen und innerlich stabilen Veto-Spielern, als instabil gelten Systeme mit nur einem Veto-Spieler oder einer kleinen Zahl von gleichen Veto-Spielern ohne einen inneren Zusammenhalt.

3. Kommunalpolitische Handlungsträger in Heidelberg

Das oberste Organ der Gemeinde ist der von der wahlberechtigten Bevölkerung direkt gewählte Gemeinderat.[143] Der Gemeinderat ist ein Repräsentativorgan und bildet nach Maßgabe seiner von ihm erlassenen Hauptsatzung aus seiner Mitte zu einzelnen gemeindlichen Angelegenheiten Ausschüsse. Die Mitglieder dieser Ausschüsse[144] werden vom Gemeinderat i.d.R. nach Parteienproporz gewählt. Soweit nach der Hauptsatzung zulässig, werden in den Ausschüssen endgültige Beschlüsse gefaßt, ansonsten haben diese Gremien lediglich beratende und empfehlende Funktion. In den Ausschüssen wird die Hauptarbeit des Gemeinderates geleistet, da sie – aufbauend auf den Vorlagen der Verwaltung – die Beschlüsse des Plenums vorbereiten.

---

[142] Tsebelis 1995: 289 ff.
[143] Der Gemeinderat ist das Hauptorgan der Gemeinde (§ 24 S. 1 GemO).
[144] § 29 ff. GemO

Die gewählten Ratsmitglieder können sich zu Fraktionen zusammenschließen, wenn mindestens drei Personen sich dafür entscheiden. Vor Sitzungen des Rates und der Ausschüsse beraten in der Regel die Fraktionen und Gruppen die Verwaltungsvorlagen, um eine einheitliche Meinung zu den aufgeworfenen Sachfragen zu bilden und um das Abstimmungsverhalten der Mitglieder festzulegen. Dabei ist jeder Gruppe selbst überlassen, ob diese Sitzungen öffentlich oder nicht-öffentlich erfolgen. Es ist gängige Praxis, daß Interessengruppen, aber auch Mitglieder der Verwaltung, bei besonderen Anlässen an diesen Sitzungen teilnehmen, um ihr Anliegen vorzutragen oder angehört zu werden. Solche Treffen haben trotz ihres informellen Charakters Einfluß auf die Entscheidungsfindung. Diese Möglichkeit der Einflußnahme steht auch der ZWS offen.

Vom Gemeinderat sind die in der GemO auf Stadtteilebene fakultativ vorgesehenen und in Heidelberg eingerichteten Bezirksbeiräte[145] zu unterscheiden. Die unter Berücksichtigung des im Stadtteil bei der Kommunalwahl bestehenden Parteiproporzes durch den Gemeinderat ernannten Bezirksbeiräte haben keine Entscheidungsgewalt. Sie geben vielmehr gegenüber dem Gemeinderat lediglich unverbindliche Beschlußempfehlungen ab. Die parteipolitische Konstellation spiegelt dabei das politische Verhältnis im Stadtteil wider, die Bezirksbeiräte verkörpern also ein repräsentatives Organ auf Stadtteilebene. Wichtige und einen Stadtteil betreffende Gemeinderatsvorlagen werden daher häufig vor der Entscheidung im Gemeinderat von der Verwaltung zunächst im Bezirksbeirat eingebracht. Durch solche "Testläufe" sollen die Entscheidungsprozesse transparenter gemacht und gleichzeitig eine Integration der Stadtteilbevölkerung "vor Ort" ermöglicht werden, indem die Artikulation und Durchsetzung stadtteilspezifischer Interessen durch die Stärkung des Informationsflusses gefördert wird.

Die Leitung der Gemeindeverwaltung mit der rechtlichen Vertretung der Gemeinde nach außen sowie die Umsetzung der Beschlüsse des Gemeinderates obliegt dem Bürgermeister.[146] Da die GemO – im Gegensatz zu den Kommunalverfassungen in anderen Bundesländern[147] – eine Direktwahl des Bürgermeisters vorsieht und diesem zudem neben dem Vorsitz im Gemeinderat dort auch ein Stimmrecht im Gemeinderat einräumt, ist diese Stellung mit einem erheblichen politischen Einfluß versehen. In Heidelberg wird dieses Amt derzeit von Beate

---

[145] § 65 GemO
[146] §§ 42 ff. GemO
[147] Die verschiedenen Gemeindeverfassungstypen werden nach dem Verteilungsmodus der Selbstverwaltungsangelegenheiten auf eines oder mehrere Organe (monistischer, dualistischer und trialistischer Verfassungstyp), nach der Funktionsverteilung zwischen Gemeindevertretung und Gemeindevorstand (Einköpfig- oder Zweiköpfigkeit), nach der Struktur des Gemeindevorstands (monokratisch oder kollegialistisch) und nach dem Wahlmodus des Gemeindevorstands (Direkt- oder Indirektwahl) unterschieden. Franck 1989, 11 f.

Weber ausgeübt, die – da es sich um eine kreisfreie Stadt handelt – den Titel "Oberbürgermeisterin" trägt.

In Heidelberg sind der Oberbürgermeisterin als Spitze der Kommunalverwaltung drei vom Gemeinderat gewählte Dezernenten[148] beigeordnet, die den Titel "Bürgermeister" tragen. Auf Grund der nach Parteiproporz erfolgenden Wahl der Bürgermeister handelt es sich dabei jedoch weniger um überparteiliche Repräsentanten aller Bürgerinnen und Bürger, sondern um z.T. auch parteipolitischen Einflüssen gehorchende kommunale Wahlbeamte.[149] Den Bürgermeistern sind wiederum die Amtsleiterinnen und -leiter unterstellt. Ihnen kommt innerhalb des kommunalpolitischen Entscheidungssystems große Bedeutung zu, da sie die Vorlagen für den Gemeinderat und die Umsetzung seiner Entscheidungen vorbereiten.

Im gesellschaftlichen Bereich spielen die vorwiegend informell agierenden Akteure wie z.B. Wirtschaftsverbände und -unternehmen, Verbände und Vereine, Bürgerinitiativen und die lokale Presse eine nicht unerhebliche Rolle. Sie versuchen, gleichfalls Einfluß auf die Verwaltung und die Entscheidungsträger geltend zu machen. Ein Forum für diese Akteure sind neben dem direkten Kontakt mit der Verwaltung oder den Mandatsträgerinnen und -trägern u.a. auch die in Heidelberg durchgeführten Formen von Bürgerbeteiligung. Seit dem Amtsantritt Beate Webers sind vermehrt Bürgeranhörungen mit dem Ziel erfolgt, die Bevölkerung stärker in Entscheidungsprozesse einzubinden.

Neue Beteiligungsmodelle wie das Verkehrsforum, Veranstaltungen zur Formulierung eines neuen Tourismus-Leitbildes oder der Stadtteilrahmenpläne dienten ebenfalls der Verbesserung der Bürgerbeteiligung und haben sich zu einem wichtigen Bestandteil der politischen Kultur in Heidelberg entwickelt. Im Vorfeld der Entscheidungen des Gemeinderates sollte in der Bevölkerung durch diese Maßnahmen ein breiter gesellschaftlicher Konsens erreicht werden.[150] Die damit geschaffenen Möglichkeiten zur Bürgerbeteiligung dürften z.T. die Vormacht der Verwaltung verringert und zumindest kommunalpolitische Impulse gegeben haben.

---

[148] Die GemO bezeichnet in §§ 49 ff. GemO die Dezernenten als "Beigeordnete".
[149] § 50 Abs 2 S. 3 GemO
[150] Dies konnte z.T. auch erreicht werden. Allerdings gab es trotzdem anschließend konfrontative Abstimmungen im Gemeinderat. Schneider 1997: 142.

3.1. Kommunalpolitische Handlungsträger zur Vertretung von Fraueninteressen

Im Gegensatz zu anderen Städten, in denen wie teilweise in Nordrhein-Westfalen ein gemeinderätlicher Frauen-Ausschuß oder wie in Stuttgart ein Frauenbeirat existiert, wurde in Heidelberg ein gewähltes Gremium, das explizit die Interessen der weiblichen Bevölkerung vertritt, nicht eingerichtet. Von Verwaltungsseite aus nimmt das in der Amtszeit von Beate Weber installierte "Amt für Frauenfragen" die Vertretung von Fraueninteressen innerhalb der Verwaltung und der weiblichen Heidelberger Bevölkerung wahr. Die Amtsleiterin fungiert als Frauenbeauftragte und hat u.a. die Aufgabe,[151] eigenständige, frauenspezifische Anliegen betreffende Verwaltungsvorlagen zu erstellen und die Beschlußvorlagen anderer städtischer Ämter auf deren Auswirkungen für die Belange von Frauen hin zu überprüfen, bei Personalentscheidungen mitzuwirken und Initiativen zu ergreifen, die "dem Abbau der Geschlechterhierarchie in allen Lebensbereichen"[152] der Heidelberger Frauen dienlich sind.

Heidelberg zeichnet sich außerdem durch eine Vielfalt aktiver Frauengruppen und -verbände aus. Die meisten von ihnen haben sich in der "Arbeitsgemeinschaft Heidelberger Frauenverbände und Frauengruppen" organisiert. Die teilnehmenden Gruppierungen entsenden i.d.R. in die Arbeitsgemeinschaft bis zu zwei Vertreterinnen, die auf den Versammlungen Stimmrecht haben. Die Versammlung tagt einmal monatlich und erstrebt, mit ihren Beschlüssen auf das kommunalpolitische Geschehen einzuwirken. Sie versteht sich als "Lobby für Fraueninteressen im kommunalpolitischen Rahmen".[153] Da diesem Gremium jedoch keinerlei institutionelle Kompetenzen zustehen, nutzt es gleichfalls informelle Kanäle gegenüber der Verwaltung oder den Mandatsträgern, um Einfluß geltend zu machen. Die erzielten Effekte sind nicht zu vernachlässigen: So wurde beispielsweise die Forderung nach der Einrichtung eines "Frauenamtes" von der jetzigen Oberbürgermeisterin Weber in ihrem Wahlkampf aufgegriffen und nach der Wahl auch umgesetzt. Jährlich verfolgt das Gremium die Haushaltsberatungen der Parteien und versucht, dabei der Forderung nach finanzieller Absicherung von Frauenprojekten Nachdruck zu verleihen.

---

[151] Vorlage an den Gemeinderat zur Sitzung am 10.07.91: "Information über die organisatorische Verselbständigung des 'Frauenbüros' beim Amt 10 zu einem 'Amt für Frauenfragen/Frauenamt'".

[152] Rhein-Neckar-Zeitung vom 15.04.92, S. 4: "Für 'Abbau der Geschlechterhierarchie' – Dörthe Domzig als neue Frauenbeauftragte der Stadt Heidelberg ins Amt eingeführt".

[153] Stadt Heidelberg/Amt für Frauenfragen 1996: 155

4. Ablauf der kommunalpolitischen Entscheidungsfindung

In der Regel läuft ein kommunalpolitischer Entscheidungsprozeß in der Stadt Heidelberg folgendermaßen ab:

1) Vorbereitung einer Vorlage durch die Verwaltung
2) Beratung und Beschlußempfehlung zu der Vorlage im Bezirksbeirat
3) Beratung und Beschlußempfehlung zu der Vorlage im jeweiligen Fachausschuß des Gemeinderates
4) Beratung und Abstimmung über die Vorlage im Gemeinderat

Die zentralen Institutionen im Entscheidungsprozeß sind dabei der Gemeinderat sowie die Verwaltung. Diese formale Festlegung entspricht dem Grundsatz der institutionellen Gewaltenteilung. Im Sinne eines "checks and balances"-Prinzips soll der Gemeinderat mit seinem Beschluß der Verwaltung einen Arbeitsauftrag erteilen und dessen Erfüllung durch die Verwaltung kontrollieren.

Zu berücksichtigen ist dabei, daß die Verwaltung in der Regel im Entscheidungsprozeß bei der Erarbeitung einer Vorlage einen Planungs- und Informationsvorsprung besitzt und ihr ferner mehr Zeit als den ehrenamtlich arbeitenden Gemeinderatsmitgliedern zur Verfügung steht. Alle diskutierenden Gremien – neben dem Gemeinderat also auch der Bezirksbeirat, Fraktionen und Ausschüsse – legen innerhalb ihrer Zuständigkeit sowohl die Ziele des gemeindlichen Handelns als auch die zum Erreichen des Zieles bestehenden Handlungsalternativen fest. Der politische Prozeß dient jeweils als legitime Machtbildung, die wesentlich in der Bildung eines Mehrheitskonsenses als Legitimationsbasis besteht.

Beobachtet wird allerdings zunehmend eine Verflechtung von Politik und Verwaltung, die zu Einflußverlusten des Gemeinderates führen kann. Deshalb kommt der Vorbereitungsphase von Verwaltungsvorlagen besondere Bedeutung zu. Um eine Vorlage nicht unvermittelt in das formale Entscheidungssystem einzuleiten, werden informelle Beziehungen zwischen Teilen der Verwaltung und den Fraktionsvorsitzenden des Gemeinderates genutzt. Oberbürgermeisterin, Dezernenten, Amtsleiter/innen sowie Fraktionsvorsitzende und Ausschußmitglieder bilden eine Gruppe von Vorentscheidern. In der Literatur wird häufig kritisiert, daß dieses Modell "exekutiver Führerschaft" es der kommunalen Öffentlichkeit erschwert, sich bereits im Vorfeld über den Sachstand einer Vorlage informieren zu können und bei der Entwicklung der Vorlage mitwirken zu kön-

können.[154] Andererseits ist es denkbar, daß die im gesellschaftlichen Bereich informell agierenden Akteurinnen und Akteure die Vorentscheider beeinflussen.

Schaubild 1: Verortung der ZWS in der kommunalen Macht- und Entscheidungsstruktur in Heidelberg[155]

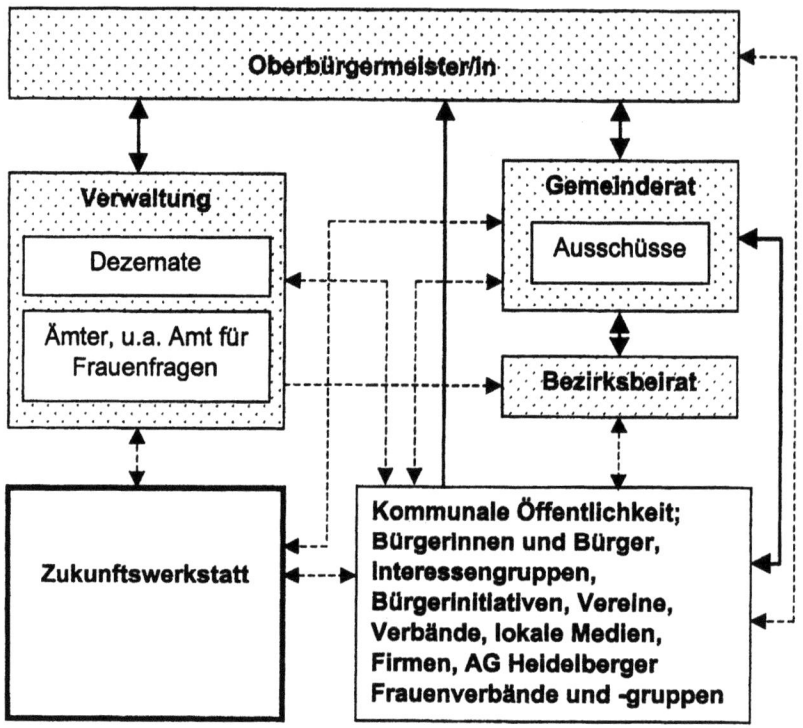

---

[154] Grauhan 1971: 109 ff.
[155] Gestrichelte Linie = informelle Beziehung; durchgezogene Linie = formelle Beziehung.

5. Verortung der Zukunftswerkstatt in der kommunalen Macht- und Entscheidungsstruktur in Heidelberg

Mit der Institutionalisierung der ZWS ist ein weiteres Instrument zur Vertretung von Fraueninteressen hinzugekommen. Bei der ZWS handelt es sich – wie auch bei der o.g. "Arbeitsgemeinschaft Heidelberger Frauenverbände und Frauengruppen" um ein Gremium, das nicht direkt wie der Gemeinderat oder indirekt wie der Bezirksbeirat von der Bevölkerung durch eine Wahl legitimiert ist. Im Gegensatz zu den Bezirksbeiräten kann die ZWS nicht den Anspruch erheben, ein repräsentatives Organ auf Stadtteilebene zu sein. Sie hat lediglich den Status einer politischen Interessengruppe. Als Lobbyistinnen verfügen die Teilnehmerinnen höchstens über informelle Kanäle, um Einfluß auf Verwaltungsvorlagen und Gemeinderatsentscheidungen zu nehmen.

Der Nachweis ihres Einflusses auf das Machtsystem der Stadt Heidelberg steht nicht im Zentrum dieser Arbeit. Dennoch läßt sich auch ohne nähere Überprüfung sagen, daß die Arbeit der ZWS zumindest von den Entscheidungsträgern wahrgenommen wird: Immerhin flossen die von den ZWS erarbeiteten Vorschläge in die bereits erwähnten Leitlinien für die zukünftige Stadtplanung ein. Inwieweit ihre Ideen dabei tatsächlich umgesetzt wurden bzw. in die Entscheidungsfindung miteingeflossen sind, ob Parteien die Anregungen aufgegriffen haben, ob die Zukunftswerkstätten also tatsächlich eine entscheidende Rolle spielen oder lediglich ein Instrument zur "Ruhigstellung von Frauen durch Pseudo-Demokratie"[156] darstellen, müßte in einer eigenen Untersuchung analysiert werden.

5.1. Die Zukunftswerkstatt im Konzept der "Veto-Spieler"

Da die ZWS nicht gesetzlich in der Kommunalverfassung institutionalisiert ist, erfüllt sie nicht die Merkmale eines Veto-Spielers. Ihre kommunalpolitische Rolle und ihr Verhältnis zu den entscheidenden Organen der Gemeinde, dem Gemeinderat und der Oberbürgermeisterin ist vielmehr rechtlich nicht geregelt. Die ZWS kann somit weder Entscheidungen dieser Akteure durch ein Veto blockieren, noch ist ihre Zustimmung für deren Entscheidungen erforderlich. Etwas anderes würde nur dann gelten, wenn die ZWS die Reputation hätte, um informell derart Macht auszuüben, daß sie von den institutionalisierten Veto-Spielern nicht übergangen werden kann. Die Darstellung der von der ZWS (gegebenenfalls) ausgehenden Macht ist jedoch nicht Gegenstand dieser Arbeit, sondern

---

[156] So eine Teilnehmerin bei einer Podiumsdiskussion im Rahmen des Festaktes "Fünf Jahre Amt für Frauenfragen" im April 1997.

wäre im Zusammenhang mit einer Untersuchung der Wirkung der ZWS zu prüfen.

Kein Veto-Spieler zu sein, entspricht im übrigen auch der von Robert Jungk vorgenommenen theoretischen Konzeption der ZWS, die gerade kein unmittelbares Instrument zur Interessensdurchsetzung oder gar zur Machtkontrolle darstellen soll. Ihr vorrangiges Ziel ist vielmehr die Förderung der gesellschaftlichen Meinungsbildung, die in eine gemeinsame Entscheidungsfindung durch die Teilnehmer/innen mündet. Nach dem Idealbild ihres Erfinders stellt die ZWS ein pluralistisch besetztes herrschaftsfreies Forum von Menschen aus dem gesamten gesellschaftlichen Spektrum dar, in dem im Diskurs und frei von Sachzwängen Vorschläge für Veränderungen entwickelt werden, die auf den ersten Blick durchaus auch sehr unorthodox sein können. Die ZWS ist dabei nicht dem staatlichen, sondern dem gesellschaftlichen Bereich zuzuordnen.

Die Einspeisung dieser Vorschläge und ihre Umsetzung in politische Prozesse obliegt jedoch Institutionen wie der Oberbürgermeisterin, dem Gemeinderat, Parteien und Bürgerinitiativen oder anderen Gruppen, die informell agieren. Die ZWS benötigt somit gewissermaßen einen "Transmissionsriemen", um ihre Ideen zu realisieren.[157]

Für Veto-Spieler könnte es im Einzelfall durchaus attraktiv sein, in einer ZWS entstandene Ideen aufzugreifen und auf diese Weise die eigene Machtbasis zu vergrößern. Denn nach dem methodischen Ansatz der ZWS müßten Entscheidungsvorschläge, die in einer (idealen) ZWS entstanden sind, in der das gesamte Bevölkerungsspektrum vertreten war, von einem breiten gesellschaftlichen Konsens und einer hohen Akzeptanz getragen sein. Die ZWS können somit Veto-Spielern, wie z.B. einer im Gemeinderat vertretenen Partei, als Ideengeber und "think-tank" dienen. Zusammen mit einer Festigung der inneren Stabilität des Veto-Spielers könnte dies auch zu einer Stärkung der äußeren Macht der sich der Arbeitsergebnisse bedienenden Partei beitragen. Denn es ist zu erwarten, daß im demokratischen Prozeß die Ergebnisse aus einer gesellschaftlich breit fundierten ZWS mit hoher Wahrscheinlichkeit auch mehrheitsfähig sind. Möglicherweise kann in der Gemeinde auf diese Weise somit sogar schrittweise der Parteiverdrossenheit entgegengewirkt werden, indem Parteien damit ihrer staatsrechtlichen Funktion, die in der Gesellschaft bestehenden Meinungen und Interessen zu bündeln und in den politischen Prozeß einzuspeisen, besser gerecht werden.

---

[157] Morlock 1991: 87

V. Politische Partizipation

1. Der Partizipationsbegriff in politikwissenschaftlicher Perspektive

Der Ursprung des Begriffs der politischen Partizipation ist untrennbar mit der Entstehung des demokratischen Rechtsstaates und seiner Verfassung verbunden. Um sich als Verfassungsstaat zu legitimieren, ist der Rechtsstaat an die Zustimmung der Bürgerinnen und Bürger gebunden. Dies macht institutionelle Verfahren notwendig, um regelmäßig diese Zustimmung nachprüfen und einholen zu können. Der unmittelbarste Ausdruck dafür ist die Mitbestimmung der Bürger durch die freie, gleiche, allgemeine und geheime Wahl. Die elitetheoretische Version von Demokratietheorie postuliert eine Begrenzung der Bürgerteilhabe auf diesen institutionell verankerten Akt des Wählens.[158]

Dementsprechend versteht sich die "klassische" Partizipationsforschung, die bis Mitte der 60er Jahre dominiert, hauptsächlich als Wahlforschung mit den Methoden der empirischen Sozialforschung.[159] Heute versteht die Partizipationsforschung unter politischer Beteiligung diejenigen "motivational bewußten Handlungen",[160] die Bürger mit dem Ziel vornehmen, Entscheidungen auf den verschiedenen Ebenen des politischen Systems zu beeinflussen.[161] Das Partizipationskonzept ist somit durch andere als allein politisch-institutionelle Partizipationsformen erweitert worden.[162] Handlungen, die lediglich in ihren Konsequenzen, nicht aber in ihrer Intention politisch, d.h. auf den politischen Willensbildungs- und Entscheidungsprozeß bezogen sind, werden in der Regel nicht unter politische Partizipation gefaßt. Partizipation wird als instrumentelles, zweckrationales und auf kollektive Ziele gerichtetes Handeln des einzelnen Bürgers begriffen.[163] Es kommt durch ein "komplexes Zusammenspiel zwischen institutionellen Strukturen, konkreten politischen Ereignissen, Gruppeneinbindungen und individuellen Merkmalen" zustande.[164]

Umstritten ist, ob Partizipation als "Selbstzweck", also als Ziel an sich, aus hedonistischen Motiven heraus erfolgt, oder ob sich Personen auch ausschließ-

---

[158] Kaase 1992a: 146
[159] Kaase 1993a: 429 f.
[160] von Alemann 1975: 41 f.
[161] Verba/Nie 1972: 1-5; Barnes/Kaase et al. 1979: 42; Kaase 1993a: 429
[162] Trotzdem bleibt der Politikbegriff der Partizipationsforschung im Horizont politischer Institutionen und ihrer Funktionsträger. Dies wird von feministischer Seite kritisiert, da die Privatheit als politikrelevanter Gesellschaftsbereich ausgeblendet wird. Sauer 1994: 103.
[163] Auch der Begriff des individuellen zweckrationalen Handelns wird von Feministinnen kritisiert, da er vom "männlichen Aktivbürger" ausgehe. Expressives Handeln fände darin keinen Platz. Sauer 1994: 103.
[164] Kaase 1993b: 470 f.

lich aus einem Mobilisierungszusammenhang an kollektiven politischen Aktionen beteiligen, bei denen die Partizipation als Mittel zum Zweck dient.[165]

Zwar sind für die Messung von Beteiligung die Motivationsunterschiede ohne Bedeutung. Doch können die Motivationsunterschiede für eine Erklärung solchen Verhaltens relevant sein. Daher wird im folgenden von einem weiten Begriff von "Partizipation" ausgegangen, wonach Partizipation nicht nur aus zweckrationalen Gründen, sondern auch aus der "Lust am Mitmachen" heraus erfolgen kann.

2. Dimensionen politischer Partizipation

Das Spektrum an Beteiligungsformen für Bürger in der Politik hat sich in den westlichen Industriegesellschaften seit Mitte der 60er Jahre kontinuierlich erweitert. Bürgerinnen und Bürger haben zunehmend eine Ausweitung ihrer sozialen und politischen Beteiligungsrechte gefordert, um ihre eigenen Vorstellungen auch in spezifischen Sachfragen möglichst flexibel, situations- und zielabhängig in den politischen Entscheidungsprozeß einbringen zu können. Auf diese Weise wird der Monopolanspruch politisch etablierter Akteure, wie z.B. der Parteien, beim politischen Willensbildungs- und Entscheidungsprozeß in Frage gestellt.[166]

Das Aufkommen der Forderung nach einer politischen Beteiligung, die über die Stimmabgabe bei einer Wahl hinausgeht, wird auf die gesunkene Bedeutung des Wirtschaftswachstums, das gestiegene allgemeine Bildungsniveau und die wachsende Orientierung an postmaterialistischen Werten zurückgeführt. Dem Wertewandel[167] wird eine langfristige Änderung der Politik zugeschrieben, da dadurch eine "partizipatorische Revolution"[168] erfolgt sei, die zu einem "verbreiterten Partizipationsrepertoire"[169] geführt habe, da zu den allgemeinen wahlbezogenen Formen der politischen Teilhabe weitere Partizipationsformen hinzugekommen seien.[170] Durch diese neu entstandenen Formen der Beteiligung hat sich der Forschungsgegenstand der Partizipationsforschung, die sich anfänglich hauptsächlich als Wahlforschung verstand, zwangsläufig erweitert.[171]

---

[165] Kaase 1993a: 429
[166] Kaase 1982: 184 ff.
[167] Inglehart 1995
[168] Kaase 1982: 177 f.
[169] Uehlinger 1988: 219
[170] Kaase/Neidhart 1990. Allerdings ist die Affinität zu diesen Formen höher als deren tatsächliche Verwendung.
[171] Zu den "Klassikern" in diesem Bereich zählt die Untersuchung "Civic Culture" von Almond/Verba mit empirischen Daten für die USA, Großbritannien, Bundesrepublik Deutsch-

Die heute im politischen System bestehenden Partizipationsformen weisen eine große Vielfalt auf. Es erfolgt hier eine Darstellung der bei der Systematisierung von Beteiligungsformen wichtigsten verwendeten Kategorien und Ordnungskriterien. Zu unterscheiden ist zunächst, ob die Möglichkeit besteht, durch Partizipation unmittelbar auf relevante Entscheidungen *direkt* einwirken zu können.[172] Unter die Kategorie "direkte Einwirkung" werden solche Formen subsumiert, mittels derer ohne vermittelnde Instanzen eine politische Entscheidung beeinflußt und herbeigeführt wird. Bei einer indirekten Beteiligung wird hingegen die Handlungsvollmacht an politische Repräsentanten delegiert. Weiter wird darauf abgestellt, ob die Beteiligungsform in einer Verfassung oder in einem Gesetz rechtlich geregelt und somit *verfaßt* ist oder nicht.[173]

Diese Kategorien können wiederum kombiniert werden. So stellt zum Beispiel der in der Gemeindeordnung von Baden-Württemberg geregelte Bürgerentscheid eine *verfaßte direkte* Form der Partizipation dar, wohingegen die Tätigkeit einer Bürgerinitiative der *nicht-verfaßten-nicht-direkten* Form der politischen Beteiligung zuzuordnen ist, da sie im vorparlamentarischen Bereich agiert und ihre Forderungen – zumindest bevor Entscheidungsinstanzen diese aufgreifen – rechtlich unverbindlich bleiben.

Die Kriterien "direkte Beteiligung" und "Verfaßtheit" nehmen eine primär systembezogene Unterscheidung vor, die weiteren Kategorien orientieren sich vor allem am individuellen Verhalten und an der Einstellung der Bevölkerung zu verschiedenen Partizipationsformen. So erfolgt eine objektiv meßbare Unterscheidung zwischen *legalen und illegalen* Partizipationsformen.[174] "Illegal" sind dabei Partizipationsformen, bei deren Durchführung, wie z.B. durch gewaltfreien zivilen Ungehorsam oder bei Gewalt gegen Personen oder Sachen, gegen Gesetze verstoßen wird, um den Staat und seine Institutionen unter Druck zu setzen.

---

land, Italien und Mexiko 1963. Mit Milbrath/Goel begann 1965 die eigentliche Partizipationsforschung. Er unterscheidet folgende Partizipationsformen: Apathische, Zuschauer (Wähler), "transitional activities" (Wahlveranstaltungen besuchen, mit Politikern reden) und "Gladiatoren". Siehe Milbrath/Goel 1965: 16-22. Erwähnenswert ist außerdem die Studie "Participation and Political Equality" von Verba/Nie/Kim 1978, mit Daten für die USA, Österreich, die Niederlande, Japan, Jugoslawien, Indien und Nigeria. Sie differenzieren zwei "Typen" politischer Beteiligung: das psychologische Interesse und die tatsächliche Beteiligung. Außerdem operationalisieren sie den Grad institutioneller Einbindung der Bürger. Sie unterschieden vier konventionelle Formen: Wählen, wahlkampfbezogene Aktivitäten, (gemeindebezogene) Gruppenaktivitäten und politische Einzelkontakte.

[172] Buse/Nelles 1975: 82 ff.

[173] Laut Kaase ist eine verfaßte Beteiligung eine Handlung, die in einem institutionell klar definierten Kontext eingebettet ist. Unverfaßt sind diejenigen Aktionsformen, die in einem spontanen oder geplanten Mobilisierungsprozeß außerhalb eines institutionellen Rahmens entstehen. Kaase 1993a: 429.

[174] Uehlinger 1988: 31

Im Gegensatz dazu zielt das Kriterium der *Legitimität* auf die subjektive Beurteilung durch die einzelnen Bürger. Eine Beteiligungsform, die von der Mehrheit der Bevölkerung als gerechtfertigt angesehen wird, gilt als legitim, selbst wenn sie illegal und nicht-verfaßt ist.[175]

Neben die bisher genannten Kategorien stellen Barnes/Kaase et al. die akteursbezogene Unterscheidung zwischen *konventionellen und unkonventionellen* Beteiligungsformen.[176] Unter konventionellen Formen werden legale, auf öffentliche Wahlen bezogene verfaßte oder nicht-verfaßte Formen mit positivem Legitimationsstatus verstanden. Beispiele hierfür sind das Lesen des politischen Teils einer Zeitung oder der Besuch politischer Versammlungen.[177] Unkonventionell sind nicht-verfaßte Handlungen unabhängig von ihrem Legalitäts- und Legitimitätsstatus, wie z.b. die Teilnahme an einer genehmigten politischen Demonstration oder Unterschriftensammlung.[178]

Insgesamt verdeutlichte die Political-Action-Studie, daß "eine Mehrheit der Bevölkerung den Einsatz zumindest maßvoller Formen der direkten politischen Beteiligung" befürworten und sich somit "das Repertoire der Bürger an politischen Verhaltensweisen" erweitert hat.[179] Die sogenannten unkonventionellen Aktionsformen gehören inzwischen zum Alltag der politischen Beteiligung der Bürgerinnen und Bürger.[180]

Unkonventionelle Partizipation ist jedoch nicht nur auf der Individualebene empirisch faßbar. Neben individuellen Verhaltensweisen sind es auch Gruppenphänomene wie Bürgerinitiativen und neue soziale Bewegungen, die seit Beginn

---

[175] Vgl. Westle 1992: 140 f.

[176] Diese Einteilung basiert auf der sogenannten "Political Action"-Studie, einer internationalen vergleichenden Untersuchung, die 1974-1976 durchgeführt wurde. Mit ihr wurde versucht, unverfaßte Beteiligungsformen wie Boykotte, Demonstrationen und Hausbesetzungen quantitativ zu erfassen und deren Voraussetzungen zu analysieren. In die Untersuchung zum Repertoire politischer Beteiligung wurden insgesamt acht Länder einbezogen. In die Veröffentlichung der "Political Action"-Studie (Barnes/Kaase et al. 1979) gingen jedoch nur die Ergebnisse der fünf Länder ein, die ihre Feldarbeit zuerst beendet hatten (USA, Großbritannien, Bundesrepublik Deutschland, Niederlande und Österreich).

[177] Marsh/Kaase 1979: 85

[178] Marsh/Kaase 1979: 65 ff.

[179] Kaase 1982: 183

[180] Konventionelle und unkonventionelle Beteiligungsformen schließen sich nicht gegenseitig aus, sondern sind miteinander verschränkt. Allerbeck kommt durch Faktorenanalyse der auch von Barnes und Kaase verwendeten Daten zu dem Ergebnis, daß beide Beteiligungsformen miteinander leicht korreliert sind. Das bedeutet, daß sich "systemimmanente" und "systemtranszendierende" Partizipationsformen nicht wechselseitig ausschließen, sondern sich gegenseitig bedingen: Die Ausübung der einen Form scheint das Praktizieren der anderen eher zu erleichtern. Allerbeck 1980: 15-21. Vgl. auch Uehlinger 1988: 211-217.

der 80er Jahre mit neuen Partizipationsformen in Verbindung gebracht werden.[181]

Gerade die international beobachtete Ausdehnung und Stabilisierung unverfaßter, legaler politischer Beteiligungsformen wirft die Frage auf, inwieweit diesen Formen noch Unkonventionalität zugesprochen werden kann.[182] Aktuelle Konzepte orientieren sich deshalb stärker an der Legalitätsdimension. So unterscheidet beispielsweise Muller normativ nach *demokratischer* und *aggressiver* Beteiligung.[183] Auch Uehlinger[184] unterscheidet vor dem Hintergrund der Legalitätsdimension fünf Typen politischer Partizipation, die inzwischen zunehmend Verbreitung finden:[185] Tätigkeiten, die unter die Kategorien "Staatsbürgerrolle" (z.B. Wählen), "problemspezifische Partizipation" (z.B. Mitarbeit in einer Bürgerinitiative) und "parteispezifische Partizipation" fallen und offensichtlich legal sind, werden abgegrenzt von den illegalen Formen "ziviler Ungehorsam" und "Gewalt gegen Personen und Sachen".

Der Unterschied zu den Partizipationstypen der "Political Action"-Studie ist klar ersichtlich: Während dort unkonventionelles Verhalten sowohl legale als auch illegale Formen beinhaltet, differenziert Uehlinger in "problemspezifische Partizipation" und "zivilen Ungehorsam", da er Legalität/Illegalität für das primäre Ordnungskriterium hält.[186]

2.1. Verortung der ZWS im Dimensionalitätsraum politischer Partizipation

Obgleich die ZWS zunächst eine Methode zur gruppeninternen Meinungsbildung und Entscheidungsfindung ist, stellt sie eine *Beteiligungsform* dar, da nach ihrem

---

[181] Kaase 1993a: 431
[182] Westle 1992: 143
[183] Muller 1979
[184] Uehlinger befaßte sich in seiner Arbeit "Politische Partizipation in der Bundesrepublik" 1988 ebenfalls mit konventionellen und unkonventionellen Beteiligungsformen. Er kritisiert dabei die in der "Political Action"-Studie angenommene Dimensionalität sowie die daraus abgeleiteten und angewandten Partizipationsskalen. (Vgl. zu dem dazu geführten Methodenstreit Uehlinger 1988: 31). Aufgrund von Re-Analysen mit den Daten der "Political-Action"-Studie, anhand eigener Daten sowie den Daten der Studie "Jugend und Staat" (Schmidtchen 1983) erarbeitete er die fünf o.g. Partizipationstypen.
[185] Uehlinger 1988: 129 f.
[186] Auch Kaase räumt ein, daß im Bereich der unkonventionellen Partizipationsformen eine weitere Untergliederung notwendig wurde, weil unverfaßte Beteiligungsformen, die nah an der Grenze zur Illegalität lagen (politische Gewalt), nationenübergreifend vermehrt auftraten. Kaase 1993b: 468.

Selbstverständnis die Arbeitsergebnisse der ZWS z.B. der Öffentlichkeit oder der Stadtverwaltung vorgelegt werden sollen.

Auch wenn die Stadtverwaltung Heidelberg die untersuchte ZWS initiiert hat, so ist doch ihre Tätigkeit rechtlich nicht geregelt. Die ZWS stellt somit eine *nicht-verfaßte* Form der Beteiligung dar, die ähnlich wie die o.g. Planungszelle aufgrund der Möglichkeit, daß ihre Ergebnisse von den gemeindlichen Organen aufgegriffen werden, als *indirekte Beteiligungsform* anzusehen ist. Da die Tätigkeit der ZWS nicht gegen die Rechtsordnung verstößt, ist sie dabei eine *legale* Form der Beteiligung.

Die Entscheidung darüber, ob es sich bei der ZWS um eine *legitime* Beteiligungsform handelt, ist nicht ohne weiteres zu treffen. Streng genommen wäre dazu eine Befragung der Heidelberger Bevölkerung nötig, um die subjektive Einstellung gegenüber der ZWS zu erfassen. Es läßt sich aber vermuten, daß die ZWS einen mindestens mittleren, wenn nicht gar hohen Legitimitätsstatus aufweist, da sie von der Stadtverwaltung initiiert wurde.

Schwieriger erscheint die Zuordnung der ZWS zu *konventionellen bzw. unkonventionellen* Beteiligungsformen. Die ZWS steht dabei "zwischen" den beiden Formen, da sie – was für eine konventionelle Beteiligungsform spricht – nicht spontan aus der Bürgerschaft entstanden ist, sondern seitens der Stadtverwaltung eingerichtet wurde, um die politische Mobilisierung von Frauen und die eigene Artikulation ihrer lokalen Interessen zu fördern.[187]

Allerdings weisen die nach den ersten von der Stadtverwaltung initiierten Seminaren noch in eigener Regie in den Stadtteilen weiterarbeitenden ZWS gleichermaßen auch starke Bezüge zu unkonventionellen Beteiligungsformen auf. Die Gruppen sind unabhängig von der Stadtverwaltung autonom tätig und werden nicht mehr – wie zunächst noch beim Einführungsseminar – vom städtischen Amt für Frauenfragen moderiert und betreut. Organisatorisch unterscheidet sich die ZWS daher nicht von anderen informell handelnden Gruppen und ähnelt hier durchaus einer *Bürgerinitiative*. Legt man die Uehlingersche Terminologie[188] zugrunde, so läßt sich von *"problemzentriertem Aktivismus"* sprechen.

Die Initiierung der ZWS durch eine städtische Behörde mag dabei auch ein Beleg sein für die von Kaase[189] und Westle[190] beobachtete Ausdehnung und Stabilisierung von unverfaßten legalen politischen Beteiligungsformen, die ursprünglich während der anti-autoritären Bewegung der 70er Jahre aufkamen.

---

[187] An dieser Stelle wird die Unzulänglichkeit der Abgrenzung "konventionelles" versus "unkonventionelles Verhalten" deutlich: Es fällt schwer, ein von der Stadt initiiertes Beteiligungsmodell als "unkonventionell" zu bezeichnen.
[188] Uehlinger 1988: 220
[189] Kaase 1993b: 468
[190] Westle 1992: 143

Hier ist immerhin zu beobachten, daß eine staatliche Stelle ein den unkonventionellen Beteiligungsformen nahestehendes Modell etabliert. Sie verschafft der ZWS damit eine Legitimation, über die eine Bürgerinitiative nicht verfügt und die sich z.B. bei der Vergabe von städtischen Räumen für die Treffen der ZWS ausdrückt.

Schaubild 2: Verortung der ZWS in den Dimensionalitätsraum politischer Partizipation[191]

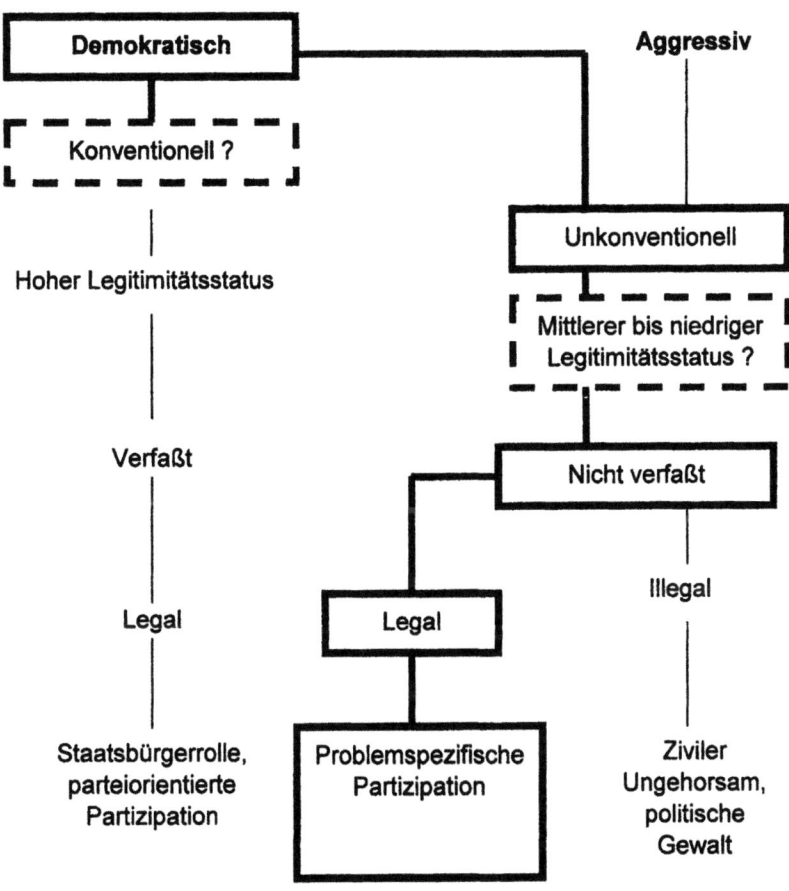

---

[191] Schaubild nach Westle 1992: 144; die auf die ZWS zutreffenden Merkmale sind eingerahmt.

3. Theoretische Ansätze der Partizipationsforschung

Im wesentlichen können innerhalb der Partizipationsforschung, die sich mit den Determinanten politischen Handelns beschäftigt, zwei Ebenen von Forschungsansätzen unterschieden werden.

Die erste Strategie bezieht sich auf die Makroebene; sie arbeitet mit Daten, die die Kennzeichen des politischen Systems insgesamt beschreiben und/oder mit aggregierten Individualinformationen, wie z.b. Makromerkmalen und Daten zur Partizipation der jeweiligen Gesamtbevölkerung.[192] Ein Teil dieser Untersuchungen wiederum, die sog. "Bewegungsforschung", stellt Mobilisierungsbedingungen und -prozesse in den Mittelpunkt. Untersucht werden situative Elemente, soziale Umstände, die Gruppeneinbindung der Beteiligten sowie institutionelle Barrieren[193] und Determinanten politischer Chancen. Betrachtet wird ferner der Prozeßaspekt in längsschnittlich-historischer Perspektive. Mit diesen Phänomenen befassen sich Wissenschaftler, die die politische Gelegenheitsstruktur ("political opportunity structure"),[194] d.h. die externen Parameter für Akteure analysieren, die politische Aktionen er- oder entmutigen. Sie untersuchen dabei den Zusammenhang zwischen politischen Prozessen und kollektivem Handeln. Die gruppenexternen Ressourcen, die unter bestimmten Bedingungen mobilisiert werden, werden hervorgehoben.

Dem steht der mikroanalytische Forschungsstrang gegenüber, der sich rein auf die akteursbezogene Ebene bezieht. Im Mittelpunkt des Erkenntnisinteresses stehen dabei persönlichkeitsbezogene Charakteristika, sozio-strukturelle Merkmale des Individuums und Kennzeichen dessen sozialen Umfeldes als mögliche Einflußgrößen auf politische Beteiligung.[195] Diese Forschungsrichtung arbeitet überwiegend mit aus Umfragen gewonnenen Individualdaten. Mit Hilfe dieser Daten werden Aussagen über mögliche individuelle Hintergründe, Motive und Mobilisierungsprozesse der Partizipation getroffen.

Da mit der ZWS von städtischer Seite eine Gelegenheitsstruktur bereitgestellt wurde, um Frauen eine Chance zu bieten, innerhalb des politisch-administrativen Systems ihren Einfluß zu vergrößern, ist die Beteiligung der Frauen nicht "von sich aus" entstanden. Die Teilnehmerinnen haben vielmehr eine angebotene Mobilisierungsressource aufgegriffen. Für die vorliegende Untersuchung wird eine mikroanalytische Vorgehensweise gewählt, um festzustellen, von welchen Individuen und aus welchen Gründen die ZWS genutzt wird. Aufgrund ihres Akteursbezuges beschränke ich mich daher im folgenden auf die Darstellung der

---

[192] Westle 1992: 137
[193] Kaase 1981: 371
[194] Tarrow 1991: 647-670; Kriesi/Wisler 1996: 19-40; Roth 1991: 209-233
[195] So schon bei Milbrath/Goel 1965.

mikroanalytischen Ansätze der Partizipationsforschung, nämlich das sozio-ökonomische Ressourcenmodell, den "Rational-Choice"-Ansatz und die darauf aufbauenden sozio-psychologischen Ansätze. Diese Ansätze sind jedoch nicht isoliert voneinander zu betrachten. Sie sind vielmehr miteinander verschränkt und bedingen sich gegenseitig. Wegen der Verflechtung der Kausalfaktoren gehen Partizipationsforscherinnen und -forscher in aktuellen Analysen von einer Kombination dieser Modelle aus und entwickeln teilweise eigene Konzepte, die sich aber im Prinzip immer auf die drei vorgestellten Theorierichtungen berufen.[196]

3.1. Das sozio-ökonomische Ressourcenmodell

Das gängigste und unumstrittenste Modell der Partizipationsforschung ist das sozio-ökonomische Ressourcenmodell. Nach diesem Modell bestimmt der sozio-ökonomische Status, der über Schulbildung, Beruf und Einkommen operationalisiert wird, ob und wieviel jemand partizipiert.[197] Eine hohe sozio-ökonomische Ressourcenausstattung führt zu einer positiven Einstellung gegenüber dem politischen System und zu politischem Engagement. Dieses sozio-ökonomische Standardmodell hat sowohl für konventionelles wie für unkonventionelles Partizipationsverhalten Bedeutung und wurde in verschiedensten Untersuchungen immer wieder bestätigt.[198]

Die Erklärungsansätze für dieses Phänomen lassen sich wie folgt zusammenfassen: Um komplexe politische Zusammenhänge zu verstehen, bedarf es kognitiver Fähigkeiten, die über eine gute Ausbildung vermittelt werden.[199] Politische Beteiligung setzt Informiertheit, die Kenntnis der eigenen Interessenlage und Betroffenheit und die Fähigkeit, Information und eigene Lage in Beziehung zueinander zu setzen, voraus.[200] Um Informationen aufzunehmen, ist ein relativ hoher Wissensstand über die Funktionszusammenhänge des politischen Systems nötig. Bildung und Einkommen ermöglichen dem dadurch mit hohen individuellen Ressourcen ausgestatteten Individuum Zugang zu politischen Informatio-

---

[196] Z.B. Verba/Schlozman/Brady 1995 mit ihrem "Civic Voluntarism Model"; auch Parry/Moyser/Day 1992.
[197] Entwickelt wurde es von Milbrath/Goel 1965: 92.
[198] So z.B. in Verba/Nie 1972; Verba/Nie 1978; Barnes/Kasse 1979; Parry/Moyser/Day 1992; Verba/Schlozman/Brady 1995.
[199] Verba/Schlozman/Brady 1995: 6
[200] von Alemann 1975: 48

nen, Wissen und Fähigkeiten. Organisatorische und kommunikative Fähigkeiten, sogenannte "civic skills"[201] erleichtern die Partizipation.

Hohe sozio-ökonomische Ressourcen stehen wiederum in einer Wechselwirkung mit dem erwarteten politischen Einfluß: Je höher die Ressourcenausstattung, desto eher wird ein Einfluß auf das politische System durch die eigene Beteiligung erwartet.[202]

3.2. Der "Rational-Choice"-Ansatz

Dieser Ansatz geht vom Modell eines rational handelnden Akteurs aus, bei dem das Individuum Kosten und Nutzen politischer Beteiligung gegeneinander abwägt und sich dann für oder gegen ein partizipatives Verhalten entscheidet. Grundlage ist dabei die von Downs entwickelte "ökonomische Theorie der Demokratie".[203] In diesem Modell wird ein "politischer Markt" analog zum wirtschaftlichen Markt konstruiert, auf dem kapitalistische Gesetzmäßigkeiten wirken. Demokratische Parteien sind hierbei Koalitionen "...von Personen, die den Regierungsapparat mit legalen Mitteln unter ihre Kontrolle zu bringen suchen".[204] Die Regierung wird durch Wahlen berufen. Um gewählt zu werden, kämpfen Parteien mit starkem Werbeaufwand um Stimmenanteile auf dem Stimmenmarkt. Sowohl Politiker und Parteimitglieder als auch Wähler handeln nach dem "Rational-Choice"-Prinzip. Die einen wollen gewählt werden, um Einkommen, Prestige und Macht zu gewinnen; der andere, der wahlberechtigte Bürger, gibt nach rationalen, ebenfalls primär eigennützigen Überlegungen, seine Stimme ab. Diese "economic men" handeln also nach Erstellung einer individuellen Kosten-Nutzen-Bilanz. Bei den Parteipolitikern steht nicht die Verwirklichung politischer Konzepte im Vordergrund, sondern die Verwirklichung persönlicher, profitabler Ziele. Politische Programme sind damit nur ein Mittel zur Stimmenmaximierung. Ein Bürger wählt rational, indem er der Partei seine Stimme gibt, "...die ihm seiner Überzeugung nach mehr Vorteile bringen wird als jede andere".[205] Ausgegangen wird in diesem Rechenmodell von der Existenz eines Zweiparteiensystems und von einem vollständig informierten Bürger. Dementsprechend kommt Downs zu der Annahme, daß Wähler aus ärmeren Schichten vor den hohen Kosten der Informationsbeschaffung zurückschrecken, nicht wählen und entsprechend ihren eigenen Einfluß mindern. Im Gegensatz

---

[201] Verba/Schlozman/Brady 1995: 12
[202] Ergebnis bei Finkel/Muller/Opp 1989: 901.
[203] Downs 1968
[204] Ebd.: 24
[205] Ebd.: 35

dazu facilitieren niedrige Informations- und Transaktionskosten für Menschen mit hohem sozio-ökonomischen Status deren Teilnahme. Bürger, die besonders gut über ein politisches Thema informiert sind, sind diejenigen, auf deren Einkommen dieses Thema besonderen Einfluß hat.[206] Dazu kommt, daß die finanzielle Sicherheit jemandem, der mit einem hohen sozio-ökonomischen Status ausgestattet ist, erlaubt, Zeit, Energie und Geld zu investieren, um die Organisation zu unterstützen, die ihm Vorteile bringt. An dieser Stelle bestehen also Überschneidungen zwischen dem sozio-ökonomischen Ressourcenmodell und dem "Rational-Actor"-Modell.

An der Übertragbarkeit dieses ökonomischen Modells auf das politische System ist immer wieder gezweifelt worden.[207] Besonders problematisch ist das Paradoxon, daß es in den meisten Fällen eigentlich logischer wäre, wenn rational handelnde Individuen sich nicht beteiligten, sondern auf Kosten anderer, gewissermaßen als "Trittbrettfahrer", von den durch deren Partizipation erzielten Kollektivgütern profitierten ("Free-Rider"-Problem).[208] Objektiv betrachtet, ist der zu erwartende Einfluß des einzelnen auf das politische System gering einzuschätzen – deshalb handelt jeder, der durch seine Beteiligung keinen unmittelbaren monetären Nutzen oder einen Karriereaufstieg zu erwarten hat, sich aber trotzdem engagiert, eigentlich irrational. Vor allem von denjenigen, die einen hohen sozio-ökonomischen Status aufweisen, wäre zu erwarten, daß sie dies durchschauen und sich nicht beteiligen. Andererseits läßt sich argumentieren, daß die hohe Partizipationsbereitschaft von sozio-ökonomisch Privilegierten deren Interesse widerspiegelt, in die Politik, Wirtschaft und Gesellschaft zu investieren, um das System zu erhalten, das sie begünstigt. Aufgrund einer solchen Kosten-Nutzen-Analyse müßten weniger Privilegierte eigentlich stärker partizipieren, um ihre Bedürfnisse durchzusetzen und ihre Benachteiligung auszugleichen. Dies ist nicht der Fall, ein komplexeres Erklärungsmodell ist nötig, um dieses Paradoxon aufzulösen.

3.3. Sozio-psychologische Ansätze

Eine Erklärung bieten sozio-psychologische Ansätze, die auf dieser ökonomischen Theorie aufbauen und sie erweitern. Im Gegensatz zum "Rational-Actor"-Modell wird der zu erwartende politische Einfluß, den der einzelne hat, anders interpretiert. Die vielfältigen sozio-psychologischen Ansätze exakt voneinander abzugrenzen, ist jedoch schwierig. Allen gemeinsam ist, daß sie sich nicht mit

---

[206] Ebd.: 291 f.
[207] Schmidt 1997:148-151
[208] Verba/Schlozman/Brady 1995: 99

dem objektiv nachweisbaren Einfluß, sondern vielmehr mit der subjektiv durch die Partizipierenden erlebten Realität befassen.

Ausgangspunkt dieser Theorien ist, daß die handelnde Person im Sinne eines "Rational-Choice"-Ansatzes Kosten und Nutzen gegeneinander abwägt. Zu den "Kosten" gehört in erster Linie die zur Partizipation aufgewendete Zeit. Eine Beteiligung schränkt das Zeitbudget für andere Tätigkeiten, wie z.b. Aktivitäten mit der Familie und dem Freundeskreis ein, was als Mangel empfunden werden kann. Weitere "Kosten" können z.b. Langeweile und Müdigkeit sein, die sich bei der Teilnahme an langwierigen Diskussionen einstellen.[209]

Andererseits kommt auch ein subjektiv erlebter Nutzen dazu, der partizipationserklärend wirkt. Je nach Autor oder Autorin werden die Begriffe "Anreiz", "Belohnung" oder "Gratifikation" verwendet. So erklärt Olson[210] das Zustandekommen von Partizipation über verschiedene Anreize, die eine Nachfrage nach Aktivismus bewirken. Er geht davon aus, daß rationale Individuen nicht dazu motiviert sind, einen kollektiven Nutzen zu erarbeiten, sie benötigen vielmehr selektive Anreize, um zu einer Beteiligung motiviert zu werden.

Tullock bringt den Unterhaltungswert der Partizipation ein, das "Politik machen" macht den Beteiligten um der Aktivität selbst willen Spaß und nicht nur wegen der zu erwartenden Kollektivgüter.[211] Das Dabeisein, "the desire to be there",[212] ist ein Anreiz, bei dem auch expressive Bedürfnisse befriedigt werden können.

Opp, der sich vor allem mit der Beteiligung an politischen Protestaktionen beschäftigt, spricht von einem Katharsis-Effekt, der durch den Abbau von Frustration und Wut ausgelöst wird, der intrinsische Belohnungen mit sich bringt. Demnach kann auch Unzufriedenheit mit der Bereitstellung von Kollektivgütern oder mit der politischen Ordnung ein Anreiz zur Partizipation sein.[213] Partizipierende lernen Gleichgesinnte kennen, haben somit einen sozialen Nutzen und lernen Zusammenhänge des politischen Prozesses, erfahren also einen edukativen Effekt. Auch das Bedürfnis nach staatsbürgerlichem Handeln[214] und altruistischem Tun wird befriedigt. Zudem motiviert ein soziales Milieu, das Menschen für ihr Verhalten "belohnt" und sie positive Effekte erfahren läßt, zur Beteiligung. In diesem Sinne hat Opp die "Erwartungen-Werte-Normen-Theorie" entwickelt, die

---

[209] Whitely/Seyd 1996: 230
[210] Olson 1965
[211] Tullock 1971
[212] Hardin 1982: 108. Als Beispiel dafür kann der Fall der Berliner Mauer angesehen werden. Das "Miterlebenwollen" dieses revolutionären Akts wirkte massenmobilisierend.
[213] Opp/Roehl 1990: 23
[214] Verba/Schlozman/Brady 1995: 117-120

die erwarteten Nutzen und die sozialen Normen untersucht und sich besonders bei der Erklärung unkonventioneller Beteiligungsformen bewährt hat.[215]

Einerseits werden dabei – wie im "Rational-Choice"-Modell – Individuen als Kosten und Nutzen abwägende Utilitaristen gesehen, andererseits sieht Opp sie als Akteure, die sich in einem Netzwerk von Normen und Einstellungen befinden.[216] Normen sind dabei die internalisierten Werte, die durch soziale Kräfte von außen definiert werden. Demnach partizipiert, wer eine Aktivität als normgerecht empfindet und durch das Befolgen dieser Norm einen internen selektiven Anreiz verspürt. Wenn andere Menschen die politische Beteiligung unterstützen, gutheißen und dadurch "belohnen", dann ist dies ein externer Anreiz, der ebenfalls zur Partizipation führt.

VI. Einflußfaktoren auf das Partizipationsverhalten

Im folgenden werden aus empirischen Untersuchungen der Partizipationsforschung abgeleitete Variablen zur Erklärung von individuellem politischen Verhalten vorgestellt. Für die vorliegende Untersuchung wurde eine multidimensionale Vorgehensweise gewählt, die sich aus den verschiedenen Ansätzen zusammensetzt. Um kausale Erklärungen des individuellen politischen Verhaltens adäquat überprüfen zu können und wegen der Komplexität des Untersuchungsgegenstandes ist diese Methode unumgänglich.[217] Die Darstellung umfaßt sowohl subjektive sozio-strukturelle und sozio-psychologische Faktoren als auch situative Determinanten, die als äußere Umstände auf die Beteiligung der Einzelnen wirken und Partizipation begünstigen. Es wird davon ausgegangen, daß alle Faktoren miteinander interagieren. Im Anschluß an die Darstellung der Variablen aus der gemischt-geschlechtlichen Partizipationsforschung erfolgt eine Ergänzung durch Variablen aus der Forschung zur Partizipation von Frauen.

---

[215] Opp/Roehl 1990
[216] Nach Whitely/Seyd 1996: 217
[217] So auch Falter 1972 (nach Hoecker 1995: 27).

1. Subjektive Faktoren

1.1. Sozio-strukturelle Merkmale

1.1.1. Sozio-ökonomische Ressourcen

Wie bereits im Ressourcenmodell erläutert, nimmt der sozio-ökonomische Status, operationalisiert über Schulbildung, Beruf und Einkommen eine überragende Stellung in der Partizipationsforschung ein. Eine hohe sozio-ökonomische Ressourcenausstattung führt zu einer positiven Einstellung gegenüber dem politischen System und zu politischem Engagement.[218]

Dieses sozio-ökonomische Standardmodell besitzt sowohl für konventionelles wie für unkonventionelles Partizipationsverhalten Bedeutung und wurde in verschiedensten Untersuchungen immer wieder bestätigt.[219] Daraus ergibt sich folgende These:

- *Die ZWS-Teilnehmerinnen verfügen im Vergleich zur Durchschnittsbevölkerung über eine bessere Ausstattung mit den sozio-ökonomischen Ressourcen "Bildung", "Einkommen" und "berufliche Stellung".*

1.1.2. Alter

Ein wichtiger demographischer Prädiktor für politische Beteiligung ist das Alter. Die Wahlbeteiligung weist einen kurvilinearen, die Teilnahme an unkonventionellen Formen hingegen einen strikt linear negativen Verlauf auf. Politische Beteiligung wächst in der Regel mit zunehmendem Alter. Vermutet wird, daß dies u.a. mit der steigenden Verantwortung als Steuerzahler, Hausbesitzer und Eltern zusammenhängt.[220] Eine Ausnahme bildet in Daltons internationalem Vergleich die Teilhabe an kommunalen Aktivitäten in Deutschland: Hier beteiligen sich vor allem junge Leute, was seiner Meinung nach dem Lebenszyklus widerspricht.[221] Die Beteiligung in Deutschland weist eine weitere Besonderheit auf: Junge Men-

---

[218] Zu den Erklärungsansätzen für dieses Phänomen siehe Kapitel "B.V.3.1. Das sozio-ökonomische Ressourcenmodell".

[219] So z.B. in Verba/Nie 1972; Verba/Nie/Kim 1978; Barnes/Kaase 1979; Parry/Moyser/Day 1992; Verba/Schlozman/Brady 1995.

[220] Dalton 1996: 55. Allerbeck gibt allerdings zu bedenken, daß es sich auch um das Merkmal einer spezifischen Generation handeln könnte, das sich nicht auf alle Kohorten verallgemeinern ließe. Allerbeck 1981: 294.

[221] Dalton 1996: 62

schen sind aktiver in Bürgerinitiativen beteiligt als in anderen Ländern. Dort hat die Altersvariable keinen so großen Einfluß.[222]

Daraus ergibt sich folgende These:
- *Da es sich bei der ZWS um eine bürgerinitiativ-ähnliche Einrichtung auf kommunaler Ebene[223] handelt, sind die Teilnehmerinnen im Altersdurchschnitt jünger als die Durchschnittsbevölkerung.*

1.1.3. Wohndauer

Verba/Schlozman/Brady kommen zu dem Ergebnis, daß ein Zusammenhang zwischen der Partizipation auf kommunaler Ebene und der Wohndauer in der "community" besteht: Diejenigen, die länger dort leben, partizipieren am stärksten.[224] Erklärt wird dies darüber, daß sich diese Personengruppe am stärksten mit dem Wohnort identifiziert und sich deshalb für die Umgebung engagiert. Daraus ergibt sich folgende Fragestellung:[225]
- *Sind die ZWS-Teilnehmerinnen bereits lange in ihrem Stadtteil wohnhaft?*

1.2. Sozio-psychologische Merkmale

1.2.1. Politische Sozialisation

Die Politikwissenschaft geht von einem multivariablen Sozialisationsmodell aus, das "die Bedeutung der intentionalen Lernprozesse relativiert und die gesellschaftlich-politischen Systemzusammenhänge, in denen diese politischen Sozialisationsprozesse stattfinden"[226] betont. Es werden neben objektiven, strukturellen Bedingungen auch intrapsychische und formative Lernprozesse im biographischen Verlauf analysiert, innerhalb derer sich ein Individuum die Persönlichkeitsmerkmale, Kenntnisse, Fähigkeiten und Werte "gegenüber der Welt der Politik im weitesten Sinne"[227] aneignet. Diese Prozesse strukturieren und lenken die

---

[222] Ebd.: 60
[223] Siehe dazu das Kapitel "B.V.2.1. Verortung der ZWS im Dimensionalitätsraum politischer Partizipation".
[224] Verba/Schlozman/Brady 1995: 519
[225] Die unterschiedliche Terminologie "These" und "Fragestellung" rührt daher, daß nicht für alle aus der Theorie abgeleiteten Variablen Kontrollgruppen zur Verfügung standen. Vgl. Kapitel "C.II.2. Kontrollgruppen" und "C.II.6. Auswertungsstrategien".
[226] Greiffenhagen 1981: 233
[227] Wasmund (zit. nach Höschele-Frank 1990: 37)

Dimensionen "politisches Bewußtsein" und "politisches Verhalten". Politisierungsprozesse stellen einen Aspekt der politischen Sozialisation dar.

1.2.1.1. Vorbilder: Eltern

Große Bedeutung kommen in der politischen Sozialisationsforschung den Sozialisationsinstanzen Familie und Schule zu. Motivation und Fähigkeit zur Partizipation finden hier ihre Grundlage. Wer früh politischen Stimuli ausgesetzt ist, also mit Eltern aufwächst, die selbst politisch aktiv sind oder viel über Politik diskutieren, beteiligt sich eher als andere.[228] Daraus ergibt sich folgende Fragestellung:
- *War im Elternhaus der ZWS-Teilnehmerinnen jemand politisch aktiv?*

1.2.1.2. Politische Biographie: Vorherige Organisation und Mehrfachorganisation

Nach dem Schulbesuch erfolgt ein Kontakt mit weiteren Institutionen, die unter Umständen die individuellen Ressourcen erweitern sowie psychologisch die Bereitschaft zu politischem Engagement verstärken können. So stellen Verba/Schlozman/Brady fest, daß die Beteiligung an sozialen und freiwilligen Organisationen, wie z.B. Gruppen oder Vereinen, ein Potential bereitstellt, das politische Partizipation stimuliert.[229]

Individuen, die mehrfach organisiert sind, partizipieren dabei stärker als andere, da sie eine Vielzahl von Optionen als Ressourcen haben. Parry/Moyser/Day sprechen von Gruppenressourcen[230] und kommen in ihrer Untersuchung zu dem Ergebnis, daß diese sogar stärker wirken als die individuellen Ressourcen.[231]

Die Zugehörigkeit zu einer Organisation oder zu mehreren verschiedenen Gruppen wirkt dabei zweifach: Einerseits erfolgt im Sinne eines politischen Sozialisationsprozesses eine Erweiterung des persönlichen Horizontes. Die individuellen sozio-ökonomischen Ressourcen werden ausgebaut.[232] Andererseits wird zusätzlich das Repertoire der Handlungsmöglichkeiten vergrößert und dadurch die Durchsetzung politischer Interessen gestärkt. Eine Mitgliedschaft in verschiedenen Organisationen, d.h. die Gruppenzugehörigkeit zu politischen Grup-

---

[228] Zu diesem Ergebnis kommen z.B. Verba/Schlozman/Brady in ihrem "Civic Voluntarism"-Modell 1995.
[229] Sie sprechen von "group-based forces", Verba/Schlozman/Brady 1995: 458.
[230] Parry/Moyser/Day 1992: 66
[231] Ebd.: 226
[232] Parry/Moyser/Day 1992: 226

pen mit Einfluß, erweitert die Partizipationsmöglichkeiten. Daraus ergibt sich folgende Fragestellung:
- *Waren oder sind die ZWS-Teilnehmerinnen in anderen Organisationen aktiv?*

1.2.2. Political Efficacy

"Political efficacy" kann mit dem deutschen Begriff "politische Selbstwirksamkeitserwartung" übersetzt werden. Darunter wird einerseits die Einstellung eines Individuums zum politischen Prozeß verstanden, andererseits erfaßt der Begriff die Erfolgsaussichten, die der einzelne sich oder seiner Gruppe an diesem Prozeß selbst einräumt.[233] Von Bedeutung ist das politische Selbstvertrauen, d.h. das Bewußtsein, durch politische Beteiligung Veränderungen bewirken zu können, das als motivierender Faktor wirkt.

Um sich politisch zu beteiligen, wird das Gefühl gebraucht, Einfluß auf den politischen Prozeß zu haben. Wer politisch partizipiert, glaubt daran, daß ein politischer und sozialer Wechsel möglich ist, und daß individuelle Bürger/innen mit dazu beitragen können, diesen Wechsel herbeizuführen: "The self confident citizen appears to be the democratic citizen".[234]

Zusätzlich beinhaltet die political efficacy die Einstellung gegenüber der eigenen Rolle als Bürger. Wer es als seine staatsbürgerliche Pflicht ansieht, sich zu beteiligen, also einen "sense of civic duty"[235] aufweist, wird partizipieren. Diese Faktoren sind Bestandteile der jeweiligen politischen Kultur[236] eines Landes. Unter "political efficacy" wird darüber hinaus das Politikinteresse subsumiert. Engagement und Motivation für Partizipation entstehen auch durch ein starkes Interesse an Politik.[237]

Die Ansicht, daß eine positive Einstellung zum politischen Prozeß und der Glaube an die Effektivität politischer Beteiligung stimulierend auf die Partizipation wirken, wird von vielen Autorinnen und Autoren geteilt und empirisch bestätigt:[238] Sichtbare und unmittelbare Erfolge partizipativen Verhaltens bei der

---

[233] von Alemann 1975: 48
[234] Almond/Verba 1963: 257
[235] Verba/Schlozman/Brady 1995: 111
[236] Unter "politischer Kultur" wird hier die Gesamtheit aller politisch relevanten Meinungen, Einstellungen und Werte der Mitglieder eines Landes bzw. einer Nation verstanden, die im Rahmen des politischen Sozialisationsprozesses geprägt und übermittelt werden (Almond/Verba 1963: 14). Sie determinieren das Handeln von Individuen oder sozialer Gruppen im politischen System. Der "sense of civic duty" ist damit ein kulturell vermittelter Wert.
[237] Verba/Schlozman/Brady 1995: 272
[238] Parry/Moyser/Day 1992: Kapitel 8; Verba/Schlozman/Brady 1995: 111-112;

Erfahrung mit politischer Beteiligung bewirken eine Verstärkung der positiven Einstellung zur Partizipation.[239] Daraus ergibt sich folgende These:[240]
- *Die ZWS-Teilnehmerinnen weisen im Vergleich zur Gesamtbevölkerung ein stärkeres Interesse an Politik auf.*

Es ergeben sich folgende Fragestellungen:
- *Wird der politische Prozeß positiv beurteilt?*
- *Erfolgt das Engagement aus einem hohen staatsbürgerlichen Pflichtgefühl heraus?*
- *Fühlen sie sich in ihren Bemühungen akzeptiert?*
- *Wird die Möglichkeit der eigenen Einflußnahme auf politische Entscheidungen hoch eingeschätzt?*

1.2.3. Zufriedenheit mit dem politischen System

Wie oben beschrieben, ist eine positive Einstellung zum politischen Prozeß Voraussetzung für partizipatives Verhalten. Allerdings kann auch eine "policy dissatisfaction", also eine Unzufriedenheit mit dem politischen System,[241] mit dem politischen Prozeß und bestimmten Lebensbedingungen stimulierend auf eine politische Beteiligung wirken.[242] Daraus ergibt sich folgende Fragestellung:
- *Weisen die ZWS-Teilnehmerinnen eine hohe Zufriedenheit mit dem politischen System, den Leistungen des Gemeinderates, den Möglichkeiten der Bürgerbeteiligung und der Situation im Stadtteil auf oder weisen sie – im Gegenteil – eine hohe Unzufriedenheit mit diesen Punkten auf?*

1.2.4. Parteipräferenz

Je stärker sich Menschen mit einer Partei identifizieren, desto eher sind sie bereit, sich politisch zu engagieren – dies gilt für alle Formen politischer Beteiligung.[243]

Finkel/Muller/Opp 1989: 900; Dahl (in: von Alemann 1975: 48).
[239] von Alemann 1975: 49
[240] Zur unterschiedlichen Terminologie "These" und "Fragestellung" s. Fußnote 225.
[241] Zu diesem Ergebnis kommen Finkel/Muller/Opp 1989, die die "policy dissatisfaction" auf ihrer kollektiven Rationalitätsskala mit abfragen.
[242] Dalton 1996: 61. Er weist daraufhin, daß Unzufriedenheit andererseits auch zur Entfremdung und zum Rückzug aus dem politischen Leben führen kann.
[243] So Finkel/Opp 1991 bei ihrer Untersuchung zu Protestverhalten; Dalton 1996; Verba/Schlozman/Brady 1995.

Dalton argumentiert, daß es sich wiederum um "group-based forces" handelt, die psychologisch wirken.[244] Bei einer Parteizugehörigkeit wirkt eine Parteiidentifikation logischerweise am stärksten. Verba/Schlozman/Brady vermuten, daß Menschen, die sich mit einer Partei identifizieren, eine starke Präferenz für öffentliche Güter aufweisen und die Moralvorstellungen ihrer Partei im Hinblick darauf akzeptieren, wie diese öffentlichen Güter realisiert werden.[245]

Analysen der Daten von Barnes/Kaases Acht-Nationen-Studie[246] sowie die Untersuchung von Arzberger[247] zeigen, daß Politikpräferenzen der unkonventionellen Aktivbürgerschaft stark zugunsten ideologisch-linker und postmaterialistischer Orientierungen abweichen. Der Glaube an "starke Werte" begünstigt partizipatives Verhalten. Besonders stark ist der Zusammenhang bei Sympathisierenden grün-alternativer Parteien, Mitgliedern der Friedensbewegung und Feministinnen.[248]

Daraus ergeben sich folgende Thesen:
- *Die ZWS-Teilnehmerinnen weisen im Vergleich zur Gesamtbevölkerung allgemein eine höhere Parteipräferenz auf.*
- *Da es sich bei der ZWS tendenziell um eine unkonventionelle Beteiligungsform handelt,[249] ist innerhalb der von den Teilnehmerinnen geäußerten Parteipräferenz die Präferenz der Partei Bündnis 90/Die Grünen höher als in der Gesamtbevölkerung.*

1.2.5. Gratifikation

Einer politischen Beteiligung förderlich sind auch Gratifikationselemente. Wie bereits unter "political efficacy" beschrieben, wirkt eine erfolgreiche Einflußnahme partizipationsfördernd. Der oder die politisch Aktive durchläuft einen Politisierungsprozeß, der "belohnt" wird. Aber auch eine eigentlich erfolglose Partizipation weist Gratifikationselemente auf.

Wie bereits im Kapitel "B.V.3.3. Sozio-psychologische Ansätze" ausgeführt, ist vielfältig, was unter die Definition der Gratifikation gefaßt wird: Wer beispielsweise eine starke Pflicht zur Beteiligung im Sinne staatsbürgerlicher Werte empfindet und seinem Bedürfnis nach Erfüllung dieser Normen, also seinem

---

[244] Dalton 1996: 55
[245] Verba/Schlozman/Brady 1995: 272
[246] Barnes/Kaase 1979
[247] Arzberger 1980: 137-158
[248] Parry/Moyser/Day 1992: 226
[249] Siehe Kapitel "B.V.2.1. Verortung der ZWS im Dimensionalitätsraum politischer Partizipation".

"sense of civic duty" nachkommt, handelt rational und belohnt sich durch sein Handeln.[250]

Eine Gratifikation ist eine unmittelbare Interessenbefriedigung, sie muß nicht ein direkter materieller Gewinn sein. Auch immaterielle Zielsetzungen und die Befriedigung von Statusbedürfnissen fallen darunter. Die zu erwartenden Nutzeffekte müssen erkennbar sein, sonst haben innerhalb des begrenzten Zeitbudgets andere Freizeitaktivitäten einen höheren Gratifikationsgewinnn.[251]

Zu den immateriellen Gewinnen zählen soziale und affektive Gratifikationen. So können erlebte Kameradschaft, die Freude am Zusammensein mit den anderen, die Zuneigung der anderen Teilnehmer und Teilnehmerinnen partizipationsstimulierend wirken. Zu den materiellen Nutzen zählt, wenn eine Gruppierung einen kollektiven Erfolg erzielt hat, z.B. eine Gewerkschaft eine Tariferhöhung. Es gibt Autor/inn/en,[252] die Lerneffekte, also die durch die Partizipation erfahrene politische Bildung, als Gratifikationselement ansehen. Daraus ergibt sich folgende Fragestellung:

- *Welche Gratifikationen haben die Teilnehmerinnen durch ihr Engagement in der ZWS erfahren?*

2. Situative Faktoren

Situative Determinanten sind Faktoren, die im Gegensatz zu den subjektiven Determinanten nicht innerhalb der eigenen Person liegen, sondern in äußeren Bedingungen ihren Ursprung haben. Dazu zählen das mobilisierende Ereignis für die Teilnahme, die Gruppeneinbindung und das soziale Klima innerhalb der Gruppe, die auf das Individuum wirken.

So kommt Kaase zu dem Ergebnis, daß die Beteiligung an politischen Aktionen unverfaßter Art überwiegend nicht auf Eigeninitiative, sondern auf Aufforderung durch andere oder in Gemeinschaft mit anderen erfolgt.[253] Dies gilt genauso für konventionelle Formen, wie z.B. die Mitarbeit in der Gemeinde oder eine Kontaktaufnahme mit Politikern. Die Aufforderung durch andere ist auch Motivation für einen Parteieintritt. Nicht unerheblich ist hierbei der Wille zur Konformität an Erwartungen, die andere Personen haben, die für die potentiell Partizipierende wichtig sind.[254] Wer von jemandem, der ihm wichtig ist und dessen

---

[250] Finkel/Muller/Opp 1989: 890; Verba/Schlozman/Brady 1995: 111-112; Parry/Moyser/Day 1992: 172
[251] von Alemann 1975: 49
[252] Z.B. Pateman 1970
[253] Kaase 1990
[254] Finkel/Opp 1991: 348

Erwartungen er erfüllen möchte, zum Mitmachen aufgefordert wird, wird sich sicher leicht dazu überreden lassen. Auch andere Untersuchungen belegen, daß Engagement und Motivation durch ein "network of recruitment"[255] begünstigt werden.

Wie bereits unter dem Punkt "Gratifikationen" ausgeführt, spielen das Zusammengehörigkeitsgefühl und das soziale Klima eine Rolle bei der Partizipation.[256] Daraus ergeben sich folgende Fragestellungen:
- *Sind die Teilnehmerinnen durch persönliche Kontakte zu einer Mitarbeit an der ZWS motiviert worden?*
- *Schätzen die Teilnehmerinnen das soziale Klima in der ZWS?*

VII. Politische Partizipation von Frauen

Frauen in der Politik, ihr politisches Engagement, ihre Motivation zu politischer Arbeit, ihr politisches Interesse, ihre Bedeutung und ihr Einfluß innerhalb von politischen Gremien sind Themen, die im bundesdeutschen Kontext selten systematisch theoretisch oder empirisch untersucht wurden. Ein Grund dafür ist sicherlich, daß Politik und Parlament für Frauen lange Zeit verschlossene Betätigungsfelder waren. Das preußische Vereinsgesetz verbot bis 1908 jegliche politische Aktivität von Frauen, und zwischen 1933 und 1945 wurde eine politische Emanzipation von Frauen radikal zurückgedrängt, so daß diese Bereiche zu männlichen Reservaten werden konnten. Insofern liegt es nahe, daß Frauen als marginale Gruppe angesehen wurden und kaum untersucht worden sind.[257]

Die ersten Studien zu dieser Thematik erschienen in den 50er und 60er Jahren. Entsprechend dem damaligen Verständnis von politischer Partizipation als "Teilnahme an den gegebenen Formen bürgerlicher Öffentlichkeit und parlamentarischer Demokratie"[258] stehen bei diesen Forschungsansätzen Analysen über Frauenanteile in politischen Institutionen wie Parteien oder Parlamenten auf Bundes-, Landes- und Kommunalebene,[259] Untersuchungen über das politische Bewußtsein, Interesse und der politischen Informiertheit[260] neben Ergebnissen aus der Wahlforschung[261] im Vordergrund.

---

[255] Verba/Schlozman/Brady 1995: 3
[256] Verba/Schlozman/Brady 1995: 126; Parry/Moyser/Day 1992: 226
[257] Barth 1992: 60
[258] Vilmar 1989 (zit. nach Barth 1992: 60)
[259] Fülles 1969: 23 ff.; Sandmann-Bremme 1956: 117 ff.
[260] Heinz 1971: 12 ff.
[261] Sandmann-Bremme 1956: 23 ff.

Für die "klassische" Partizipationsforschung der 50er und 60er Jahre als auch für darauf folgende Untersuchungen geht das Geschlecht der handelnden Person als demographischer Prädikator in die Analysen ein, die im Ergebnis eine mangelnde politische Beteiligung von Frauen und deren Unterrepräsentanz im politischen System[262] feststellen. Entsprechend erschien in der wissenschaftlichen Auseinandersetzung der Vergangenheit vor allem das Präsenzdefizit von Frauen in der politischen Öffentlichkeit erklärungsbedürftig.[263]

Gegen die Sichtweise von der Frau als "defizitärem unpolitischen Wesen" wenden sich mehrere Studien aus jüngerer Zeit.[264] Diese feministisch geprägten Arbeiten gehen zwar gleichfalls davon aus, daß Frauen im konventionellen Bereich unterrepräsentiert sind, sie bestreiten jedoch die hierfür bislang gültigen Erklärungsmuster und kritisieren an den traditionellen Ansätzen, daß mögliche andere Partizipationsformen und -bedürfnisse von Frauen nicht berücksichtigt werden. Dort werde vom männlichen Partizipationsverhalten als der Norm und dem Maßstab für das weibliche Engagement ausgegangen. Ferner gelte die politische Partizipation[265] in der Regel als rein öffentliche Angelegenheit, eine Berücksichtigung des Geschlechts als strukturelle Gesellschaftskategorie erfolge nicht. Außerdem wird an der gängigen Partizipationsforschung kritisiert, daß sie sich vor allem auf die Akteursperspektive bezieht und politisches Verhalten vom sozialen, ökonomischen und politisch-kulturellen Kontext abtrennt. Letztlich sei auch der etablierte Politikbegriff unzureichend, da er alle Verhaltensformen, die nicht in ihm enthalten sind, als irrelevant für politisches Interesse ansehe und für die Partizipationsbereitschaft ausgrenze.

Das Interesse der genannten Untersuchungen gilt vor allem der Unterrepräsentanz von Frauen in der Politik, dem möglicherweise bestehenden eigenen Politikverständnis von Frauen oder ihrer Präferenz für unkonventionelle Beteiligungsformen. Während in der traditionellen Partizipationsforschung Meinungsumfragen und Studien zum Wählerverhalten mit standardisierten Erhebungsinstrumenten dominieren, setzen Frauenforscherinnen vielfach auch unter Verzicht auf statistische Repräsentativität qualitative Forschungsmethoden ein, um durch Expertinnengespräche Erkenntnisse über "Frauen in der Politik" zu gewinnen. Gleichzeitig kommen quantitative Methoden zur statistischen Erhebung von Daten, z.B. zur zahlenmäßigen Repräsentanz von Frauen, zur Anwendung.

---

[262] Z.B. Almond/Verba 1963; Milbrath/Goel 1965: 135 f.
[263] Übersicht über verschiedene Erklärungsmuster zur mangelnden Teilnahme von Frauen an der Politik bei Meyer 1992: 6 und Schaeffer-Hegel 1995: 12.
[264] Ballhausen et al. 1986; Hoecker 1995; Naßmacher 1991; Schöler-Macher 1994; Meyer 1992
[265] Zur Kritik an der gängigen Partizipationsdefinition aus feministischer Sicht vgl. Sauer 1994: 102 ff.

1. Thesen der Frauenforschung

1.1. Institutionelle und kulturelle Hemmnisse für die Partizipation von Frauen

Nach einer These der Frauenforschung sind es externe strukturelle und kulturelle[266] Verhinderungsmechanismen, die eine Partizipation von Frauen ausschließen[267] und zu einer "Fremdheit von Frauen in der Politik"[268] führen. Es seien soziale Normen, formelle oder informelle Regeln, die Frauen den Zugang zu politischen Institutionen erschweren. Ferner sei männliches Diskriminierungsverhalten ursächlich für die geringe politische Partizipation von Frauen.[269] Diese externen Hindernisse können dazu führen, daß Frauen eine kritisch-distanzierte Haltung gegenüber herkömmlichen politischen Strukturen entwickeln und sie unbewußt oder bewußt ablehnen.[270] Frauen können sich nur schwer mit einem politischen System vertraut machen, an dessen Entwicklung sie nicht mitgewirkt haben, da sie "nur" für reproduktive Zuarbeit eingesetzt wurden. Der moderne Staat und der gesamte politische Apparat wird von Frauen als Ausdruck kulturspezifischer Männlichkeit, als "männerbündisch"[271] erlebt.

Im Rahmen des allgemeinen Wertewandels haben sich für Frauen die Normen für die Partizipation zwar geändert: Aktives politisches Engagement ist heute

---

[266] Unter "politischer Kultur" wird hier die Gesamtheit aller politisch relevanten Meinungen, Einstellungen und Werte der Mitglieder eines Landes bzw. einer Nation verstanden, die im Rahmen des politischen Sozialisationsprozesses geprägt und übermittelt werden. Almond/Verba 1963: 14. In diesem Zusammenhang geht es um Geschlechternormen und -bilder, die Frauen dem privaten, familialen Bereich zuordnen und sie daher aus der politischen Öffentlichkeit ausgrenzen.

[267] Molitor 1992: 172, Hoecker 1987: 127

[268] Schöler-Macher 1994

[269] Wenn Frauen die mangelnde Politikkompetenzzuschreibung internalisiert haben, sie sich ein politisches Engagement nicht zutrauen, dann werden diese externen Hemmnisse zu internen. Umgekehrt wirkt ein positiv internalisiertes Selbstbild förderlich: Frauen, die ein Selbstgefühl für Gleichheit aufweisen, sich als Männern gegenüber gleichberechtigt sehen, partizipieren stärker als andere Frauen. Burns/Schlozman/Verba 1997: 384.

[270] Ein Indiz für die Richtigkeit dieser These findet sich in einer US-amerikanischen bzw. kanadischen Untersuchung, die auf das politische Wissen und Informiertsein abzielte: Bei der Frage nach Nennung von Staatschefs fiel auf, daß Frauen weniger informiert waren als Männer – außer, wenn nach Politiker*innen* gefragt wurde. In Staaten, in denen Frauen für den Senat kandidierten, kannten mehr Frauen die Namen der Kandidatinnen als die befragten Männer. Die Präsenz von Politikerinnen hat einen signifikanten Einfluß auf die politische Informiertheit von Frauen, auf die Kenntnis der Namen der Offiziellen und auf die "political efficacy". Männliche Politiker dienen Frauen offensichtlich nicht als Vorbilder. Das vermeintliche weibliche Desinteresse und die geringere Informiertheit sind so in einem neuen Licht zu betrachten. Verba/Burns/Schlozman 1997: 1064.

[271] Kreisky 1992

selbstverständlicher und gesellschaftlich akzeptierter als in vorhergegangenen Generationen.[272] Allerdings hält nach wie vor ein Drittel der Bevölkerung daran fest, daß Politik Männersache sei.[273] Zwar ist einerseits die Akzeptanz von Frauen in der Politik gestiegen, zu Beginn der 90er Jahre wird ihnen aber vor allem von männlicher Seite – vor allem von den Machteliten gegenüber der weiblichen Konkurrenz – wieder weniger Sympathie entgegengebracht.[274]

Vermutlich aus diesem Grund gab die große Mehrheit deutscher Parlamentarierinnen aller Ebenen – nämlich zwei Drittel der befragten Politikerinnen – in einer aktuellen Untersuchung an, ein großes Interesse an Trainingsangeboten zu haben, die ausschließlich für Frauen bestimmt sind.[275] Für die Untersuchung ergibt sich daraus folgende Fragestellung:

- *Begrüßen die ZWS-Teilnehmerinnen, daß die Teilnahme an der ZWS ausschließlich Frauen vorbehalten ist?*

1.2. Weibliches Politikverständnis

Eine weitere These lautet, daß Frauen ein eigenes Politikverständnis haben, das sich vom männlichen unterscheidet. Dem Konstrukt der unpolitischen, desinteressierten Frau wird das Konzept eines eigenen weiblichen Politikverständnisses entgegengesetzt, das Frauen andere, eben eigene, Beteiligungsformen wählen läßt und zu einer geänderten politischen Kultur führt: "Women do not participate less than men, but rather participate differently".[276]

Die im Verhältnis zu Männern bestehenden Unterschiede in Wertorientierung, politischer Einstellung und im Politikverständnis von Frauen werden auf die geschlechtsspezifische Sozialisation zurückgeführt. So geht beispielsweise Meyer davon aus, daß Macht für Frauen keine strategische Ressource sei, die gegen andere Personen zur Durchsetzung der eigenen Interessen und Ziele eingesetzt werde.[277] Um das eigene Politikverständnis von Frauen zu illustrieren, kontrastiert es Meyer mit dichotomen Begriffspaaren, wobei der Gegenpart durch Termini des – ihrer Meinung nach – männlichen Politikverständnisses übernommen wird:[278]

---

[272] Inglehart 1995: 424
[273] Hoecker 1995: 31
[274] Hoecker 1995: 31
[275] Weber/Esch/Schaeffer-Hegel 1998: 10
[276] Norris 1991: 56
[277] Meyer 1987: 28. Das "andere" Machtverständnis von Frauen wird auch thematisiert in Schaeffer-Hegel 1984 und Hagemann-White 1987.
[278] Meyer 1989: 10

- eher egalitäre statt hierarchische Orientierung
- kommunikatives versus strategisches Machtverständnis
- Anerkennung von Laien- und Alltagswissen versus Expertentum
- Tendenz zu Betroffenheit versus Abstraktheit

Einzelne qualitative Studien konnten bislang einige dieser Tendenzen im weiblichen Politikverständnis[279] belegen. So kommt Roemheld zu dem Ergebnis, daß sich Frauen häufig engagieren, um sich aus ihrer persönlichen Betroffenheit heraus für andere einzusetzen: "Sie haben Menschen im Auge, wenn sie sich einsetzen. Politik zu betreiben allein im Interesse des Machterwerbs und der Durchsetzung von Ideologien ist ihnen fremd".[280] Außerdem hätten sie häufig die Erwartung verinnerlicht, für die Belange anderer einzutreten.[281]

Aus diesem eigenen Politikverständnis wird die Vorliebe von Frauen für unkonventionelle Beteiligungsformen abgeleitet: Sie seien den "typisch" weiblichen Fähigkeiten eher angemessen als konventionelle Partizipationsformen; sie seien eher als Plattform für Frauen geeignet, ihre politischen Bedürfnisse zu artikulieren.[282] Der geringe Institutionalisierungsgrad, die spontane Teilnahme, der unmittelbare Einfluß und die Abwesenheit von Hierarchien ermöglichten ein "authentisches, an lebensweltlichen Werten orientiertes Verhalten".[283] Basisdemokratisch organisierte Gruppen sprächen Frauen eher an als die instrumentell ausgerichteten politischen Parteien, in denen ein "ganzheitliches, expressives Verhalten auf der Basis von lebensweltlichen Werten"[284] keinen Platz fände. Auch Cornelissen vermutet, daß Frauen sich in Bürgerinitiativen engagieren, da diese sich mit der unmittelbaren Bedrohung des Lebens und dem Recht auf freie Entfaltung der Persönlichkeit beschäftigen – damit seien Frauen im Alltag häufig und direkt konfrontiert.[285]

Auch im Sozialbereich agierende Gruppen, denen vielfach Frauen angehören, können gesellschaftlich relevante Themen aufgreifen und so möglicherweise in-

---

[279] Allerdings ist das Postulat vom "weiblichen Politikverständnis" unter Frauenforscherinnen nicht unumstritten. So befürchtet z.B. Sauer, daß die Gefahr bestehe, durch eine solche Annahme Geschlechtsstereotype zu reproduzieren und Frauen zu besseren Menschen zu verklären, die die männlichen Strukturen transformieren sollen. Sauer 1994: 115.

[280] Roemheld 1994: 21

[281] Zimmermann 1990: 56-60, Rebenstorf 1990 (nach Hoecker 1995: 147)

[282] Molitor 1992: 176

[283] Molitor 1992: 176; Schmidtchen 1984: 67

[284] Rubart 1988: 31. Allerdings weist die Autorin darauf hin, daß sich auch in den Bürgerinitiativen der 70er und 80er Jahre Machthierarchien und männlich geprägte Kommunikations- und Arbeitsstrukturen herausgebildet haben, die dazu geführt haben, daß Frauen diesen Gruppen wieder fernbleiben.

[285] Cornelissen 1993: 327

direkt Einfluß nehmen. Da ein soziales Engagement nicht unter den Begriff der politischen Partizipation fällt, bleibt es bei Analysen der Partizipationsforschung in der Regel unberücksichtigt, was von Frauenforscherinnen kritisiert wird.[286]

Daß sich das politische Interesse von Frauen vor allem im legalen unkonventionellen Bereich niederschlägt, ist empirisch nachweisbar, denn hier sind die zahlenmäßigen Unterschiede zur männlichen Beteiligung wesentlich geringer. Kaase vermutet, daß Frauen die Mitwirkungschancen im konventionellen Bereich als so blockiert erleben, daß sie sich für ein politisches Engagement im unkonventionellen Bereich entscheiden.[287] So haben bei einer Untersuchung, bei der danach gefragt wurde, welche Möglichkeiten der politischen Einflußnahme Frauen wählen, die Befragten noch vor der Partizipation in einer Partei die "problemspezifische Partizipation", wie z. B. Unterschriften sammeln oder an einer Bürgerinitiative teilnehmen, genannt.[288] Zu einem ähnlichen Ergebnis kommen auch Schlozman/Burns/Verba, wonach in der Kategorie "informelle Arbeit in einer kommunalen Organisation" keine Unterschiede zur Teilnahme von Männern bestehen, bei der Mitarbeit in einer politischen Organisation der Unterschied hingegen signifikant ist.[289] Bürgerinitiativen sind für Frauen vermutlich auch deshalb attraktiv, weil sie sich meist auf die lokale Ebene beziehen und somit "alltagsnäher" sind. Durch die Reproduktionsarbeit haben Frauen einen intensiveren Bezug zum Wohnumfeld.[290]

Bei der Bevorzugung unkonventioneller Beteiligungsformen spielen offensichtlich feministisch motivierte Erwägungen keine Rolle, denn bei einer Bewertung neuer sozialer Bewegungen durch Frauen wird die Umweltbewegung an erster Stelle und die Frauenbewegung an letzter Stelle genannt.[291]

Zumindest die Wochenend-Einführungsseminare "Zukunftswerkstätten in Heidelberg" erfüllten diese Bedingungen, die einem eigenen "weiblichen Politikverständnis" entgegenkommen müßten: Sie wiesen einen geringen Institutionalisierungsgrad auf und waren nicht hierarchisch strukturiert; sie setzten an der Betroffenheit, der Alltagserfahrung der Frauen an und beschäftigten sich mit konkreten stadtteilbezogenen Themen. Für die Untersuchung ergeben sich daraus folgende Fragestellungen:

---

[286] Eine Ausnahme bilden Verba/Schlozman/Brady 1995 mit ihrem "Civic Voluntarism"-Modell. Zur Kritik an der Trennung zwischen sozialer und politischer Partizipation vgl. Norris 1991: 60 und Ballhausen et al. 1986: 81 ff.
[287] Kaase 1993a: 431
[288] Kaase/Neidhardt 1990: 249 und 257. Allerdings gaben befragte Männer die gleiche Rangfolge an.
[289] Schlozman/Burns/Verba 1994: 969
[290] Zimmermann 1990: 56-60
[291] Kaase/Neidhardt 1990: 261-265

- *Geben die Frauen an, daß sie sich aufgrund ihrer persönlichen Betroffenheit von der Situation im Stadtteil engagieren?*
- *Geben sie als Motivation zur Teilnahme an der ZWS an, daß sie sich für andere engagieren wollten?*
- *Geben sie an, daß sie das Bedürfnis nach Kommunikation hatten?*
- *Beschäftigen sich die ZWS-Teilnehmerinnen primär mit konkreten stadtteilbezogenen Themen?*
- *Begreifen sie ihr Engagement als politisches oder als soziales Engagement?*
- *Begreifen sich die Frauen als für den Stadtteil engagierte Bürgerinnen oder als Feministinnen?*

2. Einflußfaktoren auf das Partizipationsverhalten von Frauen

Im folgenden werden – ergänzend bzw. spezifizierend zu den Variablen aus der gemischt-geschlechtlichen Partizipationsforschung – Faktoren dargestellt, die auf die politische Beteiligung von Frauen einwirken.

2.1. Subjektive Faktoren

2.1.1. Sozio-strukturelle Merkmale

2.1.1.1. Sozio-ökonomische Ressourcen

Die geringere Beteiligung von Frauen wird häufig damit erklärt, daß diese eine geringere sozio-ökonomische Ressourcenausstattung besäßen als Männer.[292] Da Frauenberufe oft gekennzeichnet sind von niedrigem Status, geringem Einkommen und wenig Aufstiegsmöglichkeiten, scheinen Frauen schon alleine deshalb von einer gleichberechtigten Partizipation ausgeschlossen zu sein.

Andererseits hat der Ausbau des Bildungswesens seit Ende der 60er Jahre zu einem deutlichen Anstieg des Frauenanteils an Gymnasien und Hochschulen geführt. Ein steigender Bildungsgrad führt zu steigender subjektiver politischer Kompetenz und zu verbesserten kommunikativen Fähigkeiten. Frauen haben daher auch eine Erweiterung ihrer "civic skills" erfahren. Dies schlägt sich nieder in einer steigenden Repräsentanz von Frauen im parlamentarischen System. Auch die von Weber/Esch/Schaeffer-Hegel befragten Politikerinnen wiesen ein überdurchschnittlich hohes Ausbildungsniveau auf.[293] Dennoch ist der Frauen-

---

[292] So z.B. Schlozman/Burns/Verba 1994: 963 ff.
[293] Weber/Esch/Schaeffer-Hegel 1998: 6

anteil an konventionellen Beteiligungsformen nach wie vor geringer als der Männeranteil. Anders dagegen bei den unkonventionellen Beteiligungsformen: Hier beteiligen sich Frauen mit hoher Bildung ebenso häufig wie Männer der gleichen Bildungsgruppe. Auch für die unkonventionellen Formen gilt allerdings, daß sich Frauen der niedrigsten Bildungsgruppe kaum beteiligen.[294]

Erwähnenswert ist in diesem Zusammenhang eine Studie zu den Chancen von Frauen in der Kommunalpolitik in Baden-Württemberg, die ergeben hat: Je höher der Bevölkerungsanteil mit höheren Bildungsabschlüssen in einer Kommune, um so mehr Frauen sind im Gemeinderat vertreten.[295]

Auch die Berufstätigkeit von Frauen hat zugenommen. Allerdings stellt die nach wie vor ungleiche berufliche Stellung eine Restriktion der weiblichen politischen Partizipation dar. Eine Untersuchung von weiblichen Parteimitgliedern in Bremen[296] ergab, daß die befragten Frauen einen hohen sozio-ökonomischen Status aufwiesen: 47,9 % waren berufstätig, die meisten in Teilzeit beschäftigt. Angestellte, Beamtinnen und Selbständige waren überrepräsentiert, Arbeiterinnen extrem unterrepräsentiert.[297] Dies traf auf Frauen in allen Parteien zu. Die Partei Bündnis 90/Die Grünen weist – laut Raschke– im Vergleich zu anderen Parteien einen besonders hohen Akademiker/innen-Anteil auf und einen hohen Anteil an Beschäftigten des öffentlichen Dienstes.[298] Es ergeben sich folgende Thesen:

- *Die ZWS-Teilnehmerinnen weisen im Verhältnis zur weiblichen Durchschnittsbevölkerung einen höheren Akademikerinnenanteil auf.*
- *Die berufstätigen ZWS-Teilnehmerinnen weisen im Verhältnis zur weiblichen Durchschnittsbevölkerung eine höhere berufliche Stellung auf.*
- *Die ZWS-Teilnehmerinnen sind im Verhältnis zur weiblichen Durchschnittsbevölkerung häufiger in Teilzeit beschäftigt.*

2.1.1.2. Alter
Bei der Beteiligung an konventionellen Formen besteht ein kurvilinearer Zusammenhang, die Gruppe 35-44jähriger Frauen weist den stärksten Anteil auf.[299] Erklärt wird dies damit, daß Frauen nach der Familienphase erst in der Lebensmitte Zeit zu politischer Beteiligung finden. Bei einer Analyse der Altersstruktur von Parteimitgliedern ergab sich, daß 1992 der Anteil an weiblichen und männli-

---

[294] Hoecker 1995: 167
[295] Infratest Burke Sozialforschung 1995: 69
[296] Hoecker 1986
[297] Männliche Parteimitglieder weisen die gleiche Struktur auf.
[298] Raschke 1993: 215 f.
[299] Molitor 1992: 159

chen SPD-Mitgliedern (es existiert keine getrennt-geschlechtliche Erhebung) in der Gruppe der 41-60jährigen mit 47,7 % am größten war. Bei der CDU betrug 1993 das Durchschnittsalter der Frauen 53,6 Jahre. Für Bündnis 90/Die Grünen gibt es keine statistischen Daten, Raschke vermutet den Schwerpunkt für alle Parteimitglieder in der Gruppe der 35-45jährigen.[300] Die Hauptgruppe von Frauen, die sich unkonventionell beteiligen, ist zwischen 18-34 Jahre alt.[301]

Schließt man sich der Meinung an, daß es sich bei der ZWS tendenziell eher um eine unkonventionelle Beteiligungsform handelt, dann müßte die Altersgruppe der 18-34jährigen unter den Teilnehmerinnen am stärksten vertreten sein. Da die Abgrenzung der ZWS zu den konventionellen Formen allerdings schwierig ist,[302] wäre auch denkbar, daß die Altersgruppe der 35-44jährigen dominiert. Daraus ergibt sich folgende Fragestellung:
- *Welche Altersgruppe ist unter den Teilnehmerinnen am stärksten vertreten?*

2.1.2. Sozio-psychologische Merkmale

2.1.2.1. Politische Sozialisation
2.1.2.1.1. Vorbilder: Eltern, Partner
Die Frauenforschung[303] weist darauf hin, daß der politische Sozialisationsprozeß, der von Generation zu Generation weitergegeben wird, weiterhin geschlechtsspezifische Züge trägt. Analysen ergaben, daß bei Gesprächen im Elternhaus von den Kindern die Mutter als Ansprechpartnerin für Themen wie Religion, Sexualität, Arbeitsleben bevorzugt wird. Dagegen ist für politische Gespräche eindeutig der Vater zuständig, er wird als der politisch wesentlich aktivere Elternteil wahrgenommen. Dadurch könnte als Folge entstehen, daß Politik als "Männersache" angesehen wird; dies könnte die "Politikferne" von Frauen erklären. Hinzu kommt, daß der weibliche Lebenszusammenhang gemäß den Rollenerwartungen als quasi nicht-öffentlicher Bereich begriffen wird. Damit verbunden ist die mangelhafte Ausbildung berufs- und öffentlichkeitsbezogener Fähigkeiten, die in den männlich geprägten Politik- und Öffentlichkeitsstrukturen gebraucht werden.[304] Männer sind – wenn auch nicht mehr so stark wie früher – in Bezug auf den Erwerb der "civic skills" bevorteilt. Vermutlich können sie sich diese Fähigkeiten

---

[300] Raschke 1993: 214
[301] Hoecker 1995: 166
[302] Siehe zu dieser Problematik das Kapitel "B.V.2.1. Verortung der ZWS im Dimensionalitätsraum politischer Partizipation".
[303] Einen Überblick über den Forschungsstand im Bereich der weiblichen politischen Sozialisation findet sich bei Geißel 1995.
[304] Ballhausen et al. 1986: 19

über eine berufliche Tätigkeit bzw. über eine entsprechende Ausbildung besser aneignen als Frauen.

Die unterschiedliche Lebens- und Arbeitswelt von Männern und Frauen führt zu unterschiedlichen Erfahrungen. Da Frauen immer noch primär vor allem der private Raum zugewiesen wird, weisen sie für ein öffentliches Engagement Erfahrungsdefizite auf. Es zeigt sich in mehreren Untersuchungen, daß die politische Aktivität oder das politische Interesse der Eltern oder eines Elternteils die politische Aktivität der Kinder beiderlei Geschlechts begünstigt.[305] Zu erwarten ist, daß auch ein politisch aktiver Partner einen Politisierungsschub auslöst und partizipationsfördernd wirkt.[306]

Auffallend viele Politikerinnen geben an, daß die Eltern, insbesondere die Förderung durch den Vater, eine prägende Rolle für ihr politisches Leben spielten.[307] In der empirischen Forschung gibt es hierzu allerdings widersprüchliche Ergebnisse. Während einige Studien geschlechtsspezifische Unterschiede in der Erziehung zwischen Jungen und Mädchen ausmachen, kommen andere zu dem Ergebnis, daß es keine bzw. nur geringe Sozialisationsunterschiede bei Kindern in Bezug auf politische Aktivitäten gibt.[308] In der aktuellen Untersuchung von Weber/Esch/Schaeffer-Hegel gab die Mehrheit der befragten bundesdeutschen Spitzenpolitikerinnen an, daß das Interesse an gesellschaftlichen und politischen Fragestellungen bereits im Elternhaus durch Gespräche und Diskussionen, aber auch durch das Vorbild engagierter Eltern geweckt und gefördert worden sei.[309] Daraus ergibt sich folgende Fragestellung:

- *Haben oder hatten die Teilnehmerinnen politisch aktive Eltern oder einen entsprechend aktiven Partner, der/die eine Vorbildfunktion ausübte/n?*

2.1.2.1.2. Politische Biographie:
Vorherige Organisation und Mehrfachorganisation

Eine US-amerikanische Untersuchung kam zu dem Ergebnis, daß vorparlamentarische Organisationen als "pathway" in die Politik für Frauen wesentlich wichtiger sind als für Männer. Die Zugehörigkeit zu vorparlamentarischen Organisationen wirkt ausgleichend auf die Nachteile, die durch die geringere Ressourcenausstattung bestehen.[310] Auch Hoecker gibt als Grund für die geringere Präsenz von Frauen im parlamentarischen System deren fehlende Verankerung in poli-

---

[305] Ballhausen et al. 1986: 173; Hoecker 1987: 177
[306] Sineau 1988: 214
[307] Zimmermann 1990: 32; Meyer 1993: 19
[308] Ausführlicher Hoecker 1987, S. 21 f. sowie Hagemann-White 1984.
[309] Weber/Esch/Schaeffer-Hegel 1998: 4
[310] Schlozman/Burns/Verba 1994: 985

tisch relevanten Vorfeldorganisationen an.[311] In der Untersuchung von Weber/Esch/Schaeffer-Hegel gab über die Hälfte der befragten Parlamentarierinnen an, sich bereits in der Schule, in studentischen Gremien oder in der Jugendorganisation einer Partei engagiert zu haben.[312] Frauen sind – sofern sie mehrfachorganisiert sind – vor allem im schulischen Bereich aktiv.[313] Daraus ergibt sich folgende Fragestellung:
- *Sind oder waren die Teilnehmerinnen noch in anderen Organisationen (vor allem im Schulbereich) aktiv?*

2.1.2.2. Political Efficacy

Die Studie von Verba/Burns/Schlozman kommt zu dem Ergebnis, daß Frauen weniger politisch interessiert und weniger politisch informiert sind als Männer,[314] die Autor/inn/en sehen in dieser Differenz einen Grund für die geringe Beteiligung von Frauen.[315] Frauen fühlen sich auch weniger "politically efficacious". Sie haben vielfach das Empfinden, nicht die nötige Durchsetzungskraft sowie Sach- und Leistungsbezogenheit für ein aktives Engagement mitzubringen.[316] Eine Einflußnahme über die Stimmabgabe bei Wahlen wird als gering eingeschätzt. Dennoch läßt sich aktuell folgendes Paradoxon beobachten: Während die Wahlbeteiligung unter Frauen sinkt, steigt die Zahl politisch interessierter Frauen an.[317] Die Bereitschaft, ein Mandat zu übernehmen, ist gestiegen.[318] Die von Hoecker 1986 untersuchten Frauen in Bremer Parteien gaben an, sich stark bzw. sehr stark für Politik zu interessieren.[319] Daraus ergibt sich folgende These:
- *Die ZWS-Teilnehmerinnen interessieren sich im Vergleich zur weiblichen Durchschnittsbevölkerung stärker für Politik.*

2.1.2.3. Parteipräferenz

Untersuchungen ergaben, daß Frauen, die eine Wahlabsicht für die Partei Bündnis 90/Die Grünen geäußert haben, stärker sowohl konventionell als auch unkon-

---

[311] Hoecker 1987: 228
[312] Weber/Esch/Schaeffer-Hegel 1998: 4
[313] Verba/Burns/Schlozman 1997: 1056
[314] Zur Diskussion um den geringeren politischen Informationsstand von Frauen vgl. Verba/Burns/Schlozman 1997: 1064.
[315] Verba/Burns/Schlozman 1997: 1051 ff.
[316] Ballhausen et al. 1986: 22
[317] Köcher 1994: 29
[318] Cornelissen 1993: 347
[319] Hoecker 1987: 223

ventionell partizipieren als andere.[320] Hoecker kommt zu dem Ergebnis, daß bündnisgrüne Wählerinnen stärker an unkonventionellen Formen partizipieren als die Wählerinnen anderer Parteien.[321] Daraus ergibt sich folgende These:
- *Die ZWS-Teilnehmerinnen weisen im Vergleich zur weiblichen Durchschnittsbevölkerung eine stärkere Präferenz für die Partei Bündnis 90/Die Grünen auf.*

2.1.2.4. Gratifikation

Wie im gleichnamigen Kapitel über die gemischt-geschlechtlichen Variablen erläutert, wirken immaterielle Gewinne, wie affektive und soziale Gratifikationen partizipationsfördernd. Wie im Kapitel zum eigenen weiblichen Politikverständnis ausgeführt,[322] steht für Frauen das Gemeinschaftsdenken im Vordergrund. Sie gehen von einem kommunikativen Machtverständnis aus. Daraus ergibt sich folgende Fragestellung:
- *Stellen positives soziales Klima und der Kontakt zu den anderen Frauen Gratifikationselemente dar?*

2.1.2.5. Issue commitment

Verba/Burns kommen zu dem Ergebnis, daß ein starkes Interesse für ein bestimmtes Thema, das "issue commitment", partizipationsfördernd wirkt.[323] Dalton stellt fest, daß eine Zunahme an Partizipation auf kommunaler Ebene dort erfolgt, wo eine Gruppierung stark an Politikfeldern und Sachthemen orientiert ist.[324]

Wie im Kapitel zum eigenen weiblichen Politikverständnis ausgeführt,[325] sind konkrete, überschaubare Projekte, bei denen sie unmittelbaren Einfluß auf ihr alltägliches Lebensumfeld haben, für Frauen besonders attraktiv. Daraus ergeben sich folgende Fragestellungen:
- *Beschäftigen sich die ZWS-Teilnehmerinnen mit konkreten Themen im Stadtteil?*
- *Mit welchen Themen beschäftigen sie sich?*

---

[320] Molitor 1992: 165
[321] Hoecker 1995: 167
[322] Siehe Kapitel "B.VII.1.2 Weibliches Politikverständnis".
[323] Verba/Schlozman/Brady 1995: 21
[324] Dalton 1996: 53
[325] Siehe Kapitel "B.VII.1.2. Weibliches Politikverständnis".

2.1.3. Zusätzliche Faktoren des weiblichen Lebenszusammenhangs

2.1.3.1. Zeitbudget

Ein häufig genanntes Argument zur Erklärung der Unterrepräsentanz von Frauen in der Politik ist die Mehrfachbelastung, der Frauen mit Kindern ausgesetzt sind, die keine Zeit für ein Engagement lassen.[326] Empirisch läßt sich dieses Argument allerdings nicht halten. Burns/Schlozman/Verba kommen zu dem Ergebnis, daß Frauen, wenn sie sich zur Partizipation entschlossen haben, sogar mehr Zeit als Männer in politische Beteiligung investieren. Auch wenn Frauen durch die Mehrfachbelastung ein knappes Zeitbudget haben, so haben partizipierende Männer dennoch genauso wenig Zeit, da sie beruflich häufig mehr Überstunden leisten müßten.[327] Zum gleichen Ergebnis kommt auch Hoecker: Da sich viele Frauen sozial und politisch auf lokaler Ebene engagieren, dürfte das knappe Zeitbudget eigentlich kein Argument sein.[328]

Ein Indiz dafür, daß die Mehrfachbelastung von Frauen doch eine Rolle spielt, könnte sein, daß besonders jüngere Frauen vor der Familiengründung im unkonventionellen Bereich aktiv sind – vermutet wird, daß sie nach der Familiengründung keine Zeit mehr dazu hätten.[329] Daraus ergibt sich folgende Fragestellung:
- *Hat das verfügbare Zeitbudget Auswirkungen auf eine Teilnahme an der ZWS?*

2.1.3.2. Familienstand und Kinder

Eng verknüpft mit der Frage nach dem knappen Zeitbudget und der Mehrfachbelastung ist die Frage nach Familienstand und Kinderzahl. Eine US-amerikanische Untersuchung ergab, daß kleine Kinder partizipationshemmend wirken – allerdings für Frauen und Männer gleichermaßen.[330] Der Faktor "Kinder" kann demnach die Unterrepräsentanz nicht erklären. Bei einer Befragung der weiblichen Bundestagsabgeordneten aus dem Jahre 1987 zeigte sich allerdings, daß über ein Drittel der Frauen alleinstehend war. Der Anteil der Abgeordneten mit Kindern lag mit 30% niedriger als bei den männlichen Abgeordneten.[331]

In ihrer Untersuchung von Staatssenatorinnen und Abgeordneten in den USA kam Carroll zu ähnlichen Resultaten: Über ein Drittel der Frauen war alleinste-

---

[326] Z.B. Phillips 1991: 75
[327] Burns/Schlozman/Verba 1997: 377
[328] Hoecker 1987: 25
[329] Molitor 1992: 174
[330] Schlozman/Burns/Verba 1994: 981
[331] Cornelissen 1995: 343

hend, die Hälfte war kinderlos.[332] Zu berücksichtigen ist hier, daß sich diese Ergebnisse im Bereich repräsentativer Demokratie auf Frauen in politischen Spitzenpositionen beziehen. Ob sie auf die Situation von Frauen, die auf kommunaler Ebene und/oder unkonventionell organisiert sind, übertragen werden können, ist fraglich. Leider liegen dazu keine Untersuchungen vor. Es ergeben sich folgende Fragestellungen:
- *Wie ist der Familienstand der ZWS-Teilnehmerinnen?*
- *Wie hoch ist ihre Kinderzahl?*

2.1.3.3. Familiärer Rückhalt

Carroll stellte in der gleichen Untersuchung fest, daß die Zustimmung des Ehepartners und die Unterstützung der Familie bzgl. der Kinderbetreuung für die Entscheidung zu einer politischen Karriere sehr wichtig war, über 80 % gaben dies als relevant an.[333] Der familiäre Rückhalt und die Unterstützung des Partners sind demnach wichtige Faktoren. Burns/Schlozman/Verba kamen zu dem Befund, daß der gegenseitige Respekt der Ehepartner füreinander ausschlaggebend ist. Wenn Frauen respektiert werden, dann steigt ihr Aktivitätslevel.[334] In der Untersuchung von Weber/Esch/Schaeffer-Hegel gaben 42,8 % der befragten Parlamentarierinnen an, daß ihr Lebenspartner ihren Einstieg in die Politik fördernd unterstützt habe.[335] Hieraus ergibt sich folgende Fragestellung:
- *Ist für die Teilnehmerin die Unterstützung durch den Partner (z.B. bei der Kinderbetreuung) sowie seine positive Einstellung zum Engagement in der ZWS wichtig für ihr partizipatives Verhalten?*

---

[332] Carroll 1989: 59-60
[333] Caroll 1989: 55-60
[334] Burns/Schlozman/Verba 1997: 384
[335] Weber/Esch/Schaeffer-Hegel 1998: 4

C. Empirischer Teil

I. Fragestellung und Hypothesen

Die Ableitung der zugrundeliegenden Fragen und Hypothesen aus vorliegenden Forschungsergebnissen ist im theoretischen Teil (Kapitel B.VI. und B.VII.) erfolgt. Das Erkenntnisinteresse richtet sich einerseits auf Teilnehmerinnen und ehemalige Teilnehmerinnen der ZWS, andererseits auf die Institution "ZWS" selbst. Zunächst soll geklärt werden, was Teilnehmerinnen und ehemalige Teilnehmerinnen der ZWS von der Durchschnitts-Heidelbergerin bzw. von der Durchschnitts-Baden-Württembergerin unterscheidet. Hierfür werden folgende Hypothesen aus der Partizipationsforschung überprüft:

- Die ZWS-Teilnehmerinnen verfügen im Vergleich zur Durchschnittsbevölkerung über eine bessere Ausstattung mit den sozio-ökonomischen Ressourcen "Bildung", "Einkommen" und "berufliche Stellung".
- Die ZWS-Teilnehmerinnen weisen im Verhältnis zur weiblichen Durchschnittsbevölkerung einen höheren Akademikerinnenanteil auf.
- Die erwerbstätigen ZWS-Teilnehmerinnen weisen im Verhältnis zur weiblichen Durchschnittsbevölkerung eine höhere berufliche Stellung auf.
- Die ZWS-Teilnehmerinnen sind im Verhältnis zur weiblichen Durchschnittsbevölkerung häufiger in Teilzeit beschäftigt.
- Die ZWS-Teilnehmerinnen interessieren sich im Vergleich zur weiblichen Durchschnittsbevölkerung stärker für Politik.
- Die ZWS-Teilnehmerinnen weisen im Vergleich zur weiblichen Durchschnittsbevölkerung eine stärkere Präferenz für die Partei Bündnis 90/Die Grünen auf.

Weitere – aus der Forschung abgeleitete – Fragen sollen geklärt werden:
- Welche Altersgruppe ist unter den Teilnehmerinnen am stärksten vertreten?
- Wie ist der Familienstand der ZWS-Teilnehmerinnen?
- Wie hoch ist ihre Kinderzahl?
- Haben oder hatten die Teilnehmerinnen politisch aktive Eltern oder einen entsprechend aktiven Partner, der/die eine Vorbildfunktion ausübt/e/n?
- Sind oder waren die Teilnehmerinnen noch in anderen Organisationen (vor allem im Schulbereich) aktiv?
- Weisen die ZWS-Teilnehmerinnen eine hohe Zufriedenheit mit dem politischen System, den Leistungen des Gemeinderates, den Möglichkeiten der

Bürgerbeteiligung und der Situation im Stadtteil auf oder weisen sie – im Gegenteil – eine hohe Unzufriedenheit in diesen Punkten auf?
- Fühlen sie sich in ihren Bemühungen akzeptiert?
- Wird die Möglichkeit der eigenen Einflußnahme auf politische Entscheidungen hoch eingeschätzt?
- Hat das verfügbare Zeitbudget Auswirkungen auf eine Teilnahme an der ZWS?
- Ist für die Teilnehmerin die Unterstützung durch den Partner (z.B. bei der Kinderbetreuung) sowie seine positive Einstellung zum Engagement bei der ZWS wichtig für ihr partizipatives Verhalten?
- Sind die ZWS-Teilnehmerinnen bereits lange in ihrem Stadtteil wohnhaft?
- Begreifen sich die Frauen als für den Stadtteil engagierte Bürgerinnen oder als Feministinnen?
- Geben die Frauen an, daß sie sich aufgrund ihrer persönlichen Betroffenheit von der Situation im Stadtteil engagieren?
- Erfolgt das Engagement aus einem hohen staatsbürgerlichen Pflichtgefühl heraus?
- Geben sie als Motivation zur Teilnahme an der ZWS an, daß sie sich für andere engagieren wollten?
- Geben sie an, daß sie das Bedürfnis nach Kommunikation hatten?
- Sind die Teilnehmerinnen durch persönliche Kontakte zu einer Mitarbeit an der ZWS motiviert worden?
- Begreifen sie ihr Engagement als politisches oder als soziales Engagement?
- Welche Gratifikationen haben die Teilnehmerinnen durch ihr Engagement in der ZWS erfahren?
- Stellen positives soziales Klima und der Kontakt zu den anderen Frauen Gratifikationselemente dar?

Zur ZWS selbst:
- Schätzen die Teilnehmerinnen das soziale Klima in der ZWS?
- Begrüßen die ZWS-Teilnehmerinnen, daß die Teilnahme an der ZWS ausschließlich Frauen vorbehalten ist?
- Beschäftigen sich die ZWS-Teilnehmerinnen primär mit konkreten stadtteilbezogenen Themen?
- Mit welchen Themen beschäftigen sie sich?
- Wo sehen sie Erfolge, Mißerfolge, Hindernisse? Wie evaluieren sie selbst das Projekt und ihre Arbeit?
- Warum nehmen sie an der ZWS teil, in welchen Aspekten überwiegt der Nutzen der Partizipation die Kosten?

- Welchen Effekt hat ihr Engagement in der ZWS auf die Teilnehmerinnen? Was haben sie gelernt? Ist es zu einer Politisierung gekommen?
- Was unterscheidet die Teilnehmerinnen von den Frauen, die an der ZWS zwar interessiert, zu einer kontinuierlichen Mitarbeit aber nicht bereit waren? Welche Gründe haben diese bewogen, "abzuspringen"? Wie bilden sich in der ZWS stabile Strukturen aus?

II. Methode

Das genaue Vorgehen bei der Datenerhebung und die Durchführung der Untersuchung wird in den Folgekapiteln dargestellt. Zunächst eine kurze Übersicht:

Die Befragung wurde schriftlich mit einem standardisierten Fragebogen durchgeführt. Diese Erhebungsmethode wurde gewählt, um eine Gleichheit der Meßsituation ohne Interviewerinnen-Einfluß zu gewährleisten. Der Datensatz wurde durch eine Vollerhebung erstellt. Auf die Ziehung einer Stichprobe wurde angesichts der geringen Fallzahl verzichtet, um die Fehlertoleranz gering zu halten. Der Stichprobenumfang wird durch Teilnahme bzw. Nicht-Teilnahme der Befragten selbst bestimmt. Obwohl es sich in erster Linie um eine Feldstudie handelt, kommen auch Methoden der vergleichenden Analyse zur Anwendung. Um diese zu ermöglichen, wurde nicht nur der eigene Datensatz ausgewertet, sondern auch Sekundärdaten aus anderen Untersuchungen mit in die Berechnungen einbezogen. Es wurden Daten der Teilnehmerinnen und der ehemaligen Teilnehmerinnen erhoben. Sie wurden parallel befragt. Die Feldphase dauerte vom 02.07. bis 31.07.97.

1. Untersuchungspersonen

Um die im Theorieteil aus der Partizipationsforschung abgeleiteten Hypothesen und Fragestellungen zu überprüfen, wurden zwei Gruppen befragt, die zusammen die Grundgesamtheit bilden:

a.) Frauen, die sich zum Zeitpunkt der Befragung als *Teilnehmerinnen der ZWS* verstanden. Es wurde hierbei nicht unterschieden zwischen Frauen, die von Anfang an teilgenommen haben und denjenigen, die später hinzugekommen sind.[336]

---

[336] Einige Frauen nahmen an der Befragung nicht teil, weil sie ihrer Meinung nach noch nicht lang genug oder nur sporadisch mitarbeiteten, um sich dazugehörig zu fühlen. Einen Sonderfall stellt die ZWS Neuenheim dar: Sie nannte sich nach dem ersten Wochenend-Treffen "Seniorentreff Neuenheim", um den von ihr gewählten inhaltlichen Schwerpunkt deutlich zu ma-

b.) Frauen, die am ersten ZWS-Wochenende teilgenommen haben, sich gleich anschließend oder nach einigen Treffen nicht mehr beteiligt haben. Sie werden im folgenden *"ehemalige Teilnehmerinnen"* oder *"Abspringerinnen"* genannt. Außerdem wurden hier Frauen befragt, in deren Stadtteil keine ZWS dauerhaft zustande kam.[337]

Da im Zentrum dieser Untersuchung steht, welche Frauen sich durch die Beteiligungsform "Zukunftswerkstatt" grundsätzlich angesprochen fühlen und welche Faktoren partizipationsfördernd wirken, wurden alle Frauen befragt, die jemals Kontakt mit der ZWS hatten.[338] Sie bilden die Grundgesamtheit N = 215. Die Anzahl der Untersuchungsteilnehmerinnen, d.h. der Stichprobenumfang, beträgt n = 163. In der Analyse wurden die Untersuchungspersonen in die zwei oben aufgeführten Gruppen getrennt. Durch die Trennung der beiden Gruppen soll eine Aussage über Faktoren getroffen werden, die zu einer kontinuierlichen Fortsetzung der Teilnahme an der ZWS bzw. zur Beendigung des Engagements führen.

2. Kontrollgruppen

Für die Untersuchung wurden zwei Kontrollgruppen herangezogen:

a.) Die in der Heidelberg-Studie 1997[339] befragten Heidelbergerinnen (n = 541; Grundgesamtheit 70.401 Einwohnerinnen, Stand: 30.06.97). Bei der Heidelberg-Studie 1997 handelt es sich um eine repräsentative Telefonumfrage, die von Studierenden des Instituts für Politische Wissenschaft an der Universität Heidelberg unter Leitung von Dr. Dieter Roth im Juni 1997 durchgeführt wurde. In ihr wurden vor allem verschiedene Einstellungsfragen zu kommunalpolitischen Entscheidungen und Problemen in Heidelberg gestellt. Da die Datenerhebung dieser

---

chen. Die Teilnehmerinnen des Seniorentreffs begriffen sich nicht als Folgeprojekt der ZWS oder als ZWS selbst. Die Anwesenden – bis auf die Initiatorinnen, die auch das ZWS-Wochenende besucht hatten – beschlossen deshalb kollektiv, an der Untersuchung nicht teilzunehmen. Sie werden deshalb auch nicht in die Grundgesamtheit miteinbezogen.

[337] Dies trifft zu für die Stadtteile Rohrbach, Bergheim, Boxberg. Insgesamt haben hier 16 von 25 Frauen (= 64 %) geantwortet. Das Bilden einer dritten Gruppe für die nicht zustandegekommenen ZWS erschien wegen der geringen Zahl nicht sinnvoll.

[338] Nicht erfaßt werden konnten diejenigen, die später hinzugekommen sind, aber zum Zeitpunkt der Erhebung ihre Teilnahme wieder eingestellt haben. Auf eine Befragung mußte verzichtet werden, da eine genaue Aufstellung über diesen Personenkreis nicht existiert.

[339] Stadt Heidelberg/Amt für Stadtentwicklung und Statistik 1997

Studie fast zeitgleich zu der hier vorgelegten stattfand und der Untersuchungsort (Heidelberg) identisch ist, wurden wegen der zeitlichen und räumlichen Nähe zu den in der vorliegenden Arbeit befragten Personen die Teilnehmerinnen der Heidelberg-Studie als Kontrollgruppe herangezogen.

b.) Die Frauen in Baden-Württemberg, die in der 1996 durchgeführten "Allgemeinen Bevölkerungsumfrage der Sozialwissenschaften" (ALLBUS)[340] befragt wurden (n = 190; Grundgesamtheit 5.297.000 Einwohnerinnen, Stand: 31.12.96). Der ALLBUS 96 ist eine vom ZUMA (Zentrum für Umfragen, Methoden und Analysen, Mannheim) und vom Zentralarchiv für Empirische Sozialforschung (Köln) in Zusammenarbeit mit dem ALLBUS-Ausschuß realisierte Untersuchung. Diese repräsentative Bevölkerungsumfrage dient zur Erhebung und Verbreitung allgemein verfügbarer sozialwissenschaftlicher Daten für Forschung und Lehre. Untersucht werden die soziale Lage sowie Einstellungen, Werte und Verhaltensweisen in Deutschland, außerdem wird der soziale Wandel im Zeitverlauf beschrieben.[341] Für Fragen, die in der Heidelberg-Studie nicht gestellt wurden (z.B. "Haushaltseinkommen") oder bei denen die Anpassung der Datensätze nicht möglich war (z.B. "berufliche Stellung"), wurden die im ALLBUS 1996 befragten Baden-Württembergerinnen als Kontrollgruppe gewählt. Da diese Gruppe den hier untersuchten Personen – nach den Heidelbergerinnen – regional am nächsten steht und die Daten aus 1996 die aktuellsten verfügbaren waren, dienen sie als Kontrollgruppe.

3. Konstruktion des Fragebogens

Die ZWS-Teilnehmerinnen und die "Abspringerinnen" erhielten verschiedene Fragebögen. Der umfangreichere Fragebogen – der für die aktuellen Teilnehmerinnen – enthält detailliertere Fragen zur Arbeit der ZWS, die von den "Abspringerinnen" nicht mehr beantwortet werden können, da sie nicht mehr partizipieren. Die "Abspingerinnen" wurden zu den Gründen der Aufgabe ihres Engagements bzw. zu den Gründen für das Nicht-Zustandekommen der ZWS befragt. Über diese inhaltlichen Überlegungen zu den Unterschieden hinaus sollte die "schlankere" Version des Fragebogens für die "Abspringerinnen" gewährleisten, daß dieser auch beantwortet wird. Diesem Vorgehen lag die Befürchtung zugrunde, daß die "Abspringerinnen" nicht mehr motiviert genug sein könnten, an einer Befragung teilzunehmen, da sie ihre Mitarbeit in der ZWS inzwischen ein-

---

[340] Zentralarchiv für empirische Sozialforschung an der Universität zu Köln/ZUMA 1996
[341] Ebd.: 4

gestellt haben. Es sollte vermieden werden, daß ein umfangreicher Fragebogen, zu dessen Bearbeitung viel Zeit nötig ist, "abschreckend" wirkt.

Die Fragebogenkonstruktion orientierte sich im wesentlichen an vorliegenden empirischen Untersuchungen zur Kommunalpolitik[342] und zur Partizipation von Frauen.[343] Fragen zu den Sozialstruktur-Daten wurden dem ALLBUS 96 und der Heidelberg-Studie 1997 entnommen, um eine optimale Vergleichbarkeit der Datensätze zu gewährleisten. Ergänzt wurde der Fragenkatalog mit eigenen Fragen; die Anregungen dazu erhielt die Verfasserin vor allem durch den vom städtischen Amt für Frauenfragen herausgegebenen Zwischenbericht zu den Zukunftswerkstätten,[344] durch Gespräche mit Mitarbeiterinnen des Amtes für Frauenfragen und durch Gespräche mit interessierten Frauen. Die Quellen der einzelnen Fragen werden bei der Darstellung jeweils angegeben.

Beide Fragebögen gliedern sich im wesentlichen in zwei Fragenkomplexe:

a.) Die Teilnehmerinnen bzw. ehemaligen Teilnehmerinnen der ZWS:
- Sozialstruktur
- Familiärer Rückhalt
- Political Efficacy: Politikinteresse, Einstellung zum politischen Prozeß
- Zufriedenheit mit dem politischen System und Parteipräferenz
- Politische Sozialisation
- Problemwahrnehmung und Stadtteilbezug
- Motivation, Gratifikation und persönliche Hindernisse
- Wahrnehmung des sozialen Klimas und der Gruppeneinbindung
- Wirkung der ZWS auf die Teilnehmerinnen

b.) Die Institution "Zukunftswerkstatt" aus Sicht der Teilnehmerinnen bzw. der "Abspringerinnen":
- Arbeitsweise der ZWS
- Themen und Erfolge
- Erfahrungen und Hindernisse

Die wichtigsten Fragen wurden im mittleren Drittel plaziert, da dort die Aufnahmebereitschaft am höchsten ist.[345] Um Halo-Effekte abzuschwächen, wurde ein Themenwechsel und ein Zwischenschalten thematisch fernliegender Fragen

---

[342] Vgl. z.B. Gau 1983; Arzberger 1980; Schneider 1997
[343] Hier vor allem die Ballhausen et al.-Studie. Ballhausen et al. 1986.
[344] Stadt Heidelberg/Amt für Frauenfragen 1996
[345] von Alemann 1995: 162

durchgeführt. Der Fragebogen enthält fast ausschließlich geschlossene Fragen. Offene Fragen wurden nur gestellt, wo der Untersucherin das Forschungsfeld zu wenig bekannt war und Zweifel an der Vollständigkeit der Antwortkategorien des Fragebogens bestanden. So erschien es beispielsweise sinnvoll, den "Abspringerinnen" einen größtmöglichen Spielraum zur Angabe der Gründe für das Ende ihres Engagements in der ZWS zu geben. Durch die starke Standardisierung und Strukturierung wurde erreicht, daß trotz des großen Fragenumfangs der Zeitaufwand für das Ausfüllen möglichst klein gehalten werden konnte. Der Fragebogen für die "Abspringerinnen" enthielt im wesentlichen die gleichen Fragen wie der für die Teilnehmerinnen. Allerdings wurden sie – bis auf die soziostrukturellen Fragen – in der Vergangenheitsform formuliert, da sie sich auf das zurückliegende Engagement beziehen. Fragen nach dem aktuellen Stand und der Arbeitsweise der ZWS wurden konsequenterweise nicht gestellt.

Das Konzept des Fragebogens wurde erst mit Dr. Uwe Wagschal, dann mit den Teilnehmern des Magistrandenkolloquiums bei Prof. Manfred G. Schmidt besprochen. Anschließend waren dankenswerterweise Dr. Dieter Roth und sein Assistent, Andreas Wüst, dazu bereit, den Entwurf durchzulesen und zu kritisieren. Die Anregungen, die von universitärer Seite gegeben wurden, wurden bei der Erstellung des Fragebogen berücksichtigt.

Der Pretest wurde an 10 Teilnehmerinnen der "AG Heidelberger Frauenverbände und Frauengruppen" durchgeführt, um den Fragebogen auf Verständlichkeit, Eindeutigkeit und Beantwortbarkeit zu überprüfen. Es wurden Teilnehmerinnen der AG gewählt, obwohl ihr Engagement in eine andere Richtung zielt als das der ZWS-Frauen, um die ohnehin schon geringe Fallzahl der Teilnehmerinnen bzw. ehemaligen Teilnehmerinnen nicht noch weiter zu reduzieren. Eine Verzerung des Tests auf Verständlichkeit durch die Unterschiede in den Themenfeldern des Engagements ist nicht zu vermuten. Beim Pretest ergab sich, daß das Ausfüllen des umfangreicheren Fragebogens für die Teilnehmerinnen 20-30 Minuten in Anspruch nahm, für die ehemaligen Teilnehmerinnen 15-20 Minuten. Die Ergebnisse des Pretests, Anregungen und Hinweise, die die Testpersonen machten, flossen in die Konzeption des endgültigen Fragebogens ein.

4. Variablenoperationalisierung, Validität und Reliabilität

Fragen, die dem ALLBUS 96 entnommen sind, zeichnen sich durch validierte Skalen aus. Bei Fragen, die der Heidelberg-Studie 1997 oder anderen Studien entnommen wurden,[346] wird Validität vorausgesetzt. Bei der Formulierung der

---

[346] Bei der Darstellung und Interpretation der Daten wird die Quelle der Fragen jeweils angegeben.

eigenen Fragen wurde auf die Einhaltung von Grundprinzipien wie Trennschärfe und Vollständigkeit geachtet. Da kein externes Kriterium vorhanden war, wurde eine semantische Analyse vorgenommen, um eine Kriteriumsvalidität herzustellen. Der Fragenkatalog wurde von Experten wie Roth und Wüst korrigiert, um diese semantische Analyse zu überprüfen. Außerdem wurde ein Pretest durchgeführt, um zumindest eine intersubjektive Stabilität und damit eine Reliabilität zu erreichen.

Die Darstellung aller erhobenen abhängigen Variablen würde an dieser Stelle den Rahmen sprengen. Um Lesbarkeit und Verständlichkeit der vorliegenden Arbeit zu verbessern, werden sie bei der Ausführung der Ergebnisse einzeln beschrieben. Im folgenden soll die Operationalisierung der Variablen, die aus der Partizipationsforschung abgeleitet wurden, für die die Prüfhypothesen aufgestellt wurden und die mit einem Kontrolldatensatz kontrastiert werden konnten, erläutert werden.

4.1. Die unabhängige Variable

Wie bereits bei der Beschreibung der Untersuchungspersonen dargelegt, wurden Frauen befragt, die sich zum Zeitpunkt der Befragung als Teilnehmerinnen der ZWS verstanden. Das Merkmal, das bei diesen Frauen identisch ist, also die gegebene Größe, ist die Partizipation an der ZWS. Diese Variable nimmt bei den Kontrollgruppen "Heidelbergerinnen" (Heidelberg-Studie 1997), Baden-Württembergerinnen (ALLBUS 96) und den "Abspringerinnen" die Merkmalsausprägung der "Nicht-Partizipation" bzw. der "Nicht-mehr-Partizipation" an.

4.2. Die abhängigen Variablen

Mit Hilfe der abhängigen Variablen werden die Untersuchungsgruppen auf Unterschiede hin miteinander verglichen. Eine wesentliche These der Partizipationsforschung besagt, daß politisch Partizipierende gegenüber der Durchschnittsbevölkerung höhere sozio-ökonomische Ressourcen aufweisen. Die sozio-ökonomischen Ressourcen werden operationalisiert über Bildung, beruflichen Ausbildungsabschluß, berufliche Stellung und Haushaltseinkommen.

Es soll ein gegenseitiges Bedingungsgeflecht zwischen der unabhängigen und den abhängigen Variablen bestätigt werden. Nach einer genauen Beschreibung der verschiedenen Stichproben sollen mögliche Einflußfaktoren auf die Partizipation an der ZWS identifiziert werden. Die Zuordnung der Variablen der Partizipationsforschung wird in der folgenden Tabelle veranschaulicht:

Tabelle 1: Übersicht über die Zuordnung der Variablen aus der Partizipationsforschung

Variable	Quelle der Frage; Kontrolldatensatz	Validität
Schulabschluß	ALLBUS 96	validierte Skala
Beruflicher Bildungsabschluß	ALLBUS 96	validierte Skala
Berufliche Stellung	ALLBUS 96	validierte Skala
Haushaltseinkommen	ALLBUS 96	validierte Skala
Politikinteresse	ALLBUS 96; Heidelberg-Studie 1997	validierte Skala
Alter	Heidelberg-Studie 1997	Validität wird vorausgesetzt

5. Durchführung und Verlauf der Untersuchung

Um eine bestmögliche Rücklaufquote zu erzielen, wurden folgende in der einschlägigen Literatur[347] aufgestellten Voraussetzungen erfüllt: Bei der Konzeption der beiden Fragebögen wurde auf Lesbarkeit und Verständlichkeit geachtet. Zur Erklärung des wissenschaftlichen Anliegens lagen zwei persönlich gehaltene Begleitbriefe bei – ein Begleitschreiben des Instituts für Politische Wissenschaft, in dem Anonymität und Unabhängigkeit des Forschungsprojektes von etwaigen Auftraggebern zugesichert wurden sowie ein Schreiben des Amtes für Frauenfragen. Ein frankierter Rückumschlag ermöglichte den kostenfreien Rücklauf.

Die meisten Zukunftswerkstätten treffen sich einmal monatlich. Die Untersucherin bemühte sich darum, 1997 die Juli-Sitzungen möglichst vieler Stadtteile persönlich aufzusuchen, um für das Projekt "vor Ort" zu werben. In wenigen Fällen war dies nicht möglich, weil Sitzungen mehrerer Stadtteile auf denselben Abend fielen – hier erfolgte ein Besuch bei der vom Amt für Frauenfragen ausgewiesenen Kontaktfrau der Gruppe, die gebeten wurde, die Fragebögen an die Teilnehmerinnen zu verteilen. Die Atmosphäre bei den Sitzungen und bei den Kontaktfrauen war grundsätzlich sehr kooperativ, das Projekt stieß auf großes Interesse. Einen Fragebogen bekamen all diejenigen, die sich als Teilnehmerinnen der ZWS begriffen. Einige Fragebögen wurden von Teilnehmerinnen für Abwesende mitgenommen, die Zahl der ausgegebenen Fragebögen wurde proto-

---

[347] Atteslander 1991: 167 ff.

kolliert. Die Fragebögen wurden an die Wohnadresse der Verfasserin zurückgesandt.

Um die "Abspringerinnen" zu ermitteln, wurden die vom Amt für Frauenfragen zur Verfügung gestellten Adressen der Teilnehmerinnen des ersten ZWS-Wochenendes den Kontaktfrauen vorgelegt. Diese informierten dann darüber, welche Frauen nicht mehr mitarbeiteten. Die ehemaligen Teilnehmerinnen bekamen einen Fragebogen, die Begleitschreiben und einen frankierten Rückumschlag zugeschickt. Die Aussendung erfolgte an alle ehemalige Teilnehmerinnen am gleichen Tag. Die Fragebögen trafen innerhalb der gesetzten Frist über den gesamten Zeitraum gleichmäßig verteilt ein. Dies lag daran, daß die Fragebögen für die Teilnehmerinnen nicht an ein und demselben Tag, sondern über den Verlauf der ersten zwei Juli-Wochen hinweg ausgegeben wurden. Der Eingang der an die ehemaligen Teilnehmerinnen verteilten Fragebögen wies eine negativ beschleunigte Kurvenform auf. Insgesamt zehn Fragebögen trafen nach Ablauf des Stichtages (31.07.97) ein, wurden aber wegen der knapp bemessenen Frist noch berücksichtigt. Fünf ehemalige Teilnehmerinnen riefen von sich aus bei der Untersucherin an, um mündlich zu begründen, warum sie nicht mehr an der ZWS teilnehmen und um sich das Ausfüllen des Fragebogens zu "ersparen". Mit dem Hinweis darauf, daß es nicht möglich sei, telefonisch abgegebene Statements zu berücksichtigen, wurde versucht, sie doch noch zur Teilnahme an der Befragung zu motivieren. Bei den "Abspringerinnen" erfolgte zwei Wochen nach Versendung der Fragebögen prophylaktisch eine telefonische Nachfaßaktion. Grund dafür war die Vermutung, daß die ehemaligen Teilnehmerinnen nicht mehr motiviert sein könnten, den Fragebogen zu beantworten, da sie ihr Engagement für abgeschlossen halten.

Die Rücklaufquote betrug bei den Teilnehmerinnen 73,6 %. Von 106 ausgegebenen Fragebögen wurden 78 zurückgeschickt. Bei den ehemaligen Teilnehmerinnen betrug die Rücklaufquote 78 %, von 109 versendeten Fragebögen wurden 85 zurückgeschickt. Neun weitere ehemalige Teilnehmerinnen konnten nicht erreicht werden, da sie unbekannt verzogen waren. Insgesamt ergibt sich über beide Gruppen eine Rücklaufquote von 75,8 %, die als "sehr hoch" zu bewerten ist.[348] Auch die Rücklaufquote bei den ehemaligen Teilnehmerinnen ist sehr hoch. Vermutlich aufgrund der Nachfaßaktion liegt sie sogar – wenn auch nur gering, aber dennoch – etwas über der Quote der Teilnehmerinnen. Die Befürchtung, daß die ehemaligen Teilnehmerinnen – da ihr Engagement schon zurückliegt – wenig motiviert sein würden, an einer Befragung teilzunehmen, bestätigte sich nicht. Offensichtlich war den Befragten ihr früheres Engagement in der ZWS wichtig genug, um auch später noch Zeit in das Ausfüllen des Fragebo-

---

[348] Die Erfahrungswerte der Rücksendequoten schwanken zwischen 10 % und 90 %. Bortz/Döring 1995: 235

gens zu investieren. Trotz der geringen Fallzahl ist wegen der hohen Rücklaufquote die Repräsentativität für die Grundgesamtheit der Untersuchung gewährleistet.

6. Auswertungsstrategie

Zur Auswertung der offenen Fragen entwickelte die Verfasserin induktiv ein Kategoriensystem. Zwei voneinander unabhängige Personen nahmen anschliessend die Kodierung vor. Die Inter-Rater-Reliabilität wird im folgenden bei der jeweiligen Frage angegeben. Der Datensatz wurde mit univariaten und bivariaten deskriptiven Analyseverfahren untersucht, d.h. es wurden zunächst Maße der zentralen Tendenz und Streuung ermittelt. Anschließend erfolgten Mittelwertvergleiche. Auf weiterführende Analyseverfahren, wie die Bestimmung von Regressionswerten oder Faktorenanalyse, wurde verzichtet, da überwiegend Fragen gestellt wurden, die ein niedriges Skalenniveau aufweisen. Zunächst wurden die Teilnehmerinnen und die "Abspringerinnen" miteinander verglichen. Da sie in den wesentlichen sozio-strukturellen Merkmalen keine signifikanten Unterschiede aufwiesen, wurden sie für die Berechnungen zur Gruppe derjenigen, die sich jemals durch die ZWS angesprochen gefühlt haben, zusammengefaßt. Anschließend wurden aus der Partizipationsforschung abgeleitete Unterschiedshypothesen gebildet. Die Gruppe derjenigen, die jemals mit der ZWS Kontakt hatten, wurde mit den Kontrollgruppen verglichen. Die Ergebnisse dieses hypothesengeleiteten Vorgehens finden sich in *Teil 1* der folgenden Darstellung. In *Teil 2* werden auch die Variablen der Partizipationsforschung vorgestellt, die in keiner der Kontrollgruppen, aber bei ZWS-Teilnehmerinnen und "Abspringerinnen" erhoben wurden. Ein Erklärungsversuch kann hier nur rein explorativ erfolgen.

Anschließend wurden noch einmal ZWS-Teilnehmerinnen und "Abspringerinnen" miteinander verglichen, um Interventionsprozesse und ihre Wirkung auf das Fernbleiben von der ZWS sichtbar zu machen. Daten, bei denen sich Unterschiede zwischen Teilnehmerinnen und "Abspringerinnen" zeigten, werden in *Teil 3* dargestellt. Es soll der Versuch unternommen werden, Variablen zu identifizieren, die wichtig für die kontinuierliche Teilnahme sind.

In *Teil 4* wird eine Beschreibung der "ZWS-Teilnehmerinnen" vorgenommen. Zwar werden zur besseren Illustration teilweise die Kontrollgruppen "Abspringerinnen", Heidelbergerinnen oder Baden-Württembergerinnen hinzugezogen, im wesentlichen aber erfolgt eine explorative Untersuchung, die eine Deskription der aktuellen Teilnehmerinnen ermöglichen soll. Darüber hinaus wird die Institution "ZWS" aus der Teilnehmerinnenperspektive beschrieben. Auch diesem Teil liegen keine Hypothesen zugrunde.

Fragen mit umfangreichen Antwortkategorien werden in tabellarischer Form im Text dargestellt.

Schaubild 3: Übersicht über die Darstellung der Ergebnisse[349]

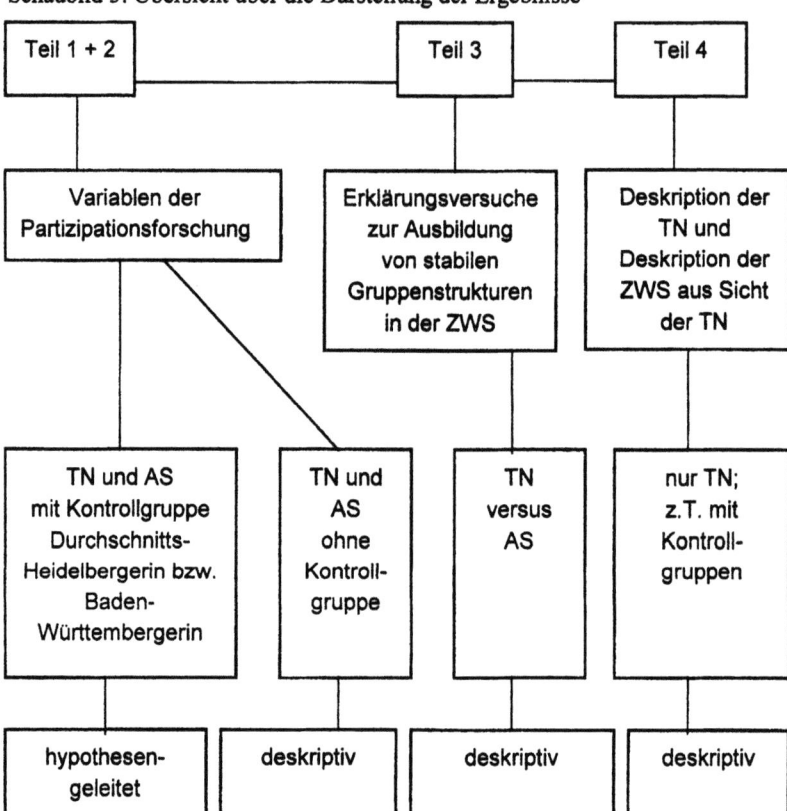

---

[349] Legende: TN = Teilnehmerinnen; AS = "Abspringerinnen", d.h. Frauen, die ihre Teilnahme an der Zukunftswerkstatt zwischenzeitlich wieder eingestellt haben.

III. Ergebnisse

1. Untersuchung der Variablen der Partizipationsforschung mit Kontrollgruppen

1.1. Sozio-ökonomische Ressourcen

Es soll die Hypothese überprüft werden, daß politisch Partizipierende sich gegenüber der Durchschnittsbevölkerung dadurch auszeichnen, daß sie über höhere sozio-ökonomische Ressourcen verfügen. Im folgenden sind die Ergebnisse der entsprechenden Vergleiche dargestellt.

1.1.1. Bildung

1.1.1.1. Schulabschluß

Es soll überprüft werden, ob ZWS-Teilnehmerinnen und "Abspringerinnen" einen höheren Schulabschluß aufweisen als die Heidelbergerinnen der Heidelberg-Studie 1997. Auf einem Signifikanzniveau von $\alpha \leq 0{,}05$ zeigen sich zwei signifikante Unterschiede:

- Weniger ZWS-Teilnehmerinnen und "Abspringerinnen" haben einen Hauptschulabschluß (3,7 %) als die Heidelbergerinnen (22,3 %).
- Mehr ZWS-Teilnehmerinnen und "Abspringerinnen" haben Abitur (65,4 %) als die Heidelbergerinnen (52,3 %).

Die Hypothese, daß Partizipierende eine bessere Ausstattung bzgl. der sozio-ökonomischen Ressource "Bildung" aufweisen, wird bestätigt.

1.1.1.2. Beruflicher Ausbildungsabschluß

Es soll überprüft werden, ob ZWS-Teilnehmerinnen und "Abspringerinnen" einen höheren beruflichen Ausbildungsabschluß aufweisen als Heidelbergerinnen der Heidelberg-Studie 1997. Auf einem Signifikanzniveau von $\alpha \leq 0{,}05$ zeigen sich zwei signifikante Unterschiede:

- Mehr ZWS-Teilnehmerinnen und "Abspringerinnen" haben ein Studium abgeschlossen (63,3 %) als die Heidelbergerinnen der Heidelberg-Studie 1997 (23,6 %).
- Weniger ZWS-Teilnehmerinnen und "Abspringerinnen" haben eine Lehre abgeschlossen (9,8 %) als die Heidelbergerinnen der Heidelberg-Studie 1997 (42,5 %).

Die Hypothese, daß Partizipierende eine bessere Ausstattung bzgl. der sozioökonomischen Ressource "Ausbildungsabschluß" aufweisen, wird bestätigt.

1.1.2. Berufliche Stellung

Zu überprüfen ist die Hypothese, daß mehr ZWS-Teilnehmerinnen und "Abspringerinnen" eine höhere berufliche Stellung innehaben als die Einwohnerinnen Baden-Württembergs. Als Vergleichsgruppe wurden die im ALLBUS 96 erfaßten Einwohnerinnen Baden-Württembergs gewählt, da in der Telefonumfrage der Heidelberg-Studie die berufliche Stellung anders erfaßt wurde und sich eine Anpassung der Datensätze als undurchführbar erwies.

Auf einem Signifikanzniveau von $\alpha \leq 0,05$ zeigten sich folgende signifikante Unterschiede:
- Unter den ZWS-Teilnehmerinnen und "Abspringerinnen" gibt es mehr Frauen, die in akademischen Berufen tätig sind (11,7 %) als bei den Baden-Württembergerinnen (1,1 %).
- Unter den ZWS-Teilnehmerinnen und "Abspringerinnen" gibt es mehr Beamtinnen im gehobenen Dienst (6,1 %) als bei den Baden-Württembergerinnen (1,1 %).
- Unter den ZWS-Teilnehmerinnen und "Abspringerinnen" gibt es mehr Selbständige (6,1 %) als bei den Baden-Württembergerinnen (1,1 %).
- Unter den ZWS-Teilnehmerinnen und "Abspringerinnen" gibt es weniger einfache Angestellte (1,8 %) im Gegensatz zu den Baden-Württembergerinnen (17,9 %).
- Unter den ZWS-Teilnehmerinnen und "Abspringerinnen" befinden sich keine Arbeiterinnen (0 %), im Gegensatz zu den Baden-Württembergerinnen (16,8 %).
- ZWS-Teilnehmerinnen und "Abspringerinnen" haben also insgesamt höhere berufliche Positionen inne als die Baden-Württembergerinnen.

Die Hypothese, daß eine höhere berufliche Stellung partizipationsfördernd wirkt, wird bestätigt.

1.1.3. Haushaltseinkommen

Überprüft wird die Hypothese, daß ZWS-Teilnehmerinnen und "Abspringerinnen" über ein höheres Haushalts-Nettoeinkommen verfügen als die Baden-Württembergerinnen. Als Vergleichsgruppe wurden die im ALLBUS 96 erfaßten Einwohnerinnen Baden-Württembergs gewählt, da in der Heidelberg-Studie das

Einkommen nicht erhoben wurde. Auf einem Signifikanzniveau von α ≤ 0,05 zeigt sich, daß ZWS-Teilnehmerinnen und "Abspringerinnen" über ein höheres Haushalts-Nettoeinkommen als die Baden-Württembergerinnen verfügen.[350]

Schaubild 4: Haushalts-Netto-Einkommen im Vergleich

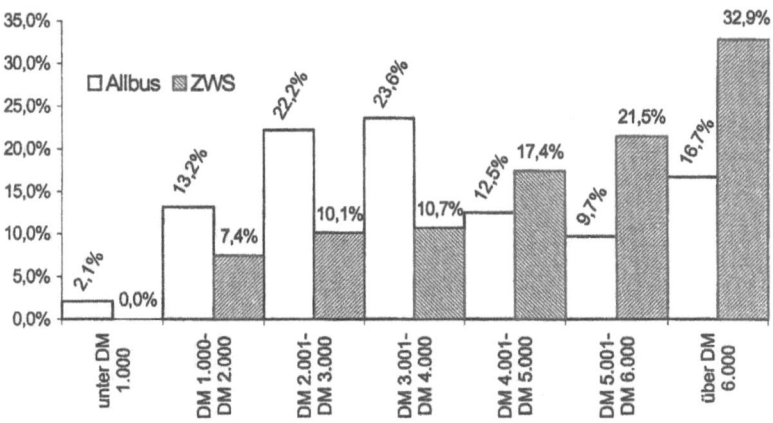

Die Hypothese, daß Partizipierende über eine bessere Ausstattung bzgl. der sozio-ökonomischen Ressource "Haushaltseinkommen" aufweisen, wird bestätigt.[351]

Zusammenfassend läßt sich sagen, daß ZWS-Teilnehmerinnen und "Abspringerinnen" über höhere sozio-ökonomische Ressourcen verfügen als die "Durchschnitts-Heidelbergerinnen" bzw. die "Durchschnitts-Baden-Württembergerinnen". Insbesondere liegt der Anteil der ZWS-Frauen, die einen Hochschulabschluß aufweisen und derjenigen, die in akademischen Berufen tätig sind, deut-

---

[350] Ein Durchschnittseinkommen kann nicht ermittelt werden, da es kategorial abgefragt wurde.
[351] Ein weiterer Hinweis auf die Richtigkeit dieser Hypothese läßt sich daraus ablesen, daß 76,9 % der Teilnehmerinnen die Frage: "Kommt es vor, daß Sie Sitzungen der ZWS fernbleiben, weil Sie sich bezahlte Kinderbetreuung nicht leisten können?" mit "nein" beantworten.

lich über dem der weiblichen Durchschnittsbevölkerung. Das sozio-ökonomische Standardmodell bestätigt sich auch in dieser Untersuchung.

1.2. Political Efficacy: Politikinteresse[352]

Zu überprüfen ist die Hypothese, daß sich ZWS-Teilnehmerinnen und "Abspringerinnen" stärker für Politik interessieren als die Heidelbergerinnen der Heidelberg-Studie 1997. Auf einem Signifikanzniveau von $\alpha \leq 0,05$ zeigt sich, daß sich ZWS-Teilnehmerinnen und "Abspringerinnen" stärker für Politik interessieren als die Heidelbergerinnen der Heidelberg-Studie: 49,4 % der ZWS-Frauen antworten "stark" (25 % der Heidelbergerinnen), 16 % mit "sehr stark (5,3 % der Heidelbergerinnen).[353] Die Hypothese, daß ein starkes bis sehr starkes Politikinteresse partizipationsfördernd wirkt, wird bestätigt.

1.3. Alter[354]

Ein wichtiger demographischer Prädiktor für politische Beteiligung ist das Alter. Wie bereits im theoretischen Teil ausgeführt, fällt es schwer, die ZWS eindeutig den konventionellen bzw. den unkonventionellen Beteiligungsformen zuzurechnen.[355] Es handelt sich um eine bürgerinitiativ-ähnliche Einrichtung auf kommunaler Ebene, ist also tendenziell eher unkonventionell. Es werden daher folgende Hypothesen aus der Partizipationsforschung untersucht und mit der Kontrollgruppe "Heidelbergerinnen" verglichen:

Erste Hypothese: Die Partizipationsbereitschaft für unkonventionelle Partizipationsformen ist bei Frauen in der Altersgruppe der 18-34jährigen am höchsten. Zweite Hypothese: Die Teilnehmerinnen an bürgerinitiativ-ähnlichen Einrichtungen auf kommunaler Ebene sind im Altersdurchschnitt jünger als die Durchschnittsbevölkerung.

---

[352] Da es sich um eine Variable auf Ordinalniveau handelt, wurde ein U-Test durchgeführt. Der Verfasserin ist bewußt, daß die Frage "Wie stark interessieren Sie sich für Politik?" – vor allem auf politisch Aktive – suggestiv wirken kann. Zu befürchten ist eine Antwort-Tendenz hin zur sozialen Erwünschtheit. Keine Partizipierende wird wohl zugeben, daß sie sich nicht oder nur wenig für Politik interessiert. Da diese Frage aber so in der Heidelberg-Studie 1997 gestellt wurde, habe ich sie wegen der Vergleichbarkeit übernommen.

[353] Im übrigen ergab eine getrennte Berechnung, daß sich auch die "Abspringerinnen" allein genommen signifikant stärker für Politik interessieren als die Heidelbergerinnen.

[354] Da es sich um eine intervallskalierte Variable handelt, wurde ein t-Test durchgeführt.

[355] Siehe Kapitel "B.V.2.1. Verortung der ZWS im Dimensionalitätsraum politischer Partizipation".

Die Mittelwertsberechnung ergab, daß das Durchschnittsalter von ZWS-Teilnehmerinnen und "Abspringerinnen" bei 45,1 Jahren liegt. ZWS-Teilnehmerinnen und "Abspringerinnen" liegen damit über dem Altersdurchschnitt beider Partizipationsformen. Das Durchschnittsalter der Heidelbergerinnen der Heidelberg-Studie beträgt 44,8 Jahre. Damit liegt das Durchschnittsalter der ZWS-Frauen nicht unter dem der weiblichen Durchschnittsbevölkerung Heidelbergs. Zwischen ZWS-Teilnehmerinnen und "Abspringerinnen" und den Heidelbergerinnen bestehen keine signifikanten Unterschiede. Allerdings unterscheiden sich die Varianzen: Die Streuung ist bei den Heidelbergerinnen größer. Deshalb wurden Minimum, Maximum und Modalwerte bestimmt:
- Bei ZWS-Teilnehmerinnen und "Abspringerinnen" ist die jüngste Frau 28 Jahre alt, die älteste 82 Jahre. Der Modalwert beträgt 42 Jahre.
- Bei den Heidelbergerinnen ist die jüngste Befragte 18 Jahre alt, die älteste 92 Jahre. Der Modalwert beträgt 27 Jahre.

Keine der beiden Hypothesen kann bestätigt werden. ZWS-Teilnehmerinnen und "Abspringerinnen" sind im gleichen Alter wie die Heidelbergerinnen. Mit ihrem Altersprofil liegen die ZWS-Frauen über dem zu erwartenden Altersdurchschnitt für unkonventionelle Partizipationsformen auf kommunaler Ebene. An diesem Befund wird die bereits an anderer Stelle geschilderte Unzulänglichkeit bei der Unterscheidung zwischen konventionellen und unkonventionellen Beteiligungsformen deutlich. Durch die Stadt wurde ein den unkonventionellen Beteiligungsformen nahestehendes Modell etabliert, das von Frauen genutzt wird, die sich vom Altersprofil her eigentlich eher konventionell engagieren "müßten".[356]

---

[356] 1992 war die größte Gruppe der weiblichen und männlichen SPD-Mitglieder bundesweit zwischen 41-60 Jahren alt (s. Kapitel "B.VII.2.1.1.2. Alter"). Leider liegt keine Statistik der Altersstruktur der Parteimitglieder von Bündnis 90/Die Grünen vor. Nach Raschke (1993: 214) liegt der Schwerpunkt in der Gruppe der 30-45jährigen. Da ZWS-Teilnehmerinnen und "Abspringerinnen" eine hohe Parteiidentifikation mit den Grünen aufweisen (s. anschließend Kapitel "C.III.4.1.2.4. Parteipräferenz"), wäre ein Altersvergleich interessant, ist aber wegen fehlender Daten aktuell nicht möglich.

Schaubild 5: Bestätigte Variablen der Partizipationsforschung

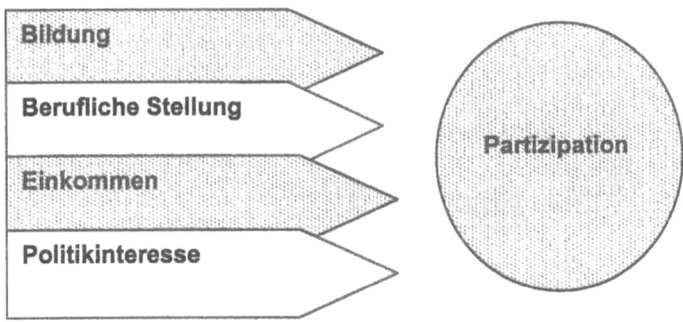

Bezüglich des Alters bilden ZWS-Teilnehmerinnen und "Abspringerinnen" eine homogenere Gruppe als die Heidelbergerinnen der Heidelberg-Studie 1997. Obwohl sich die Zahlen für das Durchschnittsalter decken, kann nicht gefolgert werden, daß die ZWS-Frauen die weibliche Durchschnitts-Bevölkerung repräsentieren. Die geringere Streuung bei den ZWS-Frauen weist auf eine größere Homogenisierung hin.

2. *Untersuchung der Variablen der Partizipationsforschung ohne Kontrollgruppen*

2.1. Political Efficacy: Einstellung zum politischen Prozeß[357]

Eine Hypothese der Partizipationsforschung lautet, daß Partizipierende eine höhere "political efficacy" aufweisen als Nicht-Partizipierende, d.h. sie haben mehr Vertrauen in die eigene politische Kompetenz, eine positivere Einstellung zum politischen Prozeß und räumen sich Erfolgsaussichten am Partizipationsprozeß ein. Ein Vergleich mit der Heidelberg-Studie 1997 oder dem ALLBUS 96 ist nicht möglich. Trotzdem ist es aufschlußreich, das Antwortverhalten von Teilnehmerinnen und "Abspringerinnen" zu diesen Fragen zu betrachten. Auf die Frage nach den Gründen für das Engagement in der ZWS antworten je 88 % der Teilnehmerinnen und der "Abspringerinnen": "...weil ich finde, daß wir politi-

---

[357] Quelle: Ballhausen et al. 1986: 403. Validität: wird vorausgesetzt.

sche Entscheidungen beeinflussen und kontrollieren müssen". 57,1 % der Teilnehmerinnen, 59,8 % der "Abspringerinnen" antworten auf die gleiche Frage: "...weil ich finde, daß in einer Demokratie jede/r staatsbürgerliche Verantwortung übernehmen sollte".

Da eine Vergleichsgruppe fehlt, kann die Hypothese weder bestätigt noch verworfen werden. Die hohen Werte bei den Antworten zur staatsbürgerlichen Verantwortung und Einflußnahme lassen jedoch darauf schließen, daß sowohl die ZWS-Teilnehmerinnen als auch die "Abspringerinnen" eine positive Einstellung zum politischen Prozeß haben und an ihm teilhaben wollen. Da eine hohe sozio-ökonomische Ressourcenausstattung zu einer positiven Einstellung gegenüber dem politischen System und der Einflußnahme darauf führt, ist es nicht verwunderlich, daß die ZWS-Frauen, die über eine bessere Ressourcen-Ausstattung verfügen als die Durchschnittsbevölkerung, ein besonders hohes staatsbürgerliches Verantwortungsgefühl und den Wunsch nach Partizipation aufweisen.

2.2. Politische Sozialisation

2.2.1. Vorbilder

2.2.1.1. Engagement im Elternhaus[358]

Eine These der Partizipationsforschung lautet, daß die Bereitschaft von Menschen, die mit einem politisch aktiven Familienmitglied aufgewachsen sind, sich ebenfalls politisch zu beteiligen, höher ist als bei denjenigen, die in dieser Hinsicht kein Vorbild hatten.

Auf die Frage "War in Ihrem Elternhaus jemand politisch oder sozial engagiert, solange Sie selbst noch zu Hause gewohnt haben?" antworten 66,2 % der Teilnehmerinnen und 64,7 % der "Abspringerinnen" mit "nein". 33,8 % der Teilnehmerinnen, 35,3 % der "Abspringerinnen" beanworten die Frage mit "ja". Zwischen Teilnehmerinnen und "Abspringerinnen" gibt es auf einem Signifikanzniveau von $\alpha \leq 0,05$ keine signifikanten Unterschiede.

Auch hier kann die These vom politisch aktiven Vorbild nicht adäquat überprüft werden, da die Frage in keiner der Kontroll-Untersuchungen erhoben wurde. Allerdings läßt sich die relativ hohe Zahl derjenigen, die ohne politisch aktives Vorbild im Elternhaus groß geworden sind, dahingehend interpretieren, daß sich Frauen anscheinend trotz des Fehlens eines Vorbildes durch die ZWS angesprochen fühlen. In anderen Untersuchungen gaben Spitzenpolitikerinnen an, daß politisch aktive Eltern als wichtige Sozialisationsinstanz einen positiven

---

[358] Quelle: Ballhausen et al. 1986: 445. Validität: wird vorausgesetzt. Da es sich um eine nominalskalierte Variable handelt, wurde ein Chi-Quadrat-Test durchgeführt.

Einfluß auf ihr späteres Engagement hatten.[359] Offensichtlich trifft diese Voraussetzung auf die Teilnahme an einer im "vorparlamentarischen Raum" agierenden Organisation wie der ZWS nicht zu.

2.2.1.2. Partner-Engagement[360]
Auf die Frage "Ist Ihr Ehepartner/Partner selbst in irgendeiner politischen, sozialen oder kirchlichen Gruppe/Organisation engagiert?" antworten 54,5 % der Teilnehmerinnen und 49,4 % der "Abspringerinnen" mit "nein". 36,4 % der Teilnehmerinnen und 28,2 % der "Abspringerinnen" bejaht sie. Zwischen Teilnehmerinnen und "Abspringerinnen" gibt es auf einem Signifikanzniveau von $\alpha \leq 0,05$ keine signifikanten Unterschiede. Wieder kann die These vom politisch aktiven Vorbild nicht überprüft werden, da eine Kontrollgruppe fehlt.

Da aber die Zahl der Frauen, die ohne einen "Aktivisten" leben, die Zahl derjenigen, die einen politisch engagierten Partner haben, übersteigt, läßt sich schlußfolgern, daß sich Frauen unabhängig von ihren Partnern als "politischen Vorbildern" für oder gegen eine Partizipation in der ZWS zu entscheiden scheinen.

2.2.2. Politische Biographie

2.2.2.1. Vorherige Organisation[361]
Durch die Frage nach der Zugehörigkeit zu einer Gruppe vor der Beteiligung an der ZWS sollte ermittelt werden, ob sich durch die Organisationsform der ZWS Frauen angesprochen fühlen, die sich sonst nicht engagieren. 53,2 % der Teilnehmerinnen und 47,1 % der "Abspringerinnen" geben an, vor ihrem Engagement in der ZWS in einer anderen Organisation politisch aktiv gewesen zu sein. 46,8 % der Teilnehmerinnen und 51,8 % der "Abspringerinnen" verneinen dies. Auf einem Signifikanzniveau von $\alpha \leq 0,05$ liegen keine signifikanten Unterschiede zwischen beiden Gruppen vor.

Beide Gruppen – sowohl die derjenigen, die schon vorher engagiert waren wie die derjenigen, für die dies nicht zutrifft – sind ungefähr gleich groß. Eine These, daß über die ZWS Frauen erreicht wurden, die sich sonst nicht engagieren, kann

---

[359] S. Kapitel "B.VII.2.1.2.1.1. Vorbilder: Eltern, Partner".
[360] Quelle: Ballhausen et al. 1986: 445. Validität: wird vorausgesetzt. Da es sich um eine nominalskalierte Variable handelt, wurde ein Chi-Quadrat-Test durchgeführt.
[361] Quelle: eigene Fragestellung. Da es sich um eine nominalskalierte Variable handelt, wurde ein Chi-Quadrat-Test durchgeführt.

damit genauso wenig erhärtet werden wie die These, daß vor allem solche Frauen teilnehmen, die vorher schon aktiv waren.

2.2.2.2. Mehrfachorganisation[362]

Eine Hypothese der Partizipationsforschung besagt, daß Menschen, die ohnehin schon politisch organisiert sind, zu weiterer Partizipation, also zur Mehrfachorganisation, bereit sind. Sowohl Teilnehmerinnen als auch "Abspringerinnen" sind mehrfachorganisiert. Lediglich 22,4 % der Teilnehmerinnen und 26,8 % der "Abspringerinnen" antworten auf die Frage nach dem Engagement in einer anderen Organisation "kein anderes Engagement".

Wieder kann die Hypothese nicht überprüft werden, da ein Vergleich mit Heidelbergerinnen oder Baden-Württembergerinnen nicht möglich ist. Da aber nur ein Fünftel der Frauen nicht anderweitig engagiert ist, deutet dies darauf hin, daß die Hypothese auch auf die ZWS-Frauen zutrifft. Zusammengefaßt läßt sich sagen, daß politische Sozialisation, gemessen am Einfluß der Vorbilder (Partner, Elternhaus) und vorherige Organisation keinen Einfluß auf die Partizipationsbereitschaft zu haben scheinen. Lediglich die Mehrfachorganisation, durch die das Repertoire der Handlungsmöglichkeiten und die individuellen sozio-ökonomischen Ressourcen erweitert werden, scheint eine relevante Größe zu sein. Ausserdem zeichnen sich Teilnehmerinnen und "Abspringerinnen" durch eine positive Einstellung zum politischen Prozeß und ihre Bereitschaft, als Staatsbürgerinnen daran zu partizipieren, aus.

3. Erklärungsversuche zur Ausbildung von stabilen Gruppenstrukturen in der Zukunftswerkstatt

Im folgenden wird versucht zu ergründen, welche Faktoren stabilisierend auf die Gruppenstruktur in der ZWS wirken. Dazu werden die signifikanten Unterschiede zwischen Teilnehmerinnen und "Abspringerinnen" dargestellt und analysiert.

---

[362] Quelle: eigene Fragestellung.

3.1. Signifikante Unterschiede zwischen Teilnehmerinnen und "Abspringerinnen"

3.1.1. Unterschiede in den sozio-strukturellen Merkmalen

3.1.1.1. Alter

Das Durchschnittsalter der Teilnehmerinnen beträgt 43,6 Jahre, das der "Abspringerinnen" 46,5 Jahre. Zwischen beiden Gruppen zeigt sich auf einem Signifikanzniveau von $\alpha \leq 0,05$ kein signifikanter Unterschied.[363] Allerdings unterscheiden sich die Varianzen: Die Streuung ist bei den "Abspringerinnen" größer. Das Ergebnis läßt sich wie folgt interpretieren:

Es ist zu einer Homogenisierungstendenz bei den Teilnehmerinnen bezüglich des Alters gekommen. Wie bereits an anderer Stelle ausgeführt, bilden ZWS-Teilnehmerinnen und "Abspringerinnen" eine homogenere Gruppe als die Heidelberger "Durchschnittsfrauen". Diese Homogenisierungstendenz hat sich noch verstärkt. Ältere Frauen waren am Anfang der ZWS stärker vertreten, sind dann aber ferngeblieben. Einer der Gründe lag vermutlich darin, daß sie sich für andere Themen interessierten als die jüngeren Frauen.[364]

3.1.1.2. Familienstand,[365] Kinderzahl[366] und Haushaltsgröße[367]

1,3 % der Teilnehmerinnen sind verwitwet. Dem stehen 6 % verwitwete "Abspringerinnen" gegenüber. Ein Signifikanztest war nicht möglich wegen der zu geringen Fallzahl und den zu geringen Erwartungswerten. Dennoch läßt sich ablesen, daß verwitwete Frauen der Gruppe ferngeblieben sind.

Beide Gruppen, sowohl Teilnehmerinnen als auch "Abspringerinnen" weisen auf einem Signifikanzniveau von $\alpha \leq 0,05$ eine signifikant stärkere Tendenz zu einer höheren Kinderzahl auf als die Durchschnitts-Heidelbergerin der Heidel-

---

[363] Da es sich um eine intervallskalierte Variable handelt, wurde ein t-Test durchgeführt.
[364] Eine detaillierte Beschreibung dieses Phänomens findet sich im anschließenden Kapitel "C.II.4.1.1. Sozio-strukturelle Merkmale und Erwerbstätigkeit".
[365] Quelle: ALLBUS 96. Validität: validierte Skala.
[366] Quelle: eigene Fragestellung. Den Befragten wurde selbst überlassen, festzulegen, ob sie grössere Kinder und Jugendliche als "versorgungsbedürftig" definieren oder nicht. In Vorgesprächen ergab sich, daß dies subjektiv sehr unterschiedlich gesehen wird. Deshalb wurde auf die Festlegung einer Altersgrenze für Kinder verzichtet. Da es sich um eine intervallskalierte Variable handelt, wurde beim Vergleich zwischen Teilnehmerinnen und "Abspringerinnen" ein t-Test durchgeführt.
[367] Quelle: ALLBUS 96. Validität: validierte Skala. Da es sich um eine intervallskalierte Variable handelt, wurde ein t-Test durchgeführt.

berg-Studie.[368] Nach Angaben des Amtes für Statistik und Stadtentwicklung betrug die Kinderzahl je Heidelberger Einwohnerin 0,3.[369] Damit weisen sowohl Teilnehmerinnen als auch "Abspringerinnen" eine wesentlich höhere Kinderzahl auf als die Heidelberger "Durchschnittsfrau". Im Vergleich Teilnehmerinnen mit "Abspringerinnen" zeigt sich, daß die Teilnehmerinnen mehr Kinder haben (Mittelwert 1,74 Kinder) als die "Abspringerinnen" (Mittelwert 1,48 Kinder). Im Vergleich mit der Heidelberg-Studie ist auf einem Signifikanzniveau von $\alpha \leq 0,05$ festzustellen, daß Teilnehmerinnen und "Abspringerinnen" in signifikant größeren Haushalten leben als die Heidelbergerinnen. Im Vergleich Teilnehmerinnen mit "Abspringerinnen" leben die Teilnehmerinnen in größeren Haushalten (Mittelwert 3,67 Personen) als die Abspringerinnen (3,25 Personen).

Ferner ist erkennbar, daß die Teilnehmerinnen in größeren Haushalten mit mehr Kindern leben als die ehemaligen Teilnehmerinnen. Dies läßt die Schlußfolgerung zu, daß vor allem Mütter durch ihre kontinuierliche Teilnahme die ZWS stabilisieren. Ältere, verwitwete Frauen, die keine Kinder mehr zu versorgen haben, waren zu einer kontinuierlichen Mitarbeit in der ZWS nicht bereit. Vermutlich liegt dies daran, daß sie sich für andere Themen interessieren als jüngere Frauen mit Familie.

3.1.1.3. Nichtbestehende Erwerbstätigkeit[370]

Auf einem Signifikanzniveau von $\alpha \leq 0,05$ besteht ein signifikanter Unterschied bei der Anzahl der Rentnerinnen: Unter den "Abspringerinnen" waren mehr Rentnerinnen (15,5 %) vertreten als unter den jetzt noch aktiven Teilnehmerinnen (2,6 %).[371] Rentnerinnen fühlten sich von den in der ZWS bearbeiteten Themen offensichtlich nicht dauerhaft angesprochen.

3.1.1.4. Mehrfachorganisation (Bereich Schule)[372]

Die Mehrfachorganisierten wurden danach befragt, in welchem Bereich sie sich noch engagieren. Hier besteht auf einem Signifikanzniveau von $\alpha \leq 0,05$ ein signifikanter Unterschied im Bereich "Schule/Kindergarten; Jugend-/Sozialpro-

---

[368] Eine genauere Angabe ist nicht möglich, da nach der Kinderzahl in der Heidelberg-Studie nicht gefragt, sondern lediglich die Frage "Haben Sie Kinder?", gestellt wurde.

[369] Auf 70.401 Heidelbergerinnen entfielen 20.212 Kinder unter 18 Jahren. Stand: 30.06.97. Nach telefonischer Auskunft des Amtes für Stadtentwicklung und Statistik.

[370] Quelle: Heidelberg-Studie 1997. Validität: wird vorausgesetzt. Diese Variable ist nominalskaliert, es wurde deshalb ein Chi-Quadrat-Test durchgeführt.

[371] Gemessen an der Heidelberg-Studie 1997 befanden sich unter den "Abspringerinnen" genauso viele Rentnerinnen wie in der weiblichen Heidelberger Bevölkerung.

[372] Diese Variable ist nominalskaliert, es wurde deshalb ein Chi-Quadrat-Test durchgeführt.

jekt". 40,8 % aller Teilnehmerinnen engagieren sich in diesem Bereich gegenüber 25,6 % der ehemaligen Teilnehmerinnen. Da bei den Teilnehmerinnen die Mütter überwiegen, sind diese auch stärker im Schulbereich engagiert als die "Abspringerinnen".

3.1.2. Unterschiede in Motivation[373] und Themeninteresse[374]

Bei der Frage nach der Motivation für das Engagement in der ZWS besteht auf einem Signifikanzniveau von $\alpha \leq 0,05$ ein signifikanter Unterschied: Die Teilnehmerinnen (57,1 %) geben häufiger an, Kontakt zu anderen Frauen gesucht zu haben als die "Abspringerinnen" (31 %). Offensichtlich wirkt es stabilisierend auf die Gruppenstruktur, wenn die Teilnahme nicht nur aus politischen Motiven heraus, sondern auch aus einem Bedürfnis nach Kommunikation mit anderen Frauen geschieht.

Auf die Frage nach den "Themen der Unzufriedenheit im Stadtteil" zeigen sich auf einem Signifikanzniveau von $\alpha \leq 0,05$ drei signifikante Unterschiede:
- Mehr Teilnehmerinnen (70,1 %) als "Abspringerinnen" (52,4 %) geben an, Treffpunkte zu vermissen.
- Mehr Teilnehmerinnen (61 %) als "Abspringerinnen" (46,3 %) finden, daß es zu wenig Freizeitangebote für Jugendliche gibt.
- Mehr Teilnehmerinnen (42,9 %) als "Abspringerinnen" (22 %) beklagen, daß zu wenig Geschäfte und Dienstleistungseinrichtungen vorhanden sind.

Die Differenz läßt sich dadurch erklären, daß mehr Teilnehmerinnen Kinder haben als die ehemaligen Teilnehmerinnen. Für sie stehen die Versorgung der Familie und die Angebote für Jugendliche stärker im Vordergrund als für die "Abspringerinnen". Diese Frauen fühlen sich offenbar in ihrem Stadtteil isoliert, sie vermissen Treffpunkte, und ein Motiv für ihre Teilnahme an der ZWS war, andere Frauen kennenzulernen.

3.1.3. Unterschiede in der Wahrnehmung des sozialen Klimas und der Gruppeneinbindung

Auf die Frage "Fühlen bzw. fühlten sie sich in der Gruppe wohl?"[375] antworten 58,4 % der Teilnehmerinnen "ja, sehr". Dies geben nur 21,4 % der "Abspringe-

---

[373] Quelle: Ballhausen et al. 1986: 417. Validität: wird vorausgesetzt. Diese Variable ist nominalskaliert, es wurde deshalb ein Chi-Quadrat-Test durchgeführt.
[374] Quelle: eigene Fragestellung. Diese Variable ist nominalskaliert, es wurde deshalb ein Chi-Quadrat-Test durchgeführt.

rinnen" an. 40,3 % der Teilnehmerinnen und 57,1 % der "Abspringerinnen" kreuzten "im großen und ganzen ja" an. Errechnet wurde auf einem Signifikanzniveau von $\alpha \leq 0{,}05$ der signifikante Unterschied, daß sich die Teilnehmerinnen in der ZWS wohler fühlen als die ehemaligen Teilnehmerinnen.

Bei der Frage nach den persönlichen Hindernissen bei der Umsetzung eigener Ideen in der ZWS[376] ergeben sich auf einem Signifikanzniveau von $\alpha \leq 0{,}05$ zwei signifikante Unterschiede:
- Die "Abspringerinnen" (15,9 %) fühlten sich häufiger nicht wohl als die Teilnehmerinnen (1,3 %).
- Die "Abspringerinnen" (19,5 %) geben an, häufiger zu keiner Einigung gelangt zu sein als die Teilnehmerinnen (7,9 %).

Auf die Frage nach dem "mobilisierenden Ereignis" zur Teilnahme an der ZWS[377] geben 29,5 % der Teilnehmerinnen und 47,6 % der "Abspringerinnen" an, durch die Zeitung davon erfahren zu haben. 28,2 % der Teilnehmerinnen, aber 7,1 % der "Abspringerinnen", sind mitgenommen worden. Diese Unterschiede sind auf einem Signifikanzniveau von $\alpha \leq 0{,}05$ signifikant.

Offensichtlich ist die Mobilisation durch den persönlichen Kontakt zu anderen Teilnehmerinnen der ZWS wichtig: Frauen, die zur ZWS mitgenommen wurden, bleiben eher dabei als Frauen, die über die Zeitung davon erfahren haben. Dieser persönliche Kontakt ermöglicht eine Gruppeneinbindung, die die Gruppe stabilisiert. Dieser Befund deckt sich mit den Ergebnissen aus anderen empirischen Untersuchungen:[378] Engagement und Motivation werden durch ein "network of recruitment" begünstigt. Vor allem die Beteiligung an politischen Aktionen unverfaßter Art erfolgt überwiegend nicht auf Eigeninitiative, sondern auf Aufforderung durch andere. Offensichtlich bewirkt diese persönliche Aufforderung nicht nur die Teilnahme per se, sondern sie führt auch dazu, daß die Angesprochenen die Teilnahme kontinuierlich fortsetzen. Hinzu kommen die sozialen und affektiven Gratifikationen, die durch das Gemeinschaftsgefühl erlebt werden, die die weitere Mitarbeit in der ZWS "lohnenswert" erscheinen lassen.

---

[375] Quelle: eigene Fragestellung. Da es sich um eine Variable auf Ordinalniveau handelt, wurde ein U-Test durchgeführt.
[376] Quelle: eigene Fragestellung. Diese Variable ist nominalskaliert, es wurde deshalb ein Chi-Quadrat-Test durchgeführt.
[377] Quelle: eigene Fragestellung. Diese Variable ist nominalskaliert, es wurde deshalb ein Chi-Quadrat-Test durchgeführt.
[378] Siehe Kapitel "B.VI.2. Situative Determinanten".

3.1.4. Unterschiede im familiären Rückhalt

Bei Fragen nach dem familiären Rückhalt[379] lassen sich auf einem Signifikanzniveau von $\alpha \leq 0{,}05$ folgende signifikante Unterschiede nachweisen:
- 70,1 % der Teilnehmerinnen, 45,2 % der "Abspringerinnen" geben an, daß ihr Partner ihrem Engagement positiv gegenübersteht.
- 19,5 % der Teilnehmerinnen, 31 % der "Abspringerinnen" bescheinigen ihrem Partner "Desinteresse".

Die Partner der Teilnehmerinnen stehen dem Engagement ihrer Frauen also positiver gegenüber als die der "Abspringerinnen".[380]

Die positive Unterstützung durch den Ehemann oder Partner wirkt sich demnach fördernd auf das Engagement in der ZWS aus. Dieser Befund wird dadurch erhärtet, daß 61,5 % der Teilnehmerinnen angeben, die Kinderbetreuung während der ZWS-Sitzungen erfolge durch den Ehemann bzw. bei 9,2 % durch Verwandte.[381] Der familiäre Rückhalt scheint also wichtig zu sein.

Auch in Untersuchungen zu Politikerinnen in Spitzenpositionen zeigte sich, daß die Unterstützung durch den Partner ein wichtiger Faktor für das politische Engagement der Befragten ist.[382] Interessant ist, daß dieser Faktor offensichtlich nicht nur Bedeutung für Frauen hat, die eine politische Karriere anstreben, sondern daß er auch Einfluß auf die Teilnahme an der vergleichsweise weniger zeitaufwendigen ZWS hat. Darüber hinaus bewirkt der familiäre Rückhalt, daß Frauen, die eine solche Unterstützung erfahren, die Teilnahme an der ZWS kontinuierlich fortsetzen.

3.1.5. Unterschiedliches Politikinteresse[383]

Ein Vergleich bzgl. des Politikinteresses ergab, daß sich die Teilnehmerinnen auf einem Signifikanzniveau von $\alpha \leq 0{,}05$ signifikant stärker für Politik interessieren als die "Abspringerinnen". Ein starkes Interesse bekundeten 62,3 % der Teilneh-

---

[379] Quelle: Ballhausen et al. 1986: 441. Validität: wird vorausgesetzt. Erhoben wurden zwei Variablen, bei der ersten handelt es sich um eine nominalskalierte Variable, es wurde deshalb ein Chi-Quadrat-Test durchgeführt. Die zweite ist eine Variable auf Ordinalskalenniveau, es wurde ein U-Test durchgeführt.

[380] Allerdings geben auf die Frage, wie wichtig ihnen die Zustimmung des Partners sei, signifikant mehr Teilnehmerinnen als "Abspringerinnen" an, daß diese ihnen wichtig sei.

[381] Quelle: eigene Fragestellung. Nur die Teilnehmerinnen wurden befragt.

[382] Siehe Kapitel "B.VII.2.1.3.3. Familiärer Rückhalt".

[383] Siehe Fußnote 356. Da es sich um eine Variable auf Ordinalniveau handelt, wurde ein U-Test durchgeführt.

merinnen, aber nur 37,6 % der "Abspringerinnen", "etwas Interesse" geben 19,5 % der ehemaligen gegenüber 40 % der aktuellen Teilnehmerinnen an.

Obwohl nicht zu klären ist, ob sich das starke Politikinteresse der Teilnehmerinnen erst über die kontinuierliche Zusammenarbeit in der ZWS herausgebildet hat, läßt sich doch interpretieren, daß ein gemeinsames starkes Interesse an Politik die Gruppe stabilisiert.

Schaubild 6: Einflußfaktoren auf die Gruppenstabilität in der ZWS

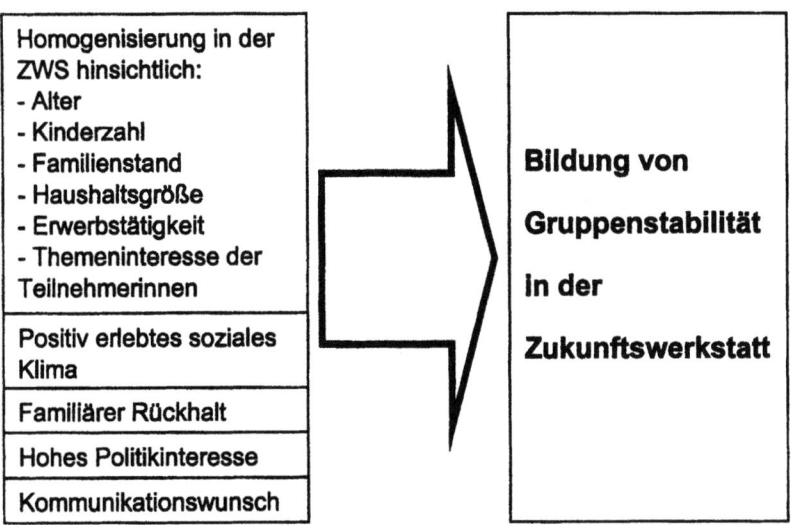

3.2. Ergebnisse

Es läßt sich eine Homogenisierungstendenz bei den Teilnehmerinnen ablesen: Ältere Frauen, Rentnerinnen, Verwitwete, Frauen ohne oder mit weniger Kindern sind den Zukunftswerkstätten ferngeblieben. Inhaltlich interessierten sie sich vermutlich für andere Themen als die jüngeren Frauen mit Kindern. Vor allem Mütter mit einem gemeinsamen Interesse an Themen wie Schule, Einkaufen, Jugendeinrichtungen und einem starken Politikinteresse haben durch ihre kontinuierliche Teilnahme die ZWS stabilisiert.

Einen großen Einfluß hat offensichtlich auch das soziale Klima: Viele der ehemaligen Teilnehmerinnen fühlten sich in der Gruppe nicht wohl. Der soziale

Kontakt, die Gruppeneinbindung, das Sich-Einigen-Können auf Themen und ein gemeinsames Vorgehen sind wichtig und haben den "Abspringerinnen" gefehlt. Auch die Einstellung der Familie hat Bedeutung: Ein familiärer Rückhalt wirkt sich positiv auf das kontinuierliche Engagement in der ZWS aus.

4. Die Teilnehmerinnen der Zukunftswerkstatt und die Institution "Zukunftswerkstatt" aus ihrer Sicht

4.1. Beschreibung der Teilnehmerinnen

Im folgenden werden die Teilnehmerinnen beschrieben, die zum Zeitpunkt der Erhebung in der ZWS mitarbeiteten. Soweit möglich, werden sie mit den Ergebnissen der Kontrollgruppen kontrastiert.

4.1.1. Sozio-strukturelle Merkmale und Erwerbstätigkeit

Wie bereits oben unter C.III.1.1. näher ausgeführt, zeichnen sich die ZWS-Teilnehmerinnen durch hohe sozio-ökonomische Ressourcen aus. Das Durchschnittsalter der Teilnehmerinnen beträgt 43,6 Jahre. Ältere Frauen befinden sich nicht mehr unter den Teilnehmerinnen, jüngere Frauen haben sich von vornherein nicht angesprochen gefühlt.

Zum Familienstand: 75,3 % aller Teilnehmerinnen sind verheiratet, 11,7 % sind ledig, 9,1 % geschieden, 2,6 % leben getrennt, 1,3 % sind verwitwet. Die durchschnittliche Kinderzahl der ZWS-Teilnehmerinnen beträgt 1,74. Die durchschnittliche Haushaltsgröße beträgt 3,67 Personen. Wie bereits an anderer Stelle ausgeführt, liegt die Kinderzahl damit deutlich über der Kinderzahl von 0,3 der "Durchschnitts-Heidelbergerin".

Empirische Untersuchungen über Politikerinnen haben gezeigt, daß in den Parlamenten ein hoher Prozentsatz der Frauen alleinstehend und kinderlos ist.[384] Auf die ZWS-Teilnehmerinnen trifft das Gegenteil zu: Die Mehrheit von ihnen ist verheiratet und hat Kinder. Es läßt sich schlußfolgern, daß ein vergleichsweise weniger zeitaufwendiges Engagement wie das in der ZWS mit familiären Verpflichtungen eher zu vereinbaren ist. Aus den Ergebnissen des vorhergegangenen Kapitels läßt sich ablesen, daß die Auseinandersetzung mit familienrelevanten Themen in der ZWS partizipationsfördernd wirkt.

---

[384] Siehe Kapitel "B.VII.2.1.3.2. Familienstand und Kinder".

Die Erwerbstätigen[385] sind zu 59 % in Teilzeit beschäftigt, 11,5 % arbeiten in Vollzeit und 9 % "nebenher". Damit bestehen auf einem Signifikanzniveau von $\alpha \leq 0,05$ signifikante Unterschiede zu den Heidelbergerinnen der Heidelberg-Studie: Diese sind häufiger in Vollzeit beschäftigt (26,4 %) und seltener in Teilzeit beschäftigt (14,2 %) als die ZWS-Teilnehmerinnen. Auch diese Tatsache läßt sich dadurch erklären, daß die ZWS-Frauen mehr Kinder haben als die "Durchschnitts-Heidelbergerinnen". Erwerbstätige Frauen mit Kindern werden eher einer Teilzeitbeschäftigung nachgehen als Frauen ohne Kinder. Die hohen Netto-Haushaltseinkommen lassen darauf schließen, daß die Ehemänner der Teilnehmerinnen ebenfalls überdurchschnittlich hohe berufliche Positionen aufweisen.

Bezüglich des Zeitbudgets lassen sich keine Aussagen treffen. Zwar ist die Mehrheit der erwerbstätigen ZWS-Teilnehmerinnen in Teilzeit beschäftigt, dennoch läßt sich daraus nicht ableiten, daß ihnen mehr Zeit für eine politische Betätigung zur Verfügung steht als der "Durchschnitts-Heidelbergerin". Da die Kinderzahl sehr viel höher liegt, ist anzunehmen, daß viel Zeit in die Kinderbetreuung investiert werden muß.

Lediglich 1,3 % der insgesamt 20,5 % nicht erwerbstätigen Teilnehmerinnen sind arbeitslos. 9 % sind Hausfrauen. 6,4 % befinden sich im Erziehungs"urlaub". Gemessen an den Heidelbergerinnen der Heidelberg-Studie sind dies auf einem Signifikanzniveau von $\alpha \leq 0,05$ signifikant mehr Frauen, d.h. überdurchschnittlich viele Teilnehmerinnen sind im Erziehungs"urlaub".[386] Keine der Teilnehmerinnen ist Schülerin oder Studentin, nur sehr wenige Rentnerinnen (2,6 %) sind noch dabei. Junge Frauen wurden durch die ZWS nicht erreicht. Über die Gründe kann hier nur spekuliert werden: Vermutlich interessieren sie sich noch nicht für Kommunalpolitik oder sie interessieren sich für andere Politikfelder. Da in der ZWS Mütter überwiegen, die sich hauptsächlich mit familienrelevanten Themen beschäftigen und junge Frauen noch vor der Familiengründungsphase stehen, könnte es sein, daß sie sich deshalb durch die ZWS nicht angesprochen fühlen. Andererseits war die Themenfokussierung vor den ersten Wochenend-Seminaren noch nicht absehbar. Nicht erklärbar bleibt daher, warum sich junge Frauen von vornherein nicht für die ZWS interessiert haben. Dies ist besonders erstaunlich, weil – nach Erkenntnissen der Partizipationsforschung – zu erwarten gewesen wäre, daß diese tendenziell unkonventionelle Beteiligungsform besonderen Zulauf von jungen Frauen im Alter von 18-34 Jahren erfährt.[387]

---

[385] Da es sich um eine nominalskalierte Variable handelt, wurde ein Chi-Quadrat-Test durchgeführt.
[386] Auf die ehemaligen Teilnehmerinnen trifft dies nicht zu.
[387] Siehe Kapitel "B.VII.2.1.1.2. Alter".

4.1.2. Zufriedenheit mit dem politischen System und Parteipräferenz

4.1.2.1. Demokratisches System[388]

Im Vergleich mit den Baden-Württembergerinnen der ALLBUS 96-Umfrage sind die ZWS-Teilnehmerinnen mit dem politischen System auf einem Signifikanzniveau von $\alpha \leq 0{,}05$ signifikant unzufriedener. Am System sei "vieles zu verändern" meinen 46,7 % der ZWS-Frauen, aber nur 16,1 % der Baden-Württembergerinnen. Dafür erklären diese zu 77,4 %, daß das System "etwas zu verändern" sei, dieser Meinung schließen sich wiederum 46,7 % der ZWS-Frauen an. Die Unzufriedenheit mit dem politischen System der ZWS-Frauen ist also größer als bei der Durchschnitts-Baden-Württembergerin. Obwohl die Teilnehmerinnen ein hohes Gefühl für staatsbürgerliche Verantwortung und eine positive Einstellung zum politischen Prozeß aufweisen, sind sie gleichzeitig mit dem System vergleichsweise unzufriedener. Diese Unzufriedenheit wirkt offenbar partizipationsfördernd.

4.1.2.2. Leistungen des Gemeinderates

Bei der Beurteilung der Leistungen des Gemeinderates,[389] erfaßt über eine Rating-Skala von -5 bis und +5, weist die Gruppe der Teilnehmerinnen (Mittelwert 0,5) gegenüber den Heidelbergerinnen der Heidelberg-Studie (Mittelwert 0,76) keinen signifikanten Unterschied auf. Beide Gruppen weisen eine Tendenz zur Mitte auf. Bei der Frage, ob sie sich durch den Gemeinderat der Stadt Heidelberg gut vertreten fühlen,[390] tendieren die Teilnehmerinnen auf einer Rating-Skala von 1 (= sich sehr schlecht vertreten fühlen) bis 7 (= sich sehr gut vertreten fühlen), wiederum zur Mitte. Der Mittelwert beträgt 3,36.

Es fällt schwer zu entscheiden, ob hier ein Urteilsfehler vorliegt. Dieser Fehler tritt vor allem dann auf, wenn das zu beurteilende Objekt den Urteilern nur wenig bekannt war.[391] Dies könnte zwar auf die Heidelbergerinnen zutreffen, die sich nicht für Kommunalpolitik interessieren und sich deshalb nicht zutrauen, die Leistungen des Gemeinderats zu beurteilen. Für die ZWS-Frauen dürfte dies aber nicht der Fall sein. Vermutlich sind sie tatsächlich mit den Leistungen weder

---

[388] Quelle: ALLBUS 96. Validität: validierte Skala. Die Variable wurde ordinal interpretiert und mit einem U-Test gerechnet.
[389] Heidelberg-Studie 1997. Validität: wird vorausgesetzt. Da es sich um eine intervallskalierte Variable handelt, wurde ein t-Test durchgeführt.
[390] Quelle: eigene Fragestellung. Da es sich um eine intervallskalierte Variable handelt, wurde ein t-Test durchgeführt.
[391] Bortz/Döring 1995: 170

übermäßig zufrieden noch unzufrieden. Es läßt sich daraus keine Motivation zur Teilnahme ableiten.

4.1.2.3. Bürgerbeteiligung[392]

Auch die Beurteilung der Mitwirkungs- und Gestaltungsmöglichkeiten für Bürger/innen in der Stadt Heidelberg wurde auf einer Rating-Skala von 1 (= reichen überhaupt nicht aus) bis 7 (= reichen voll und ganz aus) abgefragt. Die Teilnehmerinnen zeigen auch hier eine Tendenz zur Mitte (Mittelwert 3,55).

Geht man davon aus, daß kein Urteilsfehler vorliegt, weil die Partizipierenden die Mitwirkungs- und Gestaltungsmöglichkeiten gut beurteilen können, so ist dieses Ergebnis überraschend. Da diese Frauen doch gerade ein Partizipationsinstrument nutzen bzw. genutzt haben, wäre zu erwarten, daß sie die Bürgerbeteiligung positiver beurteilen. Eine mögliche Interpretation dieses Ergebnisses liegt darin, daß – wie in Folge noch ausgeführt wird – die ZWS als zu einflußarm erlebt wird.[393]

4.1.2.4. Parteipräferenz[394]

63,5 % der Teilnehmerinnen weisen eine Parteipräferenz für Bündnis 90/Die Grünen auf, 24,3 % neigen der SPD zu. Nur 1,4 % stehen der CDU nahe, weitere 1,4 % der FDP und 2,7 % der PDS. 6,8 % geben an, keine Parteipräferenz zu haben. Im Vergleich zur Heidelberg-Studie präferieren auf einem Signifikanzniveau von $\alpha \leq 0,05$ signifikant mehr Teilnehmerinnen die Partei Bündnis 90/Die Grünen als die Heidelbergerinnen (17,9 %). Weniger ZWS-Frauen fühlen sich der CDU verbunden als die Heidelbergerinnen (18,5 %). Weniger ZWS-Frauen geben gar keine Parteipräferenz an im Gegensatz zu den Heidelbergerinnen (34,5 %). Zwischen Teilnehmerinnen und "Abspringerinnen" bestehen auf einem Signifikanzniveau von $\alpha \leq 0,05$ keine signifikanten Unterschiede. Dennoch sollte an dieser Stelle nicht unerwähnt bleiben, daß bei den ehemaligen Teilnehmerinnen immerhin noch 5,1 % angeben, der CDU nahezustehen und 3,8 % der FDP.

Andere empirische Untersuchungen zeigen, daß eine Parteiidentifikation politische Beteiligung jeder Form stimuliert.[395] Der Glaube an "starke Werte" begün-

---

[392] Quelle: eigene Fragestellung. Da es sich um eine intervallskalierte Variable handelt, wurde ein t-Test durchgeführt.

[393] Siehe das anschließende Kapitel "C.III.4.2.4.3. Erfahrungen mit der ZWS: Akzeptanz und Einfluß".

[394] Quelle: Heidelberg-Studie 1997. Validität: wird vorausgesetzt. Da es sich um eine nominalskalierte Variable handelt, wurde ein Chi-Quadrat-Test durchgeführt.

[395] Siehe Kapitel "B.VI.1.2.4. Parteipräferenz (gemischt-geschlechtlich)".

stigt partizipatives Verhalten. Die Politikpräferenzen der unkonventionellen Aktivbürgerschaft weichen stark zugunsten ideologisch-linker und postmaterialistischer Orientierungen ab. Besonders stark wurde dieser Zusammenhang bei Sympathisierenden grün-alternativer Parteien festgestellt. Andere Untersuchungen ergaben, daß bündnisgrüne Wählerinnen stärker an unkonventionellen Formen partizipieren als die Wählerinnen anderer Parteien.[396] Insofern ist es nicht erstaunlich, daß die ZWS-Teilnehmerinnen im Vergleich zur Gesamtbevölkerung allgemein eine höhere Parteipräferenz und im besonderen eine Präferenz für die Partei Bündnis 90/Die Grünen aufweisen.

Da die Partei Bündnis 90/Die Grünen den Anspruch erhebt, alle innerparteilichen Posten und Kandidaturen für politische Mandate zu 50 % mit Frauen zu besetzen, wäre auch denkbar, daß Frauen, die mit einem solchen Ansatz sympathisieren, sich durch eine ZWS, deren Teilnahme ausschließlich Frauen vorbehalten ist, besonders angesprochen fühlen.

Die Parteipräferenz läßt sich auch über den Aspekt der postmaterialistischen Wertorientierung erklären: Laut Inglehart treten postmaterialistische Werte dann an die Stelle von materiellen Zielprioritäten, wenn die materiellen Bedürfnisse befriedigt sind.[397] Da die ZWS-Teilnehmerinnen hohe sozio-ökonomische Ressourcen aufweisen, also in materieller Sicherheit leben, ist davon auszugehen, daß sie es "sich leisten" können, sich postmaterialistischen Werten zuzuwenden.[398] Trägerinnen solcher Werte haben eine positive Haltung gegenüber der Partei Bündnis 90/Die Grünen und gegenüber den Themen "Neuer Politik".[399]

Geht man allerdings davon aus, daß die ZWS den Anspruch haben, allen Frauen eine Beteiligungsmöglichkeit zu bieten, so zeigt sich, daß dieses Instrument nicht repräsentativ genutzt wird. Die ZWS sprechen ganz offenkundig in erster Linie das rot-grüne Wählerinnenspektrum an. Die wenigen Frauen, die eine Präferenz für CDU und FDP angeben, blieben den weiteren Sitzungen fern.

---

[396] Siehe Kapitel "B.VII.2.1.2.3 Parteipräferenz (Frauen)".

[397] Inglehart 1995: 92

[398] Der Inglehart-Index zur Messung postmaterialistischer Wertorientierung ist bewußt nicht angewendet worden. Der Fragenkomplex beinhaltet Fragen, die keinen Zusammenhang mit kommunalpolitischem Engagement aufweisen, wie z.B. Fragen zur Einstellung gegenüber Ausländern. Auf eine solche Befragung wurde verzichtet, um zu verhindern, daß die Antwortbereitschaft der Teilnehmerinnen durch solche Fragen sinkt. Die Untersuchungsergebnisse deuten aber daraufhin, daß es sich bei den ZWS-Teilnehmerinnen um Postmaterialistinnen handelt.

[399] Inglehart 1995: 372 f.

4.1.3. Selbstverständnis der Zukunftswerkstatt-Teilnehmerinnen[400]

69,2 % der Teilnehmerinnen verstehen sich als "Bürgerin". Als an Frauenfragen Interessierte definieren sich 21,8 %, als Kommunalpolitikerin verstehen sich nur wenige (6,4 %). Dieser Befund deckt sich mit den Ergebnissen anderer empirischer Studien.[401] Dort war festgestellt worden, daß feministisch motivierte Erwägungen bei der Teilnahme an unkonventionellen Beteiligungsformen keine Rolle spielen. Obwohl die ZWS eine Teilnahme ausschließlich für Frauen vorsieht, spricht sie vor allem diejenigen an, die sich als kommunalpolitisch interessierte Bürgerinnen für ihren Stadtteil engagieren wollen, wobei feministisch geprägte Themen nicht im Vordergrund stehen.

4.1.4. Problemwahrnehmung und Stadtteilbezug

4.1.4.1. Wichtigstes Problem in Heidelberg[402]

Die Frage nach der Nennung des wichtigsten Problems in Heidelberg wurde offen gestellt, da die Frage so in der Heidelberg-Studie gestellt wurde, und um damit eine optimale Vergleichbarkeit der Daten miteinander zu gewährleisten. Die Kategorisierung erfolgte nach dem von der Heidelberg-Studie vorgegebenen Schema.

Die ZWS-Teilnehmerinnen stellen mit Abstand (53 %) die Verkehrsproblematik (zusammengefaßt wurden ÖPNV, Parkplatzprobleme, Fahrradwege und "Verkehr allgemein") in den Vordergrund. Dieses Problem wird von den Heidelbergerinnen der Heidelberg-Studie genauso vordringlich gesehen (52,5 %). An zweiter Stelle stehen bei den ZWS-Frauen "sonstige Probleme" mit 12,1 % und an dritter Stelle (9,1 %) sowohl die Verschuldung bzw. Finanzlage Heidelbergs als auch die Arbeitslosigkeit (9,1 %). An vierter Stelle folgen gleichberechtigt mit jeweils 3 % "Mieten; Wohnungsmarkt", "Ausbildung; Bildung; Schule; Universität", "Familie; Jugend", "Ruhe und Ordnung; Kriminalität" und "Parteien; Politikverdruß; Politik allgemein".

Bei den Heidelbergerinnen steht an zweiter Stelle die Arbeitslosigkeit (9,8 %), an dritter Stelle werden "Mieten/Wohnungsmarkt" (7 %) genannt. Auf den Plätzen 4 bis 6 folgen "Sonstiges" (6,1 %), "Ausbildung; Bildung; Schule; Universität" (3,6 %) "Verschuldung; Finanzlage" und "Kindergartenplätze, -tagesstätten" (beide jeweils 2 %). Insgesamt bestehen auf einem Signifikanzniveau von

---

[400] Quelle: eigene Fragestellung.
[401] Siehe Kapitel "B.VII.1.2. Weibliches Politikverständnis".
[402] Quelle: Heidelberg-Studie 1997. Validität: wird vorausgesetzt. Da es sich um eine nominalskalierte Variable handelt, wurde ein Chi-Quadrat-Test durchgeführt.

α ≤ 0,05 keine statistisch signifikanten Unterschiede zwischen Teilnehmerinnen und "Abspringerinnen" und auch nicht zwischen ZWS-Frauen und den Heidelbergerinnen.

Schaubild 7: Wichtigstes Problem in Heidelberg im Vergleich

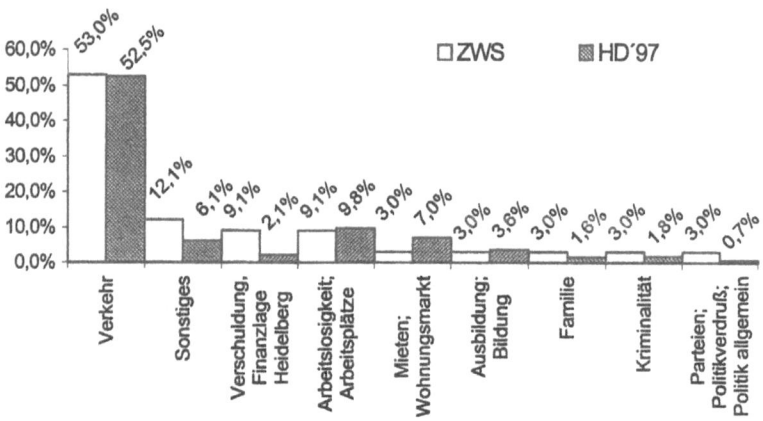

Auffallend an diesem Ergebnis ist, daß es keine Unterschiede in der Problemwahrnehmung zwischen ZWS-Teilnehmerinnen und den Heidelbergerinnen der Heidelberg-Studie gibt. Dies ist insofern bemerkenswert, als – wie bereits an anderer Stelle ausgeführt – die ZWS-Teilnehmerinnen bzgl. ihrer sozio-strukturellen Merkmale und bzgl. der sozio-ökonomischen Ressourcen die weibliche Bevölkerung Heidelbergs nicht repräsentieren. Obwohl sie selbst vermutlich nicht davon betroffen sein dürften, nennen sie das Problem "Arbeitslosigkeit" immerhin an dritter Stelle. Ein Unterschied in der Prioritätensetzung besteht insofern, als "Arbeitslosigkeit" und "Mieten" bei den Heidelbergerinnen weiter vorn genannt werden, während "Familie; Jugend" von den ZWS-Frauen unter den vorderen Problemen genannt werden. Diese Unterschiede sind aber statistisch nicht signifikant.

4.1.4.2. Zufriedenheit im Stadtteil[403]

Die Teilnehmerinnen sind in Höhe von 59,7 % mit der Situation in ihrem Stadtteil "eher nicht zufrieden". "Überhaupt nicht zufrieden" sind 11,7 %. "Im großen und ganzen zufrieden" sind 28,6 % der Teilnehmerinnen, voll und ganz zufrieden ist keine einzige. Die Unzufriedenheit überwiegt also ganz eindeutig.

Wie bereits bei der Fragestellung nach der Zufriedenheit mit dem politischen System festgestellt, so weisen die Teilnehmerinnen auch hier eine nicht unbedeutende Unzufriedenheit auf. Ein Ergebnis der Partizipationsforschung lautet, daß sich Frauen häufig aus einer persönlichen Betroffenheit von ihrer Situation in ihrem Wohnumfeld heraus engagieren.[404] Diese Betroffenheit und Unzufriedenheit wirkt offensichtlich partizipationsstimulierend auf die Teilnahme in der ZWS.

4.1.4.3. Themen der Unzufriedenheit im Stadtteil[405]

Sowohl Teilnehmerinnen als auch "Abspringerinnen" wurden nach den "Problemthemen" in ihrem Stadtteil befragt. Auf die Unterschiede zwischen beiden Gruppen wurde bereits in Kapitel "C.III.3.1.2. Unterschiede in Motivation und Themeninteresse" hingewiesen.

Auch im Stadtteil steht die Verkehrsproblematik an erster Stelle. Außerdem fehlen Treffpunkte, und es sind nach Meinung der ZWS-Teilnehmerinnen zu wenig Angebote für Familien, für Jugendliche und Kinder vorhanden. Des weiteren wird die Einkaufssituation kritisiert. Die wiedergegebenen Probleme spiegeln die Situation von Müttern – die, wie oben ausgeführt, in der ZWS die Mehrheit der Teilnehmerinnen stellen – in ihren Stadtteilen wider.

Es folgt eine Aufstellung der von den Teilnehmerinnen genannten Themen, sortiert nach Häufigkeit der Nennung:

---

[403] Quelle: eigene Fragestellung.
[404] Siehe Kapitel "B.VII.1.2. Weibliches Politikverständnis".
[405] Quelle: eigene Fragestellung.

Schaubild 8: Themen der Unzufriedenheit im Stadtteil

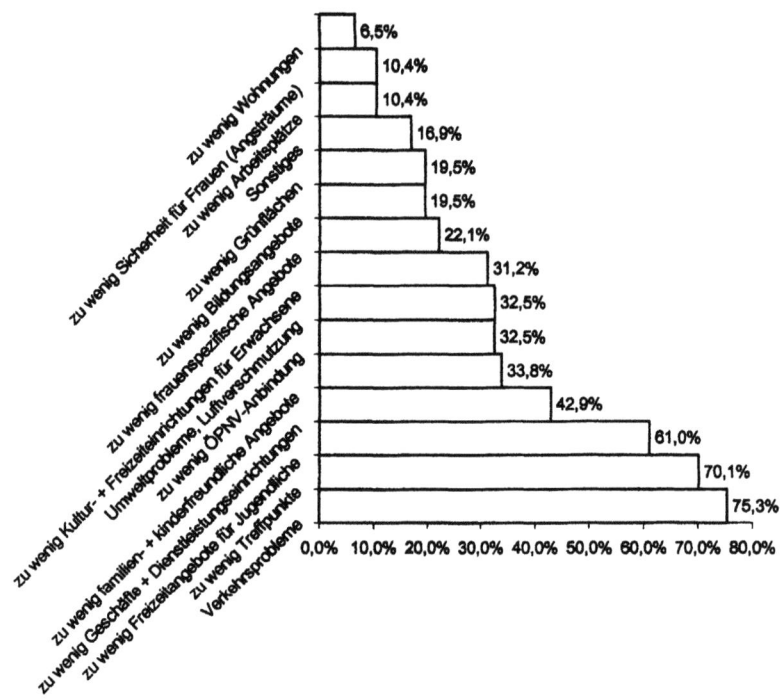

4.1.4.4. Wohndauer[406] im und Heimatgefühl zum Stadtteil[407]

Die größte Gruppe der Teilnehmerinnen (41 %) lebt seit 11-20 Jahren im Stadtteil, es folgen mit 20,5 % die Frauen, die seit 1-5 Jahren im Stadtteil leben, mit 17,9 % gefolgt von denjenigen, die 6-10 Jahre dort wohnen. Aus diesem Ergebnis kann weder gefolgert werden, daß durch die ZWS Frauen angesprochen werden, die besonders lange im Stadtteil leben, noch daß diejenigen, die kürzer dort leben – vielleicht, um Kontakte zu knüpfen oder den Stadtteil besser kennenzulernen – teilnehmen.

Die größere Gruppe (59,7 %) fühlt sich mit ihrem Wohnort heimatlich verbunden, die kleinere Gruppe (35,1 %) definiert sich als "eher zugezogen". An

---

[406] Quelle: eigene Fragestellung.
[407] Quelle: eigene Fragestellung.

späterer Stelle wird erläutert, ob das Gefühl der heimatlichen Verbundenheit über das Engagement in der ZWS erklärt werden kann.[408]

4.1.5. Motivation, Gratifikation und persönliche Hindernisse

4.1.5.1. Abstrakte Motive[409]

Die Antworten auf die Frage nach den abstrakten Motiven für das Engagement in der ZWS werden in folgender Tabelle zusammengefaßt:

Tabelle 2: Abstrakte Motive für das Engagement in der ZWS

"Ich engagiere mich, weil ich finde,..."	Teilnehmerinnen
... daß wir uns stärker öffentlich engagieren müssen, damit wir politische Entscheidungen kontrollieren und beeinflussen können.	88,3 %
... daß es nur dann gelingen kann, eine wirklich menschliche Gesellschaft zu schaffen, wenn sich mehr Frauen engagieren.	59,7 %
... daß es sinnvoll ist, einen Teil seiner freien Zeit für gesellschaftliches Engagement zu nutzen.	58,4 %
... daß in einer Demokratie jede/r staatsbürgerliche Verantwortung übernehmen sollte.	57,1 %
... daß man als Mutter für die Zukunft seiner Kinder verantwortlich ist.	55,8 %
... daß der Staat sich nicht um alles kümmern kann; deshalb sollte jede/r ein Stück Verantwortung für seine Mitmenschen übernehmen.	29,9 %
... daß es eine sinnvolle Lebensaufgabe ist, anderen Menschen zu helfen.	15,6 %
... daß man als Christin die innere Verpflichtung hat, seinen Mitmenschen zu helfen.	3,9 %

---

[408] Siehe Kapitel "C.III.4.1.6.1. Wirkung: Verbundenheit mit dem Stadtteil".
[409] Quelle: Ballhausen et al. et al. 1986: 403, allerdings in modifizierter Form.

Auffallend ist, daß Gründe, wie "politische Entscheidungen kontrollieren und beeinflussen", die Sinnsuche im gesellschaftlichen Engagement, die staatsbürgerliche Verantwortung und das Sich-Einbringen als Mutter und Frau "für eine menschliche Gesellschaft" stark im Vordergrund stehen. Altruistische oder christliche Motive werden kaum genannt. Wie bereits an anderer Stelle ausgeführt, weisen die Teilnehmerinnen mit diesen Antworten ein hohes staatsbürgerliches Verantwortungsgefühl und den Wunsch nach Einflußnahme auf. Vermutlich wird es auch als "belohnend" erlebt, dieses staatsbürgerliche Bedürfnis zu befriedigen. Der Wunsch nach einer "menschlichen Gesellschaft" läßt wiederum Rückschlüsse auf die vermutete postmaterialistische Wertorientierung zu.

4.1.5.2. Konkrete Motive[410]

Auf die signifikanten Unterschiede zwischen Teilnehmerinnen und "Abspringerinnen" wurde bereits in Kapitel "C.III.3.1.2. Unterschiede in Motivation und Themeninteresse" hingewiesen. In der folgenden Tabelle werden die konkreten Motive der aktuellen Teilnehmerinnen für ihr Engagement aufgelistet:

Tabelle 3: Konkrete Motive für das Engagement in der ZWS

"Ich habe mich engagiert, weil..."	Teilnehmerinnen
... ich unseren Stadtteil für mich, meine Familie und meine Mitbürger/innen attraktiver gestalten und lebenswert erhalten wollte.	90,9 %
... ich Kontakt zu anderen Frauen gesucht habe und mir die Zusammenarbeit mit Frauen Spaß macht.	57,1 %
... ich mich als Bürgerin an kommunalpolitischen Willensbildungs- und Entscheidungsprozessen beteiligen wollte.	54,5 %
... ich dazulernen und Erfahrungen auf kommunalpolitischer Ebene machen wollte.	41,6 %
... ich bestimmte Stadtteilinteressen durchsetzen wollte.	37,7 %
... ich eigene Ideen und konkrete Veränderungen umsetzen wollte.	31,2 %
... ich Fraueninteressen vertreten und durchsetzen wollte.	27,3 %

---

[410] Quelle: Ballhausen et al. 1986: 417. Validität: wird vorausgesetzt.

"Ich habe mich engagiert, weil..."	Teilnehmerinnen
... ich nach einem neuen Betätigungsfeld gesucht habe.	15,6 %
... ich von anderen dazu aufgefordert wurde.	10,4 %
... sonstige Gründe vorliegen.	5,2 %
... ich mich nicht ausgelastet fühle.	2,6 %
... ich Anerkennung finden wollte.	1,3 %
... ich Hilfe gesucht habe.	0 %

Es fällt auf, daß die konkrete Arbeit im Stadtteil mit Abstand im Vordergrund steht. Auf den ersten Blick scheint dieser Befund die These vom "weiblichen Politikverständnis" zu erhärten, die davon ausgeht, daß sich Frauen dann engagieren, wenn ein Angebot an ihrer Alltagserfahrung in ihrem unmittelbaren Lebensumfeld ansetzt.[411] Bei einer solchen Interpretation muß allerdings berücksichtigt werden, daß sich das erste Wochenend-Seminar der ZWS zum Ziel gesetzt hatte, Frauen zur Gestaltung ihres Stadtteils anzuregen. Folglich fühlten sich Frauen angesprochen, die sich zu diesem Themenkomplex Gedanken machen wollten. Andererseits hätten sich die Teilnehmerinnen, die zu einer kontinuierlichen Mitarbeit bereit waren, auch ein anderes Ziel geben können. Dies geschah beispielsweise in Neuenheim, wo die ZWS einen Seniorentreff ins Leben rief. Insofern kann geschlußfolgert werden, daß die Beteiligungsform der ZWS dem "weiblichen Politikverständnis" entgegenkommt. Aus der Antwort läßt sich auch ablesen, daß das Engagement aus dem Wunsch heraus entstand, sich für andere, für die eigene Familie, zu engagieren.

Auch die Zusammenarbeit mit anderen Frauen wird als wichtiger Grund für die Teilnahme genannt. Nach der These vom "weiblichen Politikverständnis" haben Frauen eher ein kommunikatives Machtverständnis und suchen ein Gemeinschaftsgefühl bei politischer Beteiligung mit anderen. Die Teilnahme an der ZWS erfolgt offensichtlich aus diesem Bedürfnis heraus. Auch bei dieser Frage wird erneut der Wunsch nach staatsbürgerlicher Einflußnahme auf das politische System deutlich.

4.1.5.3. Gratifikation[412]

49,4 % der Teilnehmerinnen bereitet die Arbeit in der ZWS "große Freude", 46,8 % sehen einen Erfolg. Zweifel am Sinn ihres Engagements hegen immerhin 36,4 %. "Der Sache überdrüssig" oder ausgenutzt fühlen sich nur sehr wenige

---

[411] Siehe Kapitel "B.VII.1.2. Weibliches Politikverständnis".
[412] Quelle: Ballhausen et al. 1986: 425. Validität: wird vorausgesetzt.

(10,4 % bzw. 2,6 %). Es läßt sich festhalten, daß Erfolg und Spaß als "Nutzen" überwiegen, daß allerdings manchmal Zweifel am Sinn bestehen. Es läßt sich schlußfolgern, daß Erfolgserlebnisse und hedonistische Gratifikationselemente partizipationsfördernd wirken. Die Zweifel am Sinn des Engagements können daher rühren, daß die Arbeit in der ZWS als "einflußarm" erlebt wird, worauf an späterer Stelle noch eingegangen wird.[413]

4.1.5.4. Persönliche Hindernisse

Auf die Frage nach persönlichen Hindernissen bei der Umsetzung der eigenen Ideen[414] in der ZWS antworten immerhin 39,5 % "keine". Keine Erfolgserlebnisse beklagen 32,9 %. Diese Antwort ist insofern bemerkenswert, als bei der o.g. Frage nach den Gratifikationen "Erfolgserlebnisse" genannt wurden. "Mir fehlen manchmal Ideen" geben 26,3 % an. Lediglich 15,8 % fühlen sich vom Arbeitsaufwand her überlastet. Ein knappes Zeitbudget scheint kein wesentlicher Hinderungsgrund für die Teilnahme an der ZWS zu sein. Ein schlechtes soziales Klima herrscht offensichtlich nicht: "wir können uns über kein gemeinsames Vorgehen/Ziel einigen" sagen 7,9 %, "meine Ideen werden zu wenig gehört" nur 2,6 % und "ich fühle mich in der Gruppe nicht wohl" geben lediglich 1,3 % an. Dieser Befund deckt sich mit den Ergebnissen, die sich aus der Analyse der Faktoren zur Ausbildung einer stabilen Gruppenstruktur ergaben: Die "Abspringerinnen" fühlten sich häufig in der Gruppe nicht wohl und stellten ihr Engagement ein. Ein geringes Hindernis stellt offensichtlich die Kinderbetreuung dar. Auf die Frage "Kommt es vor, daß Sie wegen fehlender Kinderbetreuung nicht an Sitzungen der ZWS teilnehmen können?"[415] antworten 57,7 % "nein", 15,4 % "manchmal" und nur 9 % "ja".

4.1.6. Wirkung der Zukunftswerkstatt auf die Teilnehmerinnen

4.1.6.1. Verbundenheit mit dem Stadtteil[416]

Auf einer Rating-Skala von 1 (=trifft auf mich überhaupt nicht zu) bis 7 (=trifft voll und ganz zu) wurde die Aussage überprüft "Ich fühle mich meinem Stadtteil jetzt stärker verbunden als vor meiner Mitarbeit in der ZWS". Der Mittelwert beträgt 4,47. 56,4 % der Teilnehmerinnen geben Werte von 5 bis 7 an, was sich dahingehend interpretieren läßt, daß durch das Engagement in der ZWS eine

---

[413] Siehe Kapitel "C.III.4.2.4.3. Erfahrungen mit der ZWS: Akzeptanz und Einfluß".
[414] Quelle: eigene Fragestellung.
[415] Quelle: eigene Fragestellung.
[416] Quelle: eigene Fragestellung.

stärkere Stadtteilidentifikation einsetzt.[417] Wie bereits oben erwähnt, fühlt sich die Mehrheit der ZWS-Teilnehmerinnen mit ihrem Stadtteil heimatlich verbunden.[418] Offensichtlich hat die Arbeit in der ZWS daran einen wesentlichen Anteil.

4.1.6.2. Einstellung zur gesellschaftlichen Wirklichkeit

Auf einer Rating-Skala von 1 (= trifft auf mich überhaupt nicht zu) bis 7 (= trifft auf mich voll und ganz zu) sollten die Teilnehmerinnen beurteilen, ob sich durch ihr Engagement in der ZWS ihre Einstellung zur gesellschaftlichen Wirklichkeit verändert hat.[419] Es besteht eine Tendenz zur Mitte (Mittelwert 3,34). Offensichtlich hat die Teilnahme an der ZWS die Einstellung nur wenig beeinflußt.

Auf die Frage, welche Einstellungsänderung sich gezeigt habe,[420] geben 47,4 % der Teilnehmerinnen an, sich mehr für gesellschaftliche und politische Dinge zu interessieren. 38,6 % sehen mehr Probleme im Bereich ihres Engagements, 35,1 % sind kritischer geworden. Illusionsloser sind 29,8 % geworden, toleranter 19,3 %. Diejenigen, die überhaupt eine Einstellungsänderung angeben, haben offensichtlich ihr Politikinteresse erweitert. Allerdings sehen sie auch die Grenzen ihres Engagements.

---

[417] Bei dieser – wie auch bei allen übrigen Fragen zur Wirkung der ZWS auf die Partizipierenden – zeigen sich signifikante Unterschiede zu den ehemaligen Teilnehmerinnen. Diese geben signifikant seltener an, bestimmte Effekte, wie eine stärkere Verbundenheit mit dem Stadtteil, bemerkt zu haben. Dies ist nicht weiter erstaunlich, da ihre Mitarbeit in der Regel von kurzer Dauer war. Auswirkungen dürften deshalb kaum wahrnehmbar sein. Aus diesem Grund wird bei den Folgefragen auf eine Darstellung dieses Unterschiedes verzichtet.
[418] Siehe Kapitel "C.III.4.1.4.4. Wohndauer im und Heimatgefühl zum Stadtteil".
[419] Quelle: Ballhausen et al. 1986: 428, allerdings modifiziert.
[420] Quelle: Ballhausen et al. 1986: 429. Validität: wird vorausgesetzt.

4.1.6.3. Lerneffekte[421]

Die Antworten auf die Frage nach den Lerneffekten werden in der folgenden Tabelle zusammengestellt:

Tabelle 4: Übersicht über die erzielten Lerneffekte

Lerneffekt	Teilnehmerinnen
mehr Detailwissen über den Stadtteil erworben	94,8 %
selbstbewußteres Auftreten in der Öffentlichkeit	48,1 %
Öffentlichkeitsarbeit	32,5 %
mit der Verwaltung reden	31,2 %
Wissen über Funktionszusammenhänge des politischen Systems erworben	22,1 %
rhetorische Kompetenzen	10,4 %
habe nichts dazugelernt[422]	0 %

Weit im Vordergrund steht der Aspekt der Erweiterung des Wissens über den Stadtteil. Dies ist nicht weiter verwunderlich, wenn man bedenkt, daß die Zukunftswerkstätten sich mit konkreten Stadtteilprojekten beschäftigen. Offensichtlich erfahren die Teilnehmerinnen aber auch edukative Effekte bzgl. ihres Auftretens in der Öffentlichkeit. Da der weibliche Lebenszusammenhang gemäß den Rollenerwartungen als quasi nicht-öffentlicher Bereich begriffen wird, kommt die Ausbildung öffentlichkeitsbezogener Fähigkeiten, die in der Politik gebraucht werden, in der politischen Sozialisation oft zu kurz.[423] Es ist von daher interessant zu beobachten, daß die Teilnehmerinnen über die Beteiligung an der ZWS eine Erweiterung ihrer Fähigkeiten erfahren.

Die von Pateman und anderen partizipatorischen Demokratietheoretiker/inne/n erwarteten Lerneffekte durch Bürgerbeteiligung scheinen hier eingetreten zu sein. Nichts dazu gelernt hat keine einzige der Teilnehmerinnen. Die ZWS kann damit als politische Bildungsinstitution und praktische "Staatsbürgerinnenschule" gewertet werden.

---

[421] Quelle: eigene Fragestellung. Es handelt sich um eine nominalskalierte Variable, es wurde ein Chi-Quadrat-Test durchgeführt.
[422] Im Gegensatz dazu geben 23,2 % der "Abspringerinnen" an, keinen Lerneffekt erzielt zu haben.
[423] Siehe Kapitel "B.VII.2.1.2.1. Politische Sozialisation (Frauen)".

4.1.6.4. Politisierung

Die Teilnehmerinnen wurden danach befragt, welche Veränderungen sich bei ihnen seit ihres Engagements in der ZWS ergeben hätten.[424] 65,3 % interessieren sich stärker für kommunalpolitische Anliegen als vorher, 57,3 % lesen den Lokalteil der örtlichen Rhein-Neckar-Zeitung genauer, 30,7 % besuchen Gemeinderats- und/oder Bezirksbeiratssitzungen. Politische Veranstaltungen werden von 25,3 % besucht. Gering fallen die Kontakte zu den Abgeordneten aus (18,7 %). Einer Partei ist keine einzige beigetreten.

Wieder bestätigt sich, daß die Teilnehmerinnen eine Erweiterung ihres Politikinteresses – zumindest für den Bereich der Kommunalpolitik – erfahren haben. Auffallend ist, daß sich keine der Teilnehmerinnen zu einem Parteieintritt entschließen konnte. Daraus läßt sich ableiten, daß die ZWS eine Alternative für Frauen darstellt, die sich zwar kommunalpolitisch, aber nicht parteipolitisch engagieren. Eine Zuwendung zu konventionellen Beteiligungsformen läßt sich nicht beobachten.

Auf die Frage: "Könnten Sie sich vorstellen, Ihr kommunalpolitisches Engagement auszudehnen?"[425] antworten 42,9 % "unter Umständen", 28,6 % "nein" und nur 23,4 % "ja".[426] Eine Ausweitung des kommunalpolitischen Engagements kommt offensichtlich nur für wenige Frauen in Betracht. Diejenigen, die mit "ja" oder "unter Umständen" antworten, wurden danach befragt, wo sie sich engagieren würden.[427] 55 % würden sich im Bezirksbeirat engagieren. Auch weiterhin möchten die Frauen am liebsten auf Stadtteilebene agieren und finden deshalb die Position einer Bezirksbeirätin am attraktivsten. Immerhin 40 % könnten sich vorstellen, Stadträtin zu werden, 35 % könnten sich einen Parteieintritt vorstellen. Hierbei ist allerdings ist zu berücksichtigen, daß bisher keine einzige einen Parteieintritt vollzogen hat (s.o.). Nur 10,5 % der Teilnehmerinnen sind bereits Parteimitglieder. Es läßt sich vermuten, daß es sich hier um Antworten zur Einstellung zu diesen Funktionen handelt, daß sich aber das reale Verhalten – also eine Kandidatur für den Stadtrat oder ein Parteieintritt – daran nicht orientiert.

---

[424] Quelle: eigene Fragestellung. Es handelt sich um eine nominalskalierte Variable, es wurde ein Chi-Quadrat-Test durchgeführt.

[425] Quelle: eigene Fragestellung. Es handelt sich um eine nominalskalierte Variable, es wurde ein Chi-Quadrat-Test durchgeführt.

[426] Interessanterweise bestehen hier auf einem Signifikanzniveau von $\alpha \leq 0,05$ keine signifikanten Unterschiede zu den "Abspringerinnen".

[427] Quelle: eigene Fragestellung. Es handelt sich um eine nominalskalierte Variable, es wurde ein Chi-Quadrat-Test durchgeführt.

4.2. Die Zukunftswerkstatt aus der Sicht der Teilnehmerinnen

4.2.1. Aufgabe und Zielsetzung der Zukunftswerkstatt

Auf die Frage, worin sie die Hauptaufgabe der ZWS sehen,[428] geben die Teilnehmerinnen mit Abstand an erster Stelle (45,3 %) die Stadtteilgestaltung an. Es folgt die "Vertretung von Fraueninteressen" (21,3 %) und die "Verbesserung der Kommunikation im Stadtteil" (21,3 %). Das Initiieren von konkreten Projekten, wie z.B. Verkehrsberuhigung, geben 14,7 % als Aufgabe an. Sich um die Belange von Frauen, Kindern und Alten zu kümmern, sehen 13,3 % als ihre Aufgabe. 9,3 % wollen sich aktiv einmischen, Einfluß nehmen, Anstöße geben.

Erneut bestätigt sich also, daß die Teilnehmerinnen die ZWS in erster Linie als Instrument zur konkreten Stadtteilgestaltung und für die Umsetzung konkreter Projekte nutzen. Auf die Frage nach der Einschätzung der ZWS als Betätigungsfeld für ein politisches oder für ein soziales Engagement ("Ich glaube, daß die Zielsetzungen und Tätigkeiten meiner ZWS etwas mit Politik zu tun haben"[429]) geben auf einer Intervallskala von 1 (= stimme überhaupt nicht zu) bis 7 (= stimme voll und ganz zu) bei einem Mittelwert von 6,16 die Teilnehmerinnen an, die ZWS als politisches Instrument zu begreifen.[430]

4.2.2. Arbeitsweise der Zukunftswerkstatt

4.2.2.1. Zeitaufwand
Zur Häufigkeit der Treffen[431] geben 89,7 % an, sich einmal pro Monat zu treffen, 10,3 % treffen sich seltener. Zum Zeitaufwand[432] geben 85,5 % an, bis zu fünf Stunden pro Monat für ihr Engagement aufzubringen, 14,5 % investieren bis zu

---

[428] Quelle: eigene Fragestellung. Diese Frage wurde offen gestellt. Bei der Kodierung legte ich folgendes Kategorisierungs-Schema zugrunde: 1 = Stadtteilgestaltung, 2 = Interessenvertretung von Kindern, Jugendlichen und Alten, 3 = Vertretung von Fraueninteressen, 4 = Verbesserung der Kommunikation im Stadtteil, 5 = Initiierung von konkreten Projekten, 6 = Aktives Sich-Einmischen, Einflußnahme, 7 = Sonstiges. Die Inter-Rater-Reliabilität $r_{1,2}$ betrug 95 %. Auch in dieser Frage bestehen auf einem Signifikanzniveau von $\alpha \leq 0{,}05$ keine signifikanten Unterschiede zu den "Abspringerinnen".

[429] Quelle: Ballhausen et al. 1986: 433, modifiziert. Da es sich um eine Variable auf Intervallskalenniveau handelt, wurde ein t-Test gerechnet.

[430] Demgegenüber besteht ein signifikanter Unterschied zu den "Abspringerinnen": Diese sehen mit einem Mittelwert von 5,7 die ZWS als weniger politisch an.

[431] Quelle: eigene Fragestellung.

[432] Quelle: Ballhausen et al.1986: 399.

20 Stunden. Auf die Frage, "Wie stark fühlen Sie sich beansprucht?",[433] antworten 80,3 % "gerade richtig", 10,5 % "ziemlich stark, aber es geht noch". Bei der Frage nach den persönlichen Hindernissen war als Antwortkategorie auch "Arbeitsüberlastung"[434] (persönliche Hindernisse) ankreuzbar. Nur 15,8 % der Teilnehmerinnen bejahen dies. Der Zeitaufwand für das Engagement in der ZWS ist bei Treffen einmal bis zu fünf Stunden im Monat nicht sehr hoch. Offensichtlich empfinden die Teilnehmerinnen diesen Zeiteinsatz als adäquat, da sich die meisten nicht überlastet fühlen.

4.2.2.2. Information über Kommunalpolitik

Auf die Frage, wie regelmäßig sie sich über die Kommunalpolitik in Heidelberg informieren,[435] antworten 67,9 % "regelmäßig" und 32,1 % "unregelmäßig". Auf einem Signifikanzniveau von $\alpha \leq 0,05$ ergibt sich, daß sich die ZWS-Teilnehmerinnen im Vergleich zu den Heidelbergerinnen der Heidelberg-Studie signifikant regelmäßiger informieren, was für politisch engagierte Frauen auch nicht besonders verwunderlich ist.

Wie informieren sich die ZWS-Teilnehmerinnen hauptsächlich über die Kommunalpolitik?[436] An erster Stelle steht das Lesen der Rhein-Neckar-Zeitung (83,3 %) und des Stadtblatts (53,8 %). 51,3 % informieren sich über Gespräche mit Kolleg/inn/en, Freund/inn/en oder in der Familie. Radio und Fernsehen spielen kaum eine Rolle (12,8 % bzw. 2,6 %). Die Teilnehmerinnen wurden gebeten, die Wichtigkeit verschiedener Informationsquellen, die sie für ihre Arbeit in der ZWS nutzen, auf einer Rating-Skala von 1 (= sehr wichtig) bis 4 (= überhaupt nicht wichtig) zu beurteilen.[437]

Die größte Wichtigkeit wird dabei den Anregungen von Bürger/inne/n eingeräumt: 96,1 % stufen diese von "sehr wichtig" bis "wichtig" ein. Anregungen von anderen Frauen aus der Gruppe haben ebenfalls einen hohen Stellenwert: Sie

---

[433] Quelle: Ballhausen et al.1986: 402.

[434] Es handelt sich um eine nominalskalierte Variable, es wurde ein Chi-Quadrat-Test durchgeführt.

[435] Quelle: Heidelberg-Studie 1997. Validität: wird vorausgesetzt. Da es sich um eine Variable auf Ordinalniveau handelt, wurde ein U-Test durchgeführt. Der Verfasserin ist bewußt, daß diese Frage auf politisch Aktive suggestiv wirken kann. Zu befürchten ist eine Antwort-Tendenz hin zur sozialen Erwünschtheit. Keine Partizipierende wird wohl zugeben, daß sie sich nicht oder nur unregelmäßig über die Kommunalpolitik informiert. Da diese Frage aber so in der Heidelberg-Studie 1997 gestellt wurde, wurde sie wegen der Vergleichbarkeit übernommen.

[436] Quelle: Heidelberg-Studie 1997. Allerdings waren in der vorliegenden Untersuchung Mehrfachnennungen möglich. Deshalb ist ein direkter Vergleich nicht möglich.

[437] Quelle: modifiziert nach Arzberger 1980: 84.

werden von 86,1 % von "sehr wichtig" bis "wichtig" eingeordnet. Entsprechend der These vom "weiblichen Politikverständnis" hat die Kommunikation mit anderen eine besondere Bedeutung.

Überraschenderweise spielt das Amt für Frauenfragen, das die ZWS initiiert hat, nur eine untergeordnete Rolle. 80,6 % vergeben die Note "eher wichtig" bis "eher unwichtig". Offensichtlich haben sich die ZWS-Frauen von der städtischen Initiatorin "emanzipiert" und gehen inzwischen ihren eigenen Interessen nach.

4.2.2.3. Umsetzung von Arbeitsergebnissen

Auf welchem Wege haben die Teilnehmerinnen bisher Ihre Anliegen eingebracht?[438] In erster Linie über den Bezirksbeirat (69,3 %), gefolgt von den sonstigen Ämtern (64 %). Den Weg über das Amt für Frauenfragen geben 52 % an, über die Presse 49,3 %. 46,7 % wenden sich direkt an die Oberbürgermeisterin. Interessanterweise spielen Parteien und der Gemeinderat eine wesentlich geringere Rolle (20 % bzw. 30,7 %). Die "AG Heidelberger Frauenverbände und Frauengruppen" ist gar völlig bedeutungslos: Sie wird nur von 2,7 % genannt.

Offenbar sind die Zukunftswerkstätten mit der Heidelberger Fraueninteressenvertretung nicht sehr vernetzt. Sie wenden sich mit ihren Anliegen lieber gleich direkt an den Bezirksbeirat und an die Verwaltung. Selbst Gemeinderat und Parteien als "Volksvertreter" werden von den Frauen nicht in Anspruch genommen. Leider läßt sich eine Analyse dieses Befundes an dieser Stelle nicht vertiefen. Grundsätzlich wäre es aber interessant zu klären, ob dieses Vorgehen eine "Parteienverdrossenheit" widerspiegelt und was dieses Ergebnis über die kommunale Macht- und Entscheidungsstruktur in Heidelberg aussagt.

4.2.2.4. Kontakt zu anderen Zukunftswerkstätten[439]

Untereinander sind die ZWS-Frauen nur wenig vernetzt. 48,1 % haben selten Kontakt zu den anderen, 39 % manchmal. Es läßt sich schlußfolgern, daß die Konzentration auf den eigenen Stadtteil vorherrscht und daß nicht das Bedürfnis nach dem Aufbau eines stadtweiten "Frauennetzwerkes der ZWS" besteht.

---

[438] Quelle: eigene Fragestellung.
[439] Quelle: eigene Fragestellung.

4.2.3. Themen und Erfolge

4.2.3.1. Themen

64,9 % der Teilnehmerinnen geben an, daß auf ihren Sitzungen das konkrete Planen von stadtteilbezogenen Aktivitäten im Vordergrund steht.[440] 19,5 % diskutieren aktuelle Themen. Der "Austausch über Persönliches" oder das "gemütliche Beisammensein" wird von keiner der Teilnehmerinnen angegeben. Die Liste der Themen, die in der ZWS bearbeitet werden, deckt sich im wesentlichen mit den vorher genannten Themen der Unzufriedenheit im Stadtteil. Die Teilnehmerinnen versuchen also, die Problempunkte, die sie in ihrem Stadtteil sehen, konkret zu bearbeiten. Auf die Frage "Welche Themen behandeln Sie in der ZWS?"[441] antworten die Teilnehmerinnen wie folgt:

Schaubild 9: Die in der ZWS bearbeiteten Themen

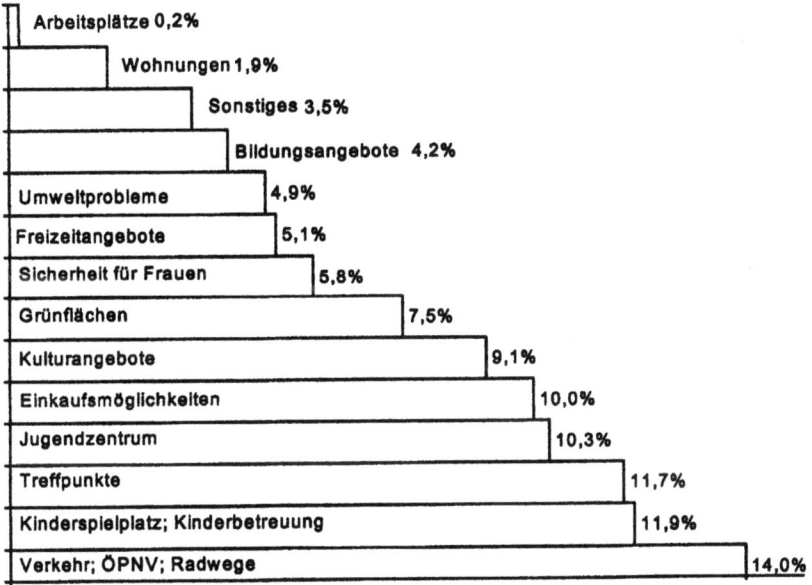

---

[440] Quelle: eigene Fragestellung.
[441] Quelle: eigene Fragestellung.

4.2.3.2. Größter bisheriger Erfolg einzelner Zukunftswerkstätten[442]

Diese Frage wurde offen gestellt, um die Teilnehmerinnen in ihrem Antwortverhalten durch die Vorgabe fester Kategorien nicht zu begrenzen und um möglichst alle subjektiv erlebten Erfolge zu erfassen. Bei der Auswertung fällt aber auf, daß das Antwortverhalten sehr homogen ist: Die überwältigende Mehrheit der Frauen gibt konkrete Projekte an, die sie in ihrem Stadtteil durchgesetzt hat.

An erster Stelle (42,1 %) steht die Einrichtung von Märkten, wie z.B. der Bauernmarkt Wieblingen oder der Wochenmarkt in Ziegelhausen. Unter "Sonstiges konkret" (28,9 %) wurden Einzelmaßnahmen, wie z.B. das Einrichten einer Infowand im Bürgeramt oder die Herausgabe eines Stadtteil-"Wegweisers" für Handschuhsheim, genannt. Die dritthäufigste Nennung (23,7 %) erhielten die für Kinder erreichten Erfolge, wie z.B. die Einsetzung von Kinderbeauftragten[443] oder die Verbesserung der Spielplatzsituation. 19,7 % sahen die Schaffung von Kontaktmöglichkeiten und Treffpunkten im Stadtteil (z.B. Flohmarkt, Familienfrühstück, Weihnachtsmarkt) als ihren Erfolg an. 11,8 % nennen die Institutionalisierung von Kultur- und Bildungseinrichtungen (z.B. Bücherbus-Haltestelle, Volkshochschul-Kurse im Stadtteil). Ebenfalls 11,8 % geben eher abstrakte Erfolge an, wie "wir werden als Ansprechpartner wahrgenommen", "wir werden durch andere Gruppen und Ämter beachtet".

Die Teilnehmerinnen haben konkrete Projekte zu "ihren" Themen initiiert. Wie an anderer Stelle ausgeführt, sehen sie Probleme, die Familien in besonderem Maß betreffen, wie fehlende Einkaufsmöglichkeiten, fehlende Treffpunkte, fehlende Spielmöglichkeiten für Kinder, fehlende Freizeiteinrichtungen für Jugendliche als besonders verbesserungswürdig an. Zu diesen Problemen wurde nach Lösungsvorschlägen gesucht und diese teilweise auch erfolgreich, z.B. durch die Einrichtung von Wochenmärkten im Stadtteil, gefunden.

---

[442] Quelle: eigene Fragestellung. Die Frage wurde offen gestellt und mit folgendem Kategoriensystem versehen: 1 = Markt, 2 = auf Kinder bezogene Maßnahmen, 3 = Treffs im Stadtteil, 4 = Maßnahmen zu Kultur- und Bildungsangeboten, 5 = sonstige konkrete Maßnahmen, 6 = abstrakte Erfolge. Die Inter-Rater-Reliabilität $r_{1,2}$ betrug 90 %.

[443] Diese Kinderbeauftragten (21 Frauen, drei Männer) wurden von den Bezirksbeiräten gewählt und sind seit August 1997 in allen Heidelberger Stadtteilen tätig. Sie arbeiten ehrenamtlich in Kooperation mit dem städtischen Kinderbüro und sollen sich laut Satzung "für die Berücksichtigung von Lebensinteressen und Belangen der Kinder ihres Stadtbezirks einsetzen". *Stadtblatt*, 03.12.1997: 5.

4.2.3.3. Größter bisheriger Erfolg aller Zukunftswerkstätten[444]

Auch diese Frage wurde offen gestellt, um die Teilnehmerinnen in ihrem Antwortverhalten durch die Vorgabe fester Kategorien nicht zu begrenzen und um möglichst alle subjektiv erlebten Erfolge zu erfassen. Im Gegensatz zu den oben genannten Erfolgen der einzelnen ZWS stehen hier abstrakte Erfolge im Vordergrund.[445] 60,7 % der Teilnehmerinnen machen Angaben, die unter dem Begriff "Frauen-Empowerment" zusammengefaßt werden können: Dazu zählen Aussagen wie "wir haben mehr Selbstbewußtsein für Frauen erreicht", "Frauen nehmen aktiv an der Gestaltung des Stadtteils teil", "Frauen haben Mut bekommen", "Solidarität", "den Bedürfnissen von Frauen Gehör verschafft zu haben", "Aufrütteln von Frauen", etc.. 16,1 % der Teilnehmerinnen geben als Erfolg an, daß die ZWS als politische Instanz, als anerkanntes Gremium, wahrgenommen wird. 8,9 % der Teilnehmerinnen nennen noch einmal stadtteilspezifische Erfolge, ebenfalls 8,9 % finden die Kontinuität der ZWS erwähnenswert ("daß es sie überhaupt noch gibt"), weitere 8,9 % geben konkrete Erfolge, wie z.B. die Mitwirkung am Stadtteilentwicklungsplan, an.

Es fällt auf, daß das Empowerment, das durch eine verstärkte Bürger/innen-Partizipation erzielt werden soll, offensichtlich in der ZWS erreicht wurde. Der edukative Effekt, den eine partizipatorische Demokratie anstrebt, nämlich das "Erziehen" selbstbewußter Staatsbürgerinnen, das Lernen von Mit- und Selbstbestimmung, scheint hier in vollem Ausmaß eingetreten zu sein.[446]

4.2.4. Erfahrungen und Hindernisse

4.2.4.1. Einstellung zur ausschließlichen Teilnahme von Frauen[447]

Gefragt wurde "Welche Rolle spielt es für sie, daß in der ZWS keine Männer mitmachen?" Darauf antworten mit großer Mehrheit 75,3 % der Teilnehmerinnen "finde ich gut". 19,5 % ist es "egal". Nur 3,9 % geben an "finde ich nicht gut".[448]

---

[444] Quelle: eigene Fragestellung. Die Frage wurde offen gestellt und mit folgendem Kategoriensystem versehen: 1 = Empowerment, 2 = Wahrnehmung als politische Instanz, 3 = stadtteilspezifische Erfolge, 4 = Kontinuität der ZWS-Arbeit, 5 = Konkrete Maßnahmen. Die Inter-Rater-Reliabilität $r_{1,2}$ betrug 90 %.

[445] Zu berücksichtigen ist allerdings, daß 28,2 % der Befragten keine Angaben machen, vermutlich, da ihnen – wie manche schrieben – der Überblick über die gesamten Aktivitäten aller ZWS fehlt. Dies korrespondiert mit der Feststellung, daß sie nur wenig Kontakt untereinander haben (siehe Kapitel "C.III.4.2.2.4. Kontakt zu anderen Zukunftswerkstätten").

[446] Vgl. Kapitel "B.II.1. Partizipatorische Demokratietheorie".

[447] Quelle: eigene Fragestellung.

[448] Ähnlich äußern sich die "Abspringerinnen", es besteht kein signifikanter Unterschied.

Dieser Befund deckt sich mit dem Ergebnis einer aktuellen Untersuchung aus dem Bereich der repräsentativen Demokratie.[449] Hier gaben zwei Drittel der befragten Parlamentarierinnen an, spezielle Trainingsprogramme, die ausschließlich Frauen vorbehalten sind, zu begrüßen. Interessant ist in diesem Zusammenhang, daß nicht nur Spitzenpolitikerinnen ein Bildungsprogramm "nur" für Frauen befürworten, sondern daß dies auch auf die Mehrheit der eher unkonventionell Partizipierenden in der ZWS zutrifft.[450]

4.2.4.2. Allgemeine Hindernisse bei der Tätigkeit der Zukunftswerkstätten[451]
62,2 % der Teilnehmerinnen geben als Hindernis an "andere Organisation befürchtet Konkurrenz". Wie aus Vorgesprächen zu erfahren war, sind hier vor allem die Stadtteilvereine gemeint, die in der Regel einen sehr hohen Männeranteil aufweisen und eher konservativ ausgerichtet sind. In vielen Stadtteilen gibt es mit diesen Stadtteilvereinen immer wieder Kontroversen über organisatorische Fragen, wie die Zuteilung von Räumen für die Treffen und über Inhaltliches, wie z.B. darüber, ob die Zukunftswerkstätten demokratisch legitimiert seien, ob sie tatsächlich die Stadtteilinteressen der weiblichen Bevölkerung vertreten.

55,4 % der Teilnehmerinnen empfinden es als Hindernis, daß die Gruppe zu klein ist, daß zu wenig Frauen mitmachen. 36,5 % vermissen die Unterstützung durch die Bevölkerung, 33,8 % die der Verwaltung. 13,5 % geben an, daß ihnen Räume fehlen. 9,5 % monieren, daß sich Lobbyistinnen, Parteifrauen, Bezirks- oder Stadträtinnen eingemischt hätten.

An diesem Ergebnis zeigt sich, daß es Reibungen mit dem kommunalen Macht- und Entscheidungsgefüge gibt. Die Zukunftswerkstätten werden als Machtinstrument – zumindest von den Stadtteilvereinen – wahrgenommen, sonst müßten diese nicht in eine derart starke Oppositionsrolle verfallen.

4.2.4.3. Erfahrungen mit der Zukunftswerkstatt: Akzeptanz und Einfluß
Folgt man den Hypothesen der Partizipationsforschung, so müßten die partizipierenden Frauen Akzeptanz und Einfluß erfahren, denn eine hohe "political efficacy" – die die Partizipationsbereitschaft begünstigt – beinhaltet, daß man sich

---

[449] Siehe Kapitel "B.VII.1.1. Institutionelle und kulturelle Hemmnisse für die Partizipation von Frauen".
[450] Allerdings wäre auch denkbar, daß Frauen, die sich daran stören, daß das erste ZWS-Wochenendseminar ausschließlich Frauen vorbehalten war, gar nicht erst erschienen sind. Es fällt aber auf, daß nur sehr wenige Zukunftswerkstätten in der Zwischenzeit Männer in ihre Arbeit integriert haben.
[451] Quelle: eigene Fragestellung.

selbst Erfolgsaussichten am politischen Prozeß einräumt. Gefragt wurde danach, ob sich die Teilnehmerinnen von der Verwaltung akzeptiert fühlen, ob sie den Eindruck haben, daß die Verwaltung auf die Anregungen der ZWS eingeht.[452]
57,1 % der Teilnehmerinnen antworten "zum Teil", 15,6 % "ja". "Die Verwaltung geht wenig darauf ein" sagen 26 %, nur 1,3 % glauben, daß die Verwaltung ihre Empfehlungen für überflüssig hält. Die Mehrheit fühlt sich also wenigstens zum Teil akzeptiert. Auf die Frage, wie sie ihren Einfluß auf die Kommunalpolitik einschätzen,[453] antworten 43,6 % der Teilnehmerinnen "geringer Einfluß" und 42,3 % "teilweise". "Stark" (2,6 %) oder "sehr stark" sagt kaum jemand. 11,5 % der Teilnehmerinnen meinen, daß sie "keinen Einfluß" haben.

Die Teilnehmerinnen beschreiben sich als einflußarm, sie rechnen sich höchstens teilweise Einfluß aus. Dieser Befund scheint der These der Partizipationsforschung zu widersprechen: Wenn sich die Frauen als einflußarm empfinden, dürften sie eigentlich gar nicht teilnehmen. Offensichtlich ziehen sie aber über den politischen Einfluß hinaus einen Nutzen aus ihrer Beteiligung (z.B. eine soziale Gratifikation aus dem Kontakt zu anderen Frauen), der diese Kosten wieder aufwiegt. Auf das Phänomen, daß die Teilnehmerinnen – obwohl sie ein Instrument der Bürgerinnenbeteiligung in Anspruch nehmen – die Beteiligungsmöglichkeiten nicht als überaus positiv beurteilen, wurde bereits an anderer Stelle hingewiesen.[454]

4.2.4.4. Gründe für die Beendigung des Engagements in der Zukunftswerkstatt
Um die Gründe für eine Beendigung des Engagements in der ZWS zu erfahren, wurden die "Abspringerinnen" befragt, warum sie nicht mehr teilnehmen bzw. warum die ZWS in ihrem Stadtteil nicht mehr besteht.

Dabei geben diejenigen, in deren Stadtteil (Rohrbach, Bergheim, Boxberg) keine ZWS mehr existiert,[455] folgende Gründe an: An erster Stelle wird mit 56,3 % genannt, daß Zeitmangel und Arbeitsüberlastung vorherrschten. Dies wird z.T. damit begründet, daß die Gruppe zu klein war, zu viele Frauen mehrfachorganisiert und deshalb zu stark belastet waren, um die Gruppe aufrechtzuerhalten, und daß insgesamt zu wenige bereit dazu waren, Verantwortung zu übernehmen. Offensichtlich gab es also zu wenig Frauen, die zeitlich in der Lage

---

[452] Quelle: Kaschytza 1994: 89.
[453] Quelle: Schneider 1997: 339. Validität: wird vorausgesetzt.
[454] Siehe Kapitel "C.III.4.1.2.3. Bürgerbeteiligung".
[455] Quelle: eigene Fragestellung. Diese Frage wurde offen gestellt. Bei der Kodierung wurde folgendes Kategorisierungs-Schema zugrundegelegt: 1 = Struktur der Gruppe selbst , 2 = individueller Zeitmangel und Arbeitsüberlastung, 3 = Resignation, 4 = Sonstiges. Die Inter-Rater-Reliabilität $r_{1,2}$ betrug 90 %.

waren, aktiv die Gruppe zu stabilisieren und am Leben zu erhalten. An zweiter Stelle (43,8 %) wird die Heterogenität der Gruppe bzgl. des Alters, der Ziele und Interessen und das schlechte soziale Klima beklagt. An dritter Stelle (31,3 %) werden sonstige Gründe genannt, wie "zu viel Parteipolitik", "Problemdruck war nicht groß genug", "Verwaltung hat sich zu stark eingemischt", "finanzieller Ausgleich für ehrenamtliche Tätigkeit fehlte", "Räume für Treffen fehlten". Mit Abstand (12,5 %) folgt die Resignation.

Offensichtlich sind aktive Frauen nötig, die bereit sind, Zeit zu investieren, um die Gruppe zu organisieren. Fehlen diese, so bricht die Gruppe zusammen. Fast genauso wichtig ist, daß ein gutes soziales Klima herrscht, in dem eine Einigung auf gemeinsame Ziele erfolgt. Interessant ist, daß eine Resignation, wie "unser Wunsch nach einem Begegnungshaus wurde gleich im Keim erstickt", keine große Rolle spielt.

Die "Abspringerinnen" aus den übrigen Stadtteilen, in denen die Zukunftswerkstätten weiterbestehen, geben als Begründung für das "Fernbleiben" Folgendes an:[456] An erster Stelle (45,3 %) steht gleichfalls der individuelle Zeitmangel. Danach wird die Heterogenität der Ziele beklagt (23,4 %): "zu starke Themeneinengung auf Mütter und Kinder", "zu viele utopische Ideen", "ich will meine Zeit nicht damit verbringen, Flohmärkte zu organisieren", "junge Frauen mit Kindern haben andere Interessen als ich als Oma mit zwei Enkeln". Knapp dahinter (jeweils 20,3 %) nennen die Struktur der Gruppe selbst: "feste Clique agiert", "wegen meines Alters, Jüngere können das doch besser", "Streit und Intrigen", "zu viele Mütter, die sich auf Kinderprobleme fixierten und sich lautstark durchsetzten". An gleicher Stelle wird der Grund "Umzug" genannt.[457] Erst an letzter Stelle – mit 12,5 % – wird "Resignation" angegeben: "ich konzentriere mich lieber auf Initiativen, wo mein Einfluß größer ist", "Fortschritte sind nicht schnell genug erkennbar", "Möglichkeiten, etwas zu verändern, sind zu gering", "erdrückende Problemvielfalt", "fühlte mich vom Amt für Frauenfragen nicht ernst genommen", etc..

Wie bei den nicht zustandegekommenen Zukunftswerkstätten wird auch hier an erster Stelle der Zeitmangel beklagt. Nicht abschließend geklärt werden kann jedoch, ob ein knappes Zeitbudget tatsächlich die allein ausschlaggebende Ursache für ein Fernbleiben von der Gruppe ist, oder ob nicht noch andere Faktoren in die individuelle Kosten-Nutzen-Analyse eingehen. So könnten andere Gründe

---

[456] Quelle: eigene Fragestellung. Diese Frage wurde offen gestellt. Bei der Kodierung wurde folgendes Kategorisierungs-Schema zugrundegelegt: 1 = individueller Zeitmangel, 2 = andere Ziele, 3 = Struktur der Gruppe selbst, 4 = Resignation, 5 = Umzug. Die Inter-Rater-Reliabilität $r_{1,2}$ betrug 95 %.

[457] Zu berücksichtigen ist, daß neun weitere ehemalige Teilnehmerinnen wegen Umzugs nicht erreicht werden konnten. Vermutlich liegt die Zahl also höher.

eine Rolle spielen, die ein Engagement in der ZWS nicht "lohnenswert" erscheinen lassen. Offensichtlich sind die Gratifikationselemente für diese Frauen nicht ausreichend, um bei knappem Zeitbudget noch Zeit in die Arbeit in der ZWS zu investieren. Ein Anhaltspunkt dafür liegt sicher im "sozialen Klima" innerhalb der Gruppe begründet: Da die Heterogenität bzgl. der Ziele und der Zusammensetzung des Teilnehmerinnenkreises und auch das schlechte soziale Klima beklagt werden, ist zu vermuten, daß dies gleichfalls ein ausschlaggebender Grund für das Einstellen des Engagements ist. Dies deckt sich mit dem Befund, daß sich die aktuellen Teilnehmerinnen in der Gruppe wohlfühlen – ein positives Klima wirkt auf die Gruppe stabilisierend. Wenn Partizipierende nur wenig Zeit haben und sich außerdem kein Gemeinschaftsgefühl mit den anderen einstellt, dann geben sie die Teilnahme auf. Wenn dies auf viele zutrifft, bleiben nur wenige übrig, die die Gruppe fortführen können. Auffällig ist, daß mangelnde Erfolgserlebnisse und Resignation eine eher untergeordnete Rolle spielen. Dies entspricht der Analyse der aktuellen Teilnehmerinnen: Diese geben an, sich als einflußarm zu empfinden – dennoch sind sie "dabeigeblieben", was einer rationalen Kosten-Nutzen-Überlegung widerspricht. Offensichtlich sind daher andere Gratifikationselemente, wie z.B. ein positiv erlebtes Gruppenklima, ausschlaggebend für eine Fortsetzung des Engagements. Fehlt dieser Anreiz, so wird die Beteiligung aufgegeben.

D. Zusammenfassung der Ergebnisse

I. Ergebnisse des theoretischen Teils

1.) Die ZWS ist aufgrund der fehlenden gesetzlichen Institutionalisierung in der Kommunalverfassung kein Instrument der Direktdemokratie. Zudem fehlt der ZWS als einer Methode zur Meinungsbildung und zur Entscheidungsfindung in Gruppen die kompromißlose Ja/Nein-Logik, die für das klassische Instrument der Direktdemokratie, das Plebiszit, charakteristisch ist. Beim Plebiszit kann ein Vorschlag von den Partizipierenden nur entweder angenommen oder abgelehnt werden. Die ZWS arbeitet hingegen prozeßorientiert: Der das Arbeitsergebnis darstellende Entscheidungsvorschlag bindet keine kommunalpolitische Institution.

Einige der seit den 60er Jahren in Deutschland erfolgten und gesetzlich verankerten Erweiterungen von direktdemokratischen Beteiligungsrechten, wie z.B. die Bürgerversammlung, weisen jedoch durchaus Ähnlichkeiten zur ZWS auf. Auch besteht eine Nähe der ZWS zu neuen Beteiligungsformen wie den Planungszellen, der Mediation und der Szenarienwerkstatt.

2.) Die ZWS ist Teil der kommunalen Macht- und Entscheidungsstruktur in Heidelberg. Bereits aufgrund ihrer fehlenden rechtlichen Institutionalisierung ist sie nicht als Veto-Spieler anzusehen. Ihre Reputation ist nicht so stark, daß sich andere Entscheidungsträger nach ihr richten. Die ZWS wendet sich mit ihren Arbeitsergebnissen an kommunalpolitische Macht- und Entscheidungsträger, d.h. vorrangig an den Bezirksbeirat und an die Stadtverwaltung. Die ZWS stellt aufgrund ihrer Hinwendung zur kommunalen Öffentlichkeit eine Beteiligungsform dar.

3.) Die ZWS ist eine demokratische, indirekte, nicht-verfaßte und legale Beteiligungsform. Da die Initiative für die Einrichtung der ZWS vom städtischen Amt für Frauenfragen ausgegangen ist, wird die ZWS tendenziell den legitimen Beteiligungsformen zugeordnet. Für eine endgültige Zuordnung in diesem Punkt wäre jedoch noch eine Befragung der Heidelberger Bevölkerung zur subjektiven Einstellung gegenüber der ZWS nötig gewesen.

In der Kategorie "konventionelle" bzw. "unkonventionelle" Beteiligungsform ist hingegen keine eindeutige Zuordnung möglich. Für die Zuordnung zu einer konventionellen Form spricht die Entstehungsgeschichte der ZWS. Eher eine unkonventionelle Beteiligungsform indiziert dagegen der Fortbestand der ZWS trotz des Wegfalls der städtischen Moderation und Betreuung. Die Heidelberger ZWS haben sich in die Richtung von Bürgerinitiativen entwickelt. Die ZWS arbeiten zwischenzeitlich nicht mehr nach der Methode von Robert Jungk. Auch im Hinblick auf ihre Einbindung in das kommunalpolitische Macht- und Entscheidungsgefüge ähnelt die ZWS stark einer unkonventionellen Beteiligungsform. Die Teilnehmerinnen lassen sich als "problemzentriert arbeitende Aktivistinnen" beschreiben.

II. Ergebnisse des empirischen Teils

Im Rahmen der Untersuchung erfolgte im Juli 1997 eine Befragung (mittels Fragebogen) aller Frauen, die sich zum Zeitpunkt der Erhebung als Teilnehmerinnen verstanden, sowie derjenigen, die am ersten ZWS-Wochenende teilgenommen haben, sich aber gleich anschließend oder nach einigen Treffen nicht mehr beteiligt haben. Außerdem wurden Frauen befragt, in deren Stadtteil keine ZWS dauerhaft zustande kam. Von 215 Frauen antworteten 163, hierunter 78 noch aktive Teilnehmerinnen und 85 "Abspringerinnen".

Die Auswertung führte aus der Sicht der Partizipationsforschung zu folgenden Ergebnissen:

1.) Die ZWS-Teilnehmerinnen und die "Abspringerinnen" weisen im Verhältnis zur Kontrollgruppe[458] eine höhere Ausstattung mit den sozio-ökonomischen Ressourcen "Bildung", "berufliche Stellung" und ein höheres "Haushaltseinkommen" als der Durchschnitt auf. Die ZWS-Teilnehmerinnen und die "Abspringerinnen" verfügen über ein stärkeres Politikinteresse als die Kontrollgruppe.

2.) Das Altersprofil der ZWS-Teilnehmerinnen und der "Abspringerinnen" ist homogener als das der Vergleichsgruppe der Heidelbergerinnen. Die Teilnehmerinnen repräsentieren hinsichtlich des Alters nicht die weibliche Durchschnittsbevölkerung Heidelbergs. Mit ihrem Altersprofil liegen die ZWS-Frauen über dem zu erwartenden Altersdurchschnitt unkonventionell Partizipierender.

3.) ZWS-Teilnehmerinnen und "Abspringerinnen" haben eine positive Einstellung zum politischen Prozeß. Sie weisen ein hohes staatsbürgerliches Verantwortungsgefühl und den Wunsch nach Einfluß auf politische Entscheidungen

---

[458] Je nach Verfügbarkeit der Vergleichsdaten entweder die "Durchschnitts-Heidelbergerin" oder die "Durchschnitts-Baden-Württembergerin".

auf. Gleichzeitig sind sie stärker unzufrieden mit dem politischen System als die durchschnittliche Baden-Württembergerin.

4.) Ein hoher Anteil der ZWS-Teilnehmerinnen und der "Abspringerinnen" ist ohne ein politisch aktives Vorbild im Elternhaus aufgewachsen und verfügt nicht über einen politisch aktiven Partner.

5.) Eine bestehende frühere Zugehörigkeit zu einer anderen Beteiligungsform scheint ohne Einfluß auf ein Engagement in der ZWS zu sein. Auffällig ist jedoch, daß ein Großteil der ZWS-Teilnehmerinnen und der "Abspringerinnen" zeitgleich mit dem Engagement in der ZWS noch in anderen Organisationen politisch aktiv ist.

Die Auswertung der signifikanten Unterschiede zwischen ZWS-Teilnehmerinnen und "Abspringerinnen" führt zu folgenden Einschätzungen:

1.) Die Ausbildung von stabilen Gruppenstrukturen in der ZWS erfolgte durch eine Homogenisierung des Teilnehmerinnenkreises hinsichtlich der sozio-ökonomischen Ressourcen, der Kinderzahl, des Familienstandes und des Themeninteresses.

2.) Die aktuellen Teilnehmerinnen haben in ihrem Haushalt durchschnittlich mehr Kinder als die "Abspringerinnen", diese wiederum haben mehr Kinder als die Durchschnitts-Heidelbergerin.

3.) Unter den Teilnehmerinnen befinden sich weniger Rentnerinnen als unter den "Abspringerinnen".

4.) Die mehrfach organisierten Teilnehmerinnen engagieren sich häufiger als die mehrfachorganisierten "Abspringerinnen" im schulischen Bereich.

5.) Die Teilnehmerinnen interessieren sich stärker als die "Abspringerinnen" für Kinder-, Jugend- und familienbezogene Themen und geben häufiger das Bedürfnis nach Kontakt zu anderen Frauen als motivierend für ihre Teilnahme an.

6.) Die Teilnehmerinnen fühlen sich stärker als die "Abspringerinnen" in der Gruppe wohl und haben häufiger als die "Abspringerinnen" durch persönliche Kontakte zur ZWS gefunden.

7.) Ferner scheint sich eine positive Unterstützung durch den Partner fördernd auf das Engagement in der ZWS auszuwirken.

8.) Auch weisen die Teilnehmerinnen ein höheres Politikinteresse auf als die "Abspringerinnen".

Das Sozialprofil einer "typischen", aktuellen ZWS-Teilnehmerin sieht wie folgt aus:

Schaubild 10: Sozialprofil der "typischen" ZWS-Teilnehmerin

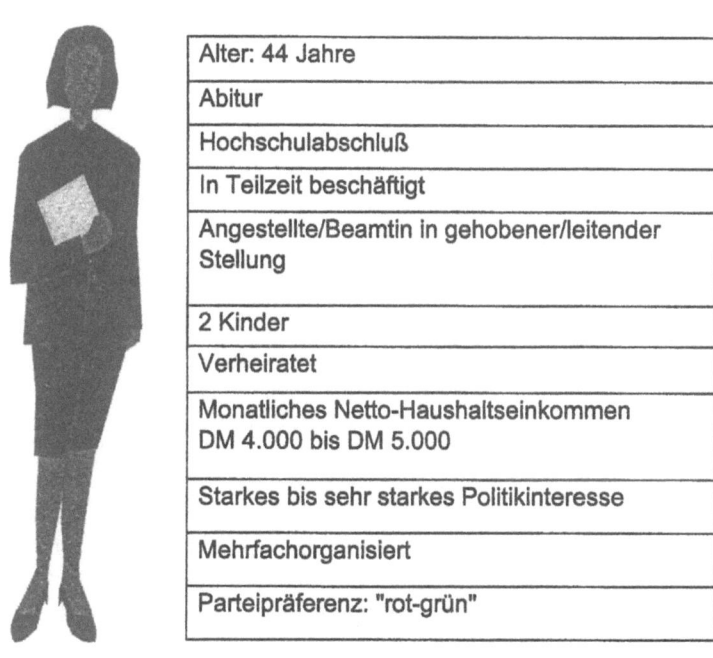

Alter: 44 Jahre
Abitur
Hochschulabschluß
In Teilzeit beschäftigt
Angestellte/Beamtin in gehobener/leitender Stellung
2 Kinder
Verheiratet
Monatliches Netto-Haushaltseinkommen DM 4.000 bis DM 5.000
Starkes bis sehr starkes Politikinteresse
Mehrfachorganisiert
Parteipräferenz: "rot-grün"

Die "typische", aktuelle ZWS-Teilnehmerin macht darüber hinaus folgende Angaben:
- Sie versteht sich als "betroffene Bürgerin".
- Als wichtigstes Problem in Heidelberg nennt sie die Verkehrsproblematik.
- Sie ist mit der Situation im Stadtteil unzufrieden.
- Sie fühlt sich ihrem Wohnort heimatlich verbunden.
- Sie weist eine postmaterialistische Wertorientierung auf.

- Sie engagiert sich, um ihren Stadtteil für sich, ihre Familie und ihre Mitbürger/innen attraktiver zu gestalten und lebenswert zu erhalten.
- Sie engagiert sich außerdem, weil sie den Kontakt zu anderen Frauen gesucht hat, und weil ihr die Zusammenarbeit mit Frauen Spaß macht.
- Sie hat an ihrem Engagement große Freude.

Durch ihr Engagement in der ZWS hat sie folgende Effekte erfahren:
- Sie fühlt sich mit ihrem Stadtteil jetzt stärker verbunden als vorher.
- Sie hat mehr Detailwissen über den Stadtteil erworben und sich öffentlichkeitsbezogene Fähigkeiten erarbeitet.
- Sie interessiert sich stärker für kommunalpolitische Anliegen als vorher.
- Eine Hinwendung zu konventionellen Beteiligungsformen fand nicht statt.

Die Arbeit in der ZWS wird wie folgt beschrieben:
- Die Hauptaufgabe wird in der Stadtteilgestaltung gesehen.
- Sie wird als politisches Instrument begriffen.
- Die Teilnehmerinnen treffen sich zumeist einmal im Monat und wenden bis zu fünf Stunden im Monat für ihr Engagement in der ZWS auf.
- Besonders wichtig für die Arbeit sind Anregungen von Bürgerinnen und Bürgern. Die Initiatorin der ZWS, das städtische Amt für Frauenfragen, spielt dem gegenüber eine eher untergeordnete Rolle.
- In erster Linie bringen die Teilnehmerinnen ihre Anliegen über den Bezirksbeirat oder über die Verwaltung ein. Die Einflußnahme über die Parteien und den Gemeinderat erfolgt hingegen eher selten.
- Das konkrete Planen von stadtteilbezogenen Aktivitäten steht im Vordergrund.
- Die größten Erfolge sehen die Frauen in der Etablierung konkreter Projekte, die sie in ihren Stadtteilen durchgesetzt haben.
- Als größten Erfolg insgesamt empfinden die Teilnehmerinnen ein "Empowerment", also ein gestärktes Frauen-Selbstbewußtsein.
- Die ausschließliche Teilnahme von Frauen an der ZWS begrüßen die meisten Teilnehmerinnen.
- Als größtes Hindernis sehen die meisten Teilnehmerinnen das Konkurrenzverhältnis zu anderen Organisationen, vor allem zu den Stadtteilvereinen, an.
- Die Teilnehmerinnen fühlen ihre Arbeit in der ZWS von der Verwaltung zumindest teilweise akzeptiert.
- Allerdings empfinden sie sich als einflußarm. Da sie dennoch kontinuierlich partizipieren, ist zu vermuten, daß der Nutzen der Beteiligung die Ko-

sten übersteigt. So wiegen z.B. die erfahrenen Lerneffekte und die Kontakte zu den anderen Frauen die erlebte Einflußlosigkeit wieder auf.

Gründe für eine Beendigung des Engagements in der ZWS:
Die ehemaligen Teilnehmerinnen bzw. diejenigen, in deren Stadtteil keine ZWS mehr existiert, nennen als Gründe für die Beendigung ihrer Teilnahme an der ZWS vor allem Zeitmangel und Arbeitsüberlastung sowie die Heterogenität bzgl. der Ziele und der Gruppenstruktur und ein damit verbundenes schlechtes soziales Klima.

III. Diskussion der Ergebnisse

Die ZWS-Teilnehmerinnen bezeichnen sich in der Mehrheit als kommunalpolitisch interessiert. Auffällig ist allerdings, daß sie trotz dieses Interesses weder Mandatsträgerinnen geworden sind, noch sich bislang für eine aktive Mitarbeit in Parteien oder Wählervereinigungen entschieden haben. Dieses Phänomen läßt sich zunächst als Defizit der Organe der repräsentativen Demokratie erklären, Frauen an der Macht teilhaben zu lassen. Insoweit erscheint es angesichts der bestehenden Unterrepräsentanz von Frauen im Gemeinderat und in Parlamenten unter demokratietheoretischem Blickwinkel normativ geboten, Frauen mit der ZWS einen weiteren Weg zur Artikulation ihrer Interessen zu eröffnen. Und daß mit der ZWS eine verbesserte Teilhabe von Frauen in politische Entscheidungsprozesse erreicht werden kann, zeigt zumindest die erfolgte Einbeziehung der Ergebnisse der ZWS in die Stadtteilrahmenpläne.

Zudem kann das Fehlen einer aktiven Mitarbeit der Teilnehmerinnen in Organen der repräsentativen Demokratie auch als Ausdruck ihres erst am Anfang stehenden Politisierungsprozesses gewertet werden. Ein wesentliches Element dieses Prozesses sind sicherlich die staatsbürgerlichen Erfahrungen, die die Teilnehmerinnen der ZWS machen, wenn sie Anliegen aus der ZWS der kommunalpolitischen Öffentlichkeit vorstellen und beispielsweise mit der Verwaltung, dem Bezirksbeirat oder direkt mit der Oberbürgermeisterin verhandeln. Fast alle Teilnehmerinnen haben auf die von der ZWS ausgelöste Steigerung ihres Interesses an Kommunalpolitik und der Erweiterung ihres Wissens hingewiesen. Diese Stärkung des politischen Selbstbewußtseins der Teilnehmerinnen ist sicherlich einer der auffallendsten Befunde der vorliegenden Untersuchung. Der Lernprozeß könnte dazu führen, daß "Lust auf Mehr geweckt wird", die Intensität des individuellen kommunalpolitischen Engagements steigt und der Sprung in den Gemeinderat oder in eine Partei gewagt wird, um weitergehende politische Erfolge zu haben.

Das bei der Initiierung der ZWS verfolgte Ziel, Frauen aus einem möglichst breiten gesellschaftlichen Spektrum zur Mitarbeit in der ZWS zu bewegen, wurde jedoch nicht erreicht. Es erscheint daher fraglich, ob die ZWS geeignet ist, zu der aus demokratietheoretischer Sicht wünschenswerten Erweiterung der politischen Beteiligung von Frauen auf kommunaler Ebene einen nennenswerten Beitrag zu leisten. Grund für diese Skepsis ist die sowohl bei den sozio-ökonomischen Ressourcen wie Schulabschluß, Bildung, Beruf, Haushaltseinkommen als auch bei der zu beobachtenden Tendenz zur Homogenisierung der ZWS-Gruppen. Diese Homogenisierung hat dazu geführt, daß Frauen, die bei den o.g. Kriterien Abweichungen zum Status der Gruppenmehrheit aufwiesen, häufig ihre Mitarbeit eingestellt haben.

Allerdings ist eine vergleichbare Verengung der Teilnahme auf ein bestimmtes gesellschaftliches Spektrum auch bei der Untersuchung von Parlamentariern, Parlamentarierinnen oder Parteimitgliedern festzustellen. Auch dort stellt beispielsweise die Gruppe der Hochschulabsolventinnen und -absolventen die Mehrheit. Insofern ist dieses Phänomen weder ein ZWS-spezifisches noch ein frauenspezifisches.

Daß die ZWS die Gesamtheit der Heidelberger Frauen lediglich zum Teil erreicht hat, zeigt auch die auffällig starke Bündelung der Parteipräferenz auf die Partei Bündnis 90/Die Grünen. Letztlich hat die ZWS nur aus einem engen Spektrum der Bevölkerung stammenden Frauen zu einem Mehr an politischer Beteiligung verholfen. Da der von der ZWS angesprochene Personenkreis eine überdurchschnittliche Ressourcenausstattung aufweist und häufig mehrfachorganisiert ist, dürften die von der ZWS erreichten Frauen auch nicht zu den "Sprachlosen" zählen, denen nach Robert Jungk durch die ZWS Gehör verschafft werden soll.

Andererseits kann die festgestellte Beschränkung des Teilnehmerinnenkreises durch die Homogenisierung auch auf das Beenden der im Einführungsseminar noch praktizierten Moderation der ZWS-Sitzung durch eine Mitarbeiterin des Amtes für Frauenfragen zurückzuführen sein. Die nach Abschluß des Einführungsseminares sich selbst überlassenen Gruppen hätten möglicherweise bei der weiteren Beibehaltung der Moderation auch für Frauen offengehalten werden können, die in der Gruppe eine Minderheit gewesen wären. Es ist davon auszugehen, daß durch eine Moderation ein gutes Gruppenklima gefördert werden kann. Auch ist zu berücksichtigen, daß möglicherweise die vor dem Einführungsseminar vom Amt für Frauenfragen betriebene Werbung für die Teilnahme an der ZWS nicht das gesamte Spektrum der Heidelbergerinnen erreicht hat, so daß von vornherein nur eine bestimmte Klientel angesprochen worden ist.

Im Hinblick auf die Einordnung der ZWS als zumindest den unkonventionellen Beteiligungsformen nahestehende Beteiligung ist ferner das fast gänzliche

Fehlen der Altersgruppe der 18-34jährigen Frauen unter den Teilnehmerinnen bemerkenswert. Diese Altersgruppe ist nach den gängigen Erkenntnissen der Partizipationsforschung in unkonventionellen Beteiligungsformen am häufigsten vertreten. Ihr Fehlen in der ZWS spricht für das Vorliegen einer konventionellen Beteiligungsform.

Offen muß auch bleiben, ob der derzeitige Schwerpunkt der Auseinandersetzung der ZWS mit den Themen aus dem Bereich "Kinder; Jugend; Familie" Ausdruck eines generellen Politikdefizits in diesem Bereich ist, oder ob dieses Themenfeld lediglich die aktuelle persönliche Lebenssituation der Teilnehmerinnen am stärksten widerspiegelt, die in der Mehrzahl eine Familie mit Kindern haben und somit hier eine hohe unmittelbare Betroffenheit aufweisen dürften.

IV. Ausblick

Die ZWS weist zwar teilweise eine große Ähnlichkeit zu den in der Kommunalverfassung institutionalisierten Formen einer Teilhabe der Bürgerschaft am Informationsfluß und an der Willensbildung auf, doch kann einer Institutionalisierung der ZWS nicht vorbehaltlos zugestimmt werden. Neben der unter Berücksichtigung des Grundrechtes auf Gleichbehandlung der Geschlechter in Art. 3 Abs. 2 Grundgesetz zu beantwortenden Frage nach der rechtlichen Zulässigkeit einer ausschließlich Frauen zugänglichen konventionellen Beteiligungsform ist vor einer Institutionalisierung zu prüfen, ob die ZWS zu einer Verbesserung der politischen Beteiligungsmöglichkeiten von Frauen konkret beitragen kann.

Dabei sollte auch geklärt werden, wie die ZWS im Vergleich mit weiteren zur Verbesserung der Bürgerbeteiligung entwickelten Modelle, wie z.B. der Planungszelle, der Szenarienwerkstatt oder dem Mehrstufigen Dialogischen Verfahren abschneidet. Interessant wäre dabei vorrangig ein Vergleich mit der Planungszelle. Die Planungszelle weist methodisch einen ähnlichen Ansatz wie die ZWS auf. Im Unterschied zur ZWS werden die teilnehmenden Personen bei der Planungszelle jedoch nach dem Zufallsprinzip ausgewählt, um ein Abdecken des gesamten Bevölkerungsspektrums sicherzustellen.

Zu untersuchen wäre außerdem, ob durch die Moderation der ZWS eine Homogenisierung der Gruppe hätte abgeschwächt werden können und wie bei einer Neugründung einer ZWS diese in der Öffentlichkeit zu präsentieren ist, um ein möglichst breites Spektrum an Frauen zur Mitarbeit zu bewegen. Von Interesse erscheint in diesem Zusammenhang auch das Ansehen der ZWS in der Heidelberger Öffentlichkeit.

Aufschlußreich für die Beurteilung des Beteiligungsinstrumentes ZWS wäre auch ein Vergleich der Heidelberger ZWS mit einer ZWS, an der wie z.B. in Basel, auch Männer mitgewirkt haben. Gleichfalls von Interesse erscheint eine Untersuchung der Wirkung der ZWS im kommunalpolitischen Machtgefüge mit den Methoden der Community-Power-Forschung. Gegenstand einer solchen Untersuchung wäre die Wirkung der ZWS beispielsweise auf den Gemeinderat oder auf die Stadtverwaltung.

Aufklärungsbedarf besteht ferner hinsichtlich der Frage, warum von den sich (zum Teil schon seit 1992) in der ZWS beteiligenden Frauen bislang keine den Sprung zum parteipolitischen Engagement bzw. zum politischen Mandat "geschafft" hat. Hierzu würde sich eine Längsschnittuntersuchung der Teilnehmerinnen anbieten, um zu untersuchen, wie sich das weitere partizipative Handeln entwickelt. Außerdem wäre ein Regionalvergleich mit der ZWS Hagen, die ebenfalls ausschließlich Frauen zugänglich war, interessant, um deren Verhalten mit dem der Heidelbergerinnen zu vergleichen.

Letztlich ist derzeit noch offen, ob die Institution "ZWS" Frauen die Möglichkeit bietet, ihre "Fremdheit in der Politik" zu überwinden und ihnen den Zugang zum politischen System, zu Macht und Einfluß, erleichtert. Sollte dies zutreffen, dann wäre die ZWS in der Tat eine "Klasse in der Schule der Demokratie".

E. Literaturverzeichnis

Alemann, Ulrich von (Hrsg.), 1995: Politikwissenschaftliche Methoden. Opladen.

Alemann, Ulrich von, 1975: Partizipation – Demokratisierung – Mitbestimmung. Opladen.

Allerbeck, Klaus, 1981: Partizipation, in: Martin Greiffenhagen (Hrsg.): Handwörterbuch zur politischen Kultur der Bundesrepublik Deutschland. Opladen

Almond, Gabriel A./Verba, Sidney, 1989: The Civic Culture. Political Attitudes and Democracy in Five Nations. Newbury Park.

Ammon, Alf, 1967: Eliten und Entscheidung in Stadtgemeinden. Die amerikanische "Community-Power" Forschung und das Problem ihrer Rezeption in Deutschland. Schriftenreihe der Wirtschafts- und Sozialwisssenschaftlichen Fakultät der FU Berlin. Berlin, Heft 8.

Andorfer, Veronika, 1995: Von der Integration zum Empowerment. Zur Frauenförderung in der Entwicklungspolitik. Frankfurt.

Arzberger, Klaus, 1980: Bürger und Eliten in der Kommunalpolitik. Stuttgart.

Assendelft, Laura van/O'Connor, 1994: Backgrounds, Motivation and Interests: A Comparison of Male and Female Local Party Activists, in: Women and Politics, Vol. 14, No. 3.

Augstein, Renate, 1990: Politische Bildung und die Frauen, in: liberal 2/92.

Bachrach, Peter, 1970: Die Theorie demokratischer Elitenherrschaft. Frankfurt/M.

Bachrach, Peter/Baratz, Morton S., 1972: Zwei Gesichter der Macht, in: Ralf Zoll (Hrsg.): Die Gemeinde als Alibi. München, S. 223-233.

Bachrach, Peter/Botwinick, Aryeh, 1992: Power and Empowerment. Philadelphia.

Ballhausen, Anne/Brandes, Uta/Karrer, Marva/Schreiber, Robert, 1986: Zwischen traditionellem Engagement und neuem Selbstvertrauen – weibliche Präsenz in der Öffentlichkeit. Eine empirische Untersuchung zur politischen und sozialen Partizipation von Frauen. Bielefeld.

Barber, Benjamin, 1994: Starke Demokratie. Hamburg.

Barnes, Samuel H./Kaase, Max (Hrsg.), 1979: Political Action. Mass Participation in Five Western Democracies. Beverly Hills.

Barth, Heike, 1992: Gestaltungsansprüche von Frauen an Gesellschaft und Politik. Unveröffentlichte Diplomarbeit. Freiburg.

Becker, Wolfgang/Deimer, Klaus/Pfaff, Martin, 1993: Die Zukunftswerkstatt – neue Impulse für die Stadtentwicklungspolitik in Augsburg, in: F. Schaffer (Hrsg.): Innovative Regionalentwicklung. Von der Planungsphilosophie zur Umsetzung. Festschrift f. K. Goppel. Augsburg.

Berg-Schlosser, Dirk, 1992: Vergleichende Politikwissenschaft. Ein einführendes Studienbuch. Opladen.

Bernardoni, Claudia (Hrsg.), 1987: Der vergeudete Reichtum – Über die Partizipation von Frauen im öffentlichen Leben. Bonn.

Beyme, Klaus von, 1992: Die politischen Theorien der Gegenwart. Opladen

Beyme, Klaus von, 1991: Feministische Theorie der Politik zwischen Moderne und Postmoderne, in: Leviathan 2/91.

Biester, Elke/Holland-Cunz, Barbara/Sauer, Birgit (Hrsg.), 1994: Demokratie oder Androkratie? Theorie und Praxis demokratischer Herrschaft in der feministischen Diskussion. Frankfurt.

Bischoff, Ariane/Selle, Klaus/Sinning, Heidi, 1996: Informieren, Beteiligen, Kooperieren. Kommunikation in Planungsprozessen. Eine Übersicht zu Formen, Verfahren, Methoden und Techniken. Dortmund.

Borst, Renate, 1990: Die zweite Hälfte der Stadt. Suburbanisierung, Gentrifizierung und frauenspezifische Lebenswelten, in: Renate Borst et al. (Hrsg.): Das neue Gesicht der Städte. Theoretische Ansätze und empirische Befunde aus der internationalen Debatte. Basel/Boston/Berlin.

Bortz, Jürgen/Döring, Nicola, 1995: Forschungsmethoden und Evaluation. Berlin.

Brehm, John/Rahn, Wendy, 1997: Individual-Level Evidence for the Causes and Consequences of Social Capital, in: American Journal of Political Science, Vol. 41, No. 3/97, S. 999-1023.

Brühl, Hasso/Kodolitsch, Paul von, 1993: Die Verantwortung des Bürgers für seine Stadt – Reflexionen über eine verhaltensbeeinflussende Kommunalpolitik, in: Archiv für Kommunalwissenschaften I/2, S. 47-70.

Bundesministerium für Frauen und Jugend (Hrsg.), 1992: Materialien zur Frauenpolitik, Heft 16.

Bundesministerium für Raumordnung, Bauwesen und Städtebau (Hrsg.), 1993: Frauen planen die Stadt. Dokumentation eines Kolloquiums. Bonn.

Burns, Nancy/Schlozman, Kay/Verba, Sidney, 1997: The Public Consequences of Private Inequality: Family Life and Citizen Participation, in: American Political Science Review, Vol. 91, No. 2/97, S. 373-389.

Buse, Michael/Nelles, Wilfried: Überblick über die Formen politischer Beteiligung, in: Ulrich von Alemann, 1975: Partizipation – Demokratisierung – Mitbestimmung. Opladen, S. 79-111.

Butler, David/Ranney, Austin (Hrsg.), 1994: Referendums around the World. The Growing Use of Direct Democracy. Washington D.C.

Carroll, Susan J., 1989: The Personal Is Political: The Intersection of Privat Lives and Public Roles Among Women and Men in Elective and Appointive Office, in: Women and Politics, Vol. 9, No. 2, S. 51 ff.

Claußen, Bernhard/Wasmund, Klaus (Hrsg.), 1982: Handbuch der politischen Sozialisation. Braunschweig.

Conradi, Peter, 1986: Stärkung der Autonomie der Bürger? In: Die Wiederkehr der Städte – Nachdenken über die Zukunft, Sondernummer "Demo-kratische Gemeinde", S. 120-124.

Cornelissen, Waltraud, 1995: Wege von Frauen in die Politik. Möglichkeiten und Grenzen von Kursen zur Qualifizierung für politische Aufgaben. Eine empirische Untersuchung. Bielefeld.

Cornelissen, Waltraud, 1993: Politische Partizipation in der alten Bundesrepublik und im vereinten Deutschland, in: Gisela Helwig/ Hildegard Maria Nickel (Hrsg.): Frauen in Deutschland 1945-1992, Bonn, S. 321-349.

Czada, Roland/Schmidt, Manfred G., 1993: Verhandlungsdemokratie, Interessenvermittlung, Regierbarkeit. Opladen.

Dahl, Robert A., 1961: Who Governs? Democracy and Power in an American City. New Haven.

Dalton, Russell J., 1996: Citizen Politics: Public Opinion and Political Parties in Advanced Industrial Democracies. Chatham/N.J.

Dalton, Russell J./Kuechler, Manfred (Hrsg.), 1990: Challenging the Political Order. Cambridge.

Dauscher, Ulrich, 1996: Moderationsmethode und Zukunftswerkstatt. Neuwied.

Derlien, Hans-Ulrich et al., 1976: Kommunalverfassung und kommunales Entscheidungssystem. Meisenheim.

Deutchman, Iva Ellen, 1991: The Politics of Empowerment, in: Women and Politics 11/2, S. 1 ff.

Deutscher Städtetag/Kommission Frauen in der Stadt (Hrsg.), 1995: Frauen verändern ihre Stadt. Köln.

Deutscher Volkshochschul-Verband e.V. et al (Hrsg.), 1990: Bürgerforum und Zukunftswerkstatt. Zur Wiederbelebung des politischen Diskurses als Aufgabe der Volkshochschule. Frankfurt/M.

Dickhaut, Wolfgang/Saad, Sascha, 1994: Überblick und Wertung von kooperativen Planungsverfahren für die Umweltplanung, in: UVP-rep, Nr. 1/8.

Die Oberbürgermeisterin der Bundesstadt Bonn/Gleichstellungsstelle (Hrsg.), 1995: Stadt der Männer, Stadt der Frauen. Die Zukunft der Stadt. Dokumentation des Symposiums vom 20./21. März 1995 im Wissenschaftszentrum Bonn. Bonn.

Die Präsidentin des Schleswig-Holsteinischen Landtags (Hrsg.), 1989: Frauen und Politik. Entwicklungen, Barrieren und Strategien in der Bundesrepublik und in skandinavischen Ländern. Kiel.

Domzig, Dörthe, 1995: "Da mach' ich mit." Beteiligung und Initiativen von Frauen in der Stadtplanung, in: Baden-Württemberg, Wirtschaftsministerium (Hrsg.): Frauen in der Stadt. Stuttgart, S. 7 ff.

Downs, Anthony, 1968: Ökonomische Theorie der Demokratie. Tübingen.

Ellwein, Thomas/Zoll, Ralf, 1982: Wertheim. Politik und Machtstrukturen einer Stadt. München.

Elster, Jon/Hylland, Aanund (Hrsg.), 1986: Foundations of Social Choice Theory. Cambridge.

Engelhardt, Eva, 1995: Gender und Partizipation, in: Entwicklungsethnologie, 4/2, S. 61-72.

Etzioni, Amitai, 1996: Die verantwortungsbewußte Gesellschaft. Zur Rolle gemeinsamer Werte für das Gleichgewicht zwischen Individuum und Gesellschaft, in: Warnfried Dettling (Hrsg.): Die Zukunft denken. Frankfurt/M.

Etzioni, Amitai, 1995: Die Entdeckung des Gemeinwesens. Stuttgart.

Feist, Ursula, 1991: Die Unterrepräsentanz von Frauen im politischen System der Bundesrepublik, in: Barbara Schaeffer-Hegel/Heidi Kopp-Degethoff (Hrsg.): Vater Staat und seine Frauen. Studien zur politischen Kultur. Pfaffenweiler.

Finkel, Steven E./Muller, Edward N./Opp, Karl-Dieter, 1989: Personal Influence, Collective Rationality, and Mass Political Action, in: American Political Science Review 83, S. 885-903.

Finkel, Steven E./Opp, Karl-Dieter, 1991: Party Identification in Collective Political Action, in: Journal of Politics 53/91, S. 339-371.

Florstedt-Borowski, Gisela, 1995: Kommunale Entscheidungsverläufe im Spannungsfeld zwischen Vertretungskörperschaft und Verwaltung. Eine empirische Untersuchung anhand ausgewählter Politikfelder in den Flächengemeinden Friedland (Niedersachsen) und Ahnatal (Hessen). Frankfurt/M.

Franck, Martin, 1989: Entscheidungsstrukturen und -prozesse auf kommunaler Ebene. Unveröffentlichte Magisterarbeit am Institut für Politische Wissenschaft, Universität Heidelberg. Heidelberg.

Frauengleichstellungsstelle Hagen, 1992: Stadtplanung und Stadterneuerung aus der Sicht von Frauen: "Das geht uns an". Hagen.

Fuchs, Dieter, 1984: Die Aktionsformen der neuen politischen Bewegungen, in: Jürgen Falter/Christian Fenner/Michael Th. Greven (Hrsg.): Politische Willensbildung und Interessenvermittlung. Opladen, S. 621-634.

Fülles, Mechtild, 1969: Frauen in Partei und Parlament. Köln.

Gabriel, Oscar W., 1988: Politische Partizipation und kommunale Politik. Strukturen, Bestimmungsfaktoren und Folgen kommunaler Partizipation, in: Aus Politik und Zeitgeschichte, Beilage zur Wochenzeitung "Das Parlament", B 29/ 88, S. 3-20.

Gabriel, Oscar W., 1981: Organisierte Interessen in der Kommunalpolitik, in: Sociologia internationalis, 19/81, S. 195-212.

Gabriel, Oscar W., 1979: Kommunalpolitik im Wandel der Gesellschaft. Eine Einführung in Probleme der politischen Willensbildung der Gemeinde. Königsstein.

Gallagher, Michael/Uleri, Pier Vincenzo, 1996: The Referendum Experience in Europe. London.

Gamble, Barbara S., 1997: Putting Civil Rights to a Popular Vote, in: American Journal of Political Science, Vol. 41, No. 1, S. 245-269.

Ganser, Karl, 1985: Erfahrungen der Städte und Gemeinden mit der Bürgerbeteiligung, in: Städtebaurecht auf dem Prüfstand – Anforderungen der Städte und Gemeinden für die 90er Jahre, Sondernummer der "Demokratischen Gemeinde", S. 25-29.

Gau, Doris, 1983: Politische Führungsgruppen auf kommunaler Ebene. München.

Geißel, Brigitte, 1995: Politisierungsprozesse und politische Sozialisation von Frauen. Überblick und Diskussion zum Forschungsstand in der aktuellen deutschen und anglosächsischen Literatur, in: Eva Maleck-Lewy/Virginia Penrose (Hrsg.): Gefährtinnen der Macht. Politische Partizipation von Frauen im vereinigten Deutschland – eine Zwischenbilanz. Berlin, S. 17-36.

Gessenharter, Wolfgang, 1996: Warum neue Beteiligungsmodelle auf kommunaler Ebene? Kommunalpolitik zwischen Globalisierung und Demokratisierung, in: Aus Politik und Zeitgeschichte, Beilage zur Wochenzeitung "Das Parlament", B 50/96, S. 3-13.

Goldberg, Ellis, 1996: Thinking About How Democracy Works, in: Politics and Society, Vol. 24, No. 1, Thousand Oaks/London/New Delhi, S. 7-8.

Grauhan, Rolf-Richard, 1971: Der politische Willensbildungsprozeß in der Gemeinde, in: Der Bürger im Staat, Heft 3/71.

Greiffenhagen, Sylvia, 1981: Politische Sozialisation, in: Martin Greiffenhagen (Hrsg.): Handwörterbuch zur politischen Kultur der Bundesrepublik Deutschland. Opladen.

Grote, Marita/Pohlmann-Rohr, Birgit/Zauke, Gabriele/Koczy, Marion, 1992: Traueninteressen in Planungsprozessen. ILS-Schriften 72. Hrsg.: Institut für Landes- und Stadtentwicklungsforschung des Landes Nordrhein-Westfalen. Dortmund.

Guggenberger, Bernd, 1993: Demokratie/Demokratietheorie, in: Dieter Nohlen (Hrsg.): Wörterbuch Staat und Politik. Bonn, S. 70-79.

Haasis, Hans-Arthur, 1990: Industriestädte im Wandel: Der Fall Mannheim. Baden-Baden.

Haasis, Hans-Arthur, 1978: Kommunalpolitik und Machtstruktur. Eine Sekundäranalyse deutscher empirischer Gemeindestudien. Frankfurt/M.

Hagemann-White, Carol, 1987: Können Frauen die Politik verändern? In: Aus Politik und Zeitgeschichte, Beilage zur Wochenzeitung "Das Parlament", B 9-10/87.

Hagemann-White, Carol, 1986: Hat die neue Frauenbewegung die politischen Partizipationsformen und die Wirkungsmöglichkeiten von Frauen verändert? In: Frauenforschung, Heft 4, S. 38-50.

Hardin, Russell, 1995: One for All. The Logic of Group Conflict. Princeton.

Heinz, Margarete, 1971: Über das politische Bewußtsein von Frauen. München.

Held, David, 1996: Models of Democracy. Cambridge.

Helwig, Gisela/Nickel, Hildegard-Maria (Hrsg.), 1993: Frauen in Deutschland 1945 - 1992. Bundeszentrale für politische Bildung, Band 318. Bonn.

Hepp, Gerhard/Schiele, Siegfried/Uffelmann, Uwe (Hrsg.), 1994: Die schwierigen Bürger. Herbert Schneider zum 65. Geburtstag. Schwalbach.

Herriger, Norbert, 1995: Empowerment, in: Sozialmagazin, Heft 3.

Herriger, Norbert, 1993: Selbstbestimmt leben, Interessen vertreten, Selbstorganisation fördern, in: Soziale Arbeit, Heft 12.

Herriger, Norbert, 1992: Empowerment – eine neue Zauberformel der sozialen Arbeit? In: Soziale Arbeit 7/92, S. 231-335.

Hesse, Joachim Jens (Hrsg.), 1989: Kommunalwissenschaften in der Bundesrepublik Deutschland. Baden-Baden.

Hilterscheid, Hermann, 1970: Industrie und Gemeinde. Die Beziehungen zwischen der Stadt Wolfsburg und dem Volkswagenwerk und ihre Auswirkungen auf die kommunale Selbstverwaltung. Berlin.

Honneth, Axel (Hrsg.), 1993: Kommunitarismus. Eine Debatte über die moralischen Grundlagen moderner Gesellschaften. Frankfurt/New York.

Hoecker, Beate, 1996: Politische Partizipation von Frauen im vereinigten Deutschland, in: Aus Politik und Zeitgeschichte, Beilage zur Wochenzeitung "Das Parlament", B 21-22/96.

Hoecker, Beate, 1995: Politische Partizipation von Frauen. Ein einführendes Studienbuch. Opladen.

Hoecker, Beate, 1987a: Frauen in der Politik. Erklärungsansätze zur Politisierung von Frauen. Eine soziologische Studie. Opladen.

Hoecker, Beate, 1987b: Politik: Noch immer kein Beruf für Frauen? In: Aus Politik und Zeitgeschichte, Beilage zur Wochenzeitung "Das Parlament", B 9-10/87, S. 3-14.

Hoecker, Beate, 1986: Frauen in der Politik. Gängige Hypothesen zum Präsenzdefizit auf dem empirischen Prüfstand in Bremen, in: Zeitschrift für Parlamentsfragen 1/86, S. 65-82.

Höschele-Frank, Cornelia, 1990: Biographie und Politik. Identitätsbildungs- und Politisierungsprozesse von Frauen in neuen sozialen Bewegungen. Stuttgart.

Horstkötter, Marianne, 1990: Frauen in der Kommunalpolitik: Einflußfaktoren auf die politische Partizipation von Frauen in den kommunalen Räten. Eine Regionalstudie. Frankfurt/M.

Hunter, Floyd, 1953: Community Power Structure: A Study of Decision Makers. Chapel Hill.

Huntington, Samuel P., 1968: Political Order in Changing Societies. Yale.

Infratest Burke Sozialforschung, 1995: Erfolg von Frauen bei Kommunalwahlen in Baden-Württemberg. München.

Inglehart, Ronald, 1995: Kultureller Umbruch. Frankfurt/M.

Jürgens, Gunther, 1992: Direkte Demokratie in den Bundesländern. Stuttgart.

Jungk, Robert/Müller, Norbert R., 1981: Zukunftswerkstätten. Hamburg.

Kaase, Max, 1993a: Politische Beteiligung/Politische Partizipation, in: Uwe Andersen/Wichard Woyke (Hrsg.): Handwörterbuch des politischen Systems der Bundesrepublik Deutschland. Opladen, S. 429-433.

Kaase, Max, 1993b: Partizipation, in: Dieter Nohlen (Hrsg.): Wörterbuch Staat und Politik. Bonn, S. 466-471.

Kaase, Max, 1992a: Vergleichende Politische Partizipationsforschung, in: Dirk Berg-Schlosser, Vergleichende Politikwissenschaft. Ein einführendes Studienbuch. Opladen, S. 145-160.

Kaase, Max, 1992b: Politische Beteiligung, in: Manfred G. Schmidt (Hrsg.): Die westlichen Länder, Lexikon der Politik, Band 3. München, S. 339-346.

Kaase, Max, 1990: Mass Participation, in: M. Kent Jennings/Jan W. van Deth et al.: Continuities in Political Action: A Longitudinal Study of Political Orientations in Three Western Democracies. Berlin, S. 23-64.

Kaase, Max, 1984: Politische Beteiligung in den 80er Jahren: Strukturen und Idiosynkrasien, in: Jürgen Falter/Christian Fenner/Michael Th. Greven (Hrsg.): Politische Willensbildung und Interessenvermittlung. Opladen, S. 338-350.

Kaase, Max, 1982: Partizipatorische Revolution – Ende der Parteien? In: Joachim Raschke (Hrsg.): Bürger und Parteien. Ansichten und Analysen einer schwierigen Beziehung. Opladen.

Kaase, Max, 1981: Politische Beteiligung und politische Ungleichheit – Betrachtungen zu einem Paradoxon, in: Lothar Albertin/Werner Link (Hrsg.): Politische Parteien auf dem Weg zur parlamentarischen Demokratie in Deutschland. Düsseldorf.

Kaase, Max/Neidhardt, Friedhelm, 1990: Politische Gewalt und Repression – Ergebnisse von Bevölkerungsumfragen, in: Hans-Dieter Schwind et al. (Hrsg.): Ursachen, Prävention und Kontrolle von Gewalt. Analysen und Vorschläge der Unabhängigen Regierungskommission zur Verhinderung und Bekämpfung von Gewalt (Gewaltkommission). Berlin.

Karhoff, Brigitte/Steinmaier, Helga/Ring, Rosemarie (FOPA), 1993: Frauen verändern ihre Stadt. Selbstorganisierte Projekte in der sozialen und ökologischen Stadterneuerung. Zürich.

Kaschytza, Jörg, 1994: Stadtteilvertretungen in Heidelberg. Die Bezirksbeiräte in der kommunalpolitischen Landschaft. Unveröffentlichte Magisterarbeit am Institut für Politische Wissenschaft, Universität Heidelberg. Heidelberg.

Kevenhörster, Paul/Windhoff-Héritier, Adrienne/Crone, Michael, 1980: Politik in einer neuen Großstadt. Entscheidungen im Spannungsfeld von City und Stadtbezirken. Opladen.

Kevenhörster, Paul (Hrsg.), 1977: Lokale Politik unter exekutiver Führerschaft. Meisenheim.

Kleinfeld, Ralf, 1996: Kommunalpolitik. Eine problemorientierte Einführung, in: Ulrich von Alemann/Roland Czada/Georg Simonis (Hrsg.): Grundwissen Politik, Band 18. Opladen.

Klinger, Cornelia, 1994: Die politische Theoriediskussion der Gegenwart in einer feministischen Perspektive, in: Schweizerische Vereinigung für Politische Wissenschaft (Hrsg.): Jahrbuch, Nr. 34: Frauen und Politik. Bern/Stuttgart.

Kloeck, Tilo, 1994: Empowerment, in: Jahrbuch Gemeinwesenarbeit, Band 5.

Knemeyer, Franz-Ludwig, 1995: Bürgerbeteiligung und Kommmunalpolitik: eine Einführung in die Mitwirkungsrechte von Bürgern auf kommunaler Ebene. München.

Knoke, David, 1990: Political Networks. The Structural Perspective. Cambridge.

Köcher, Renate, 1994: Politische Partizipation und Wahlverhalten von Frauen und Männern, in: Aus Politik und Zeitgeschichte, Beilage zur Wochenzeitung "Das Parlament", B 11/94, S. 24-31.

Korte, Hermann, 1980: Funktionswandel, bürgerschaftliches Engagement und Identifikationsmöglichkeiten im kommunalen Raum, in: Akademie für Raumforschung und Landesplanung (Hrsg.): Die Kommune als Partner der Raumordnung und Landesplanung. Hannover, S. 43-50.

Kreisky, Eva, 1992: Der Staat als "Männerbund" – Der Versuch einer feministischen Staatssicht, in: Elke Biester et al (Hrsg.): Staat aus feministischer Sicht. Dokumentation des workshops der ad-hoc-Gruppe "Politik und Geschlecht" in der DVPW. Berlin.

Kriesi, Hanspeter, 1991: The Political Opportunity Structure of New Social Movements, in: Wissenschaftszentrum Berlin für Sozialforschung. Berlin.

Kriesi, Hanspeter/Wisler, Dominique, 1996: Social Movements and Direct Democracy in Switzerland, in: European Journal of Politics, Vol. 30/96, S. 19-40.

Kromrey, Helmut 1991: Empirische Sozialforschung. Opladen.

Kulke, Christine, 1991: Politische Sozialisation und Geschlechterdifferenz, in: Klaus Hurrelmann/Dieter Ulich (Hrsg.): Neues Handbuch der Sozialisationsforschung. Weinheim/Basel.

Laumann, Edward O./Pappi, Franz-Urban, 1977: Neue Ansätze zur Erforschung kommunaler Eliten, in: Paul Kevenhörster (Hrsg.): Lokale Politik unter exekutiver Führerschaft. Meisenheim.

Laumann, Edward O./Pappi, Franz-Urban, 1976: Networks of Collective Action. A Perspective on Community Influence Systems. New York.

Levi, Margaret, 1996: Social and Unsocial Capital: A Review Essay of Robert Putnam's Making Democracy Work, in: Politics and Society, Vol. 24, No.1/96. Thousand Oaks/London/New Delhi, S. 45-55.

Lindner, Clausjohann, 1990: Kritik der Theorie der partizipatorischen Demokratie. Opladen.

Luckmann, Benita, 1970: Politik in einer deutschen Kleinstadt. Stuttgart.

Luthardt, Wolfgang, 1997: Probleme und Perspektiven direkter Demokratie in Deutschland, in: Aus Politik und Zeitgeschichte, Beilage zur Wochenzeitung "Das Parlament", B 14/97, S. 13-22.

Luthardt, Wolfgang, 1994: Direkte Demokratie. Ein Vergleich in Westeuropa. Baden-Baden.

Luthardt, Wolfgang, 1992: Direkte Demokratie, in: Manfred G. Schmidt (Hrsg.): Die westlichen Länder, Lexikon der Politik, Band 3. München.

Marsh, Alan/Kaase, Max, 1979: Background of Political Action, in: Samuel H. Barnes/Kaase, Max et al.: Political Action. Mass Participation in Five Western Democracies. Beverly Hills. S. 97-136.

Marsh, Alan/Kaase, Max 1979: Measuring Political Action, in: Samuel H. Barnes/Kaase, Max et al.: Political Action. Mass Participation in Five Western Democracies. Beverly Hills. S. 57-96.

Martin-Luther-Gemeinde Steilshoop, Hamburg et al (Hrsg.), 1991: Zukunftswerkstatt "Ältere Menschen in Steilshoop". Arbeitsbericht. Hamburg.

Martwich, Barbara (Hrsg.), 1991: FrauenPläne: Stadtumbau, sozialer Wandel und Naueninteressen. Darmstadt.

Mayntz, Renate, 1958: Soziale Schichtung und sozialer Wandel in einer Industriegemeinde. Eine soziologische Untersuchung der Stadt Euskirchen. Stuttgart.

Meyer, Birgit, 1992: Die "unpolitische" Frau. Politische Partizipation von Frauen oder: Haben Frauen ein anderes Verständnis von Politik? In: Aus Politik und Zeitgeschichte, Beilage zur Wochenzeitung "Das Parlament", B 25-26/92, S. 3-18.

Meyer, Birgit, 1990: Frauenpolitik und Frauenleitbilder der Parteien in der Bundesrepublik, in: Aus Politik und Zeitgeschichte, Beilage zur Wochenzeitung "Das Parlament", B 34-35/90, S. 16-28.

Meyer, Birgit, 1987: Frauen an die Macht!? Politische Strategien zur Durchsetzung der Gleichberechtigung von Mann und Frau. In: Aus Politik und Zeitgeschichte, Beilage zur Wochenzeitung "Das Parlament", B 9-10/87, S. 15-28.

Milbrath, Lester W./Goel, M.L., 1965: Political Participation. Chicago.

Minkler, Meredith, 1994: "Community Organizing" als Gesundheitsförderung, in: Rolf Rosenbrock (Hrsg.): Präventionspolitik. Gesellschaftliche Strategien der Gesundheitssicherung. Berlin, S. 247-267.

Molitor, Ute, 1992: Wählen Frauen anders? Zur Soziologie eines frauenspezifischen Verhaltens in der Bundesrepublik Deutschland. Baden-Baden.

Mörtel, Gudrun, 1984: Entwicklung und Stand der politischen Partizipation der Frauen in der Bundesrepublik Deutschland, mit einem Vergleich Großbritannien, Frankreich, USA. München.

Morlock, Oliver, 1991: Innerparteiliche Willensbildung auf kommunaler Ebene. Unveröffentlichte Seminararbeit an der Verwaltungshochschule Speyer. Speyer.

Müller, Ferdinand/Schmidt, Manfred G., 1979: Empirische Politikwissenschaft. Stuttgart.

Müller, Hans-Ulrich/Seidenspinner, Gerlinde, 1990: Weibliche Lebensentwürfe und Stadtplanung, in: Bundesforschungsanstalt für Landeskunde und Raumordnung: Informationen zur Raumentwicklung. Frauen und räumliche Forschung, Heft 8/9. Bonn.

Muller, Edward N., 1979: Aggressive Political Participation. Princeton.

Naschold, Frieder, 1972: Zum Problem des Machtkonzepts, in: Ralf Zoll (Hrsg.): Die Gemeinde als Alibi. München, S. 14-19.

Naßmacher, Hiltrud, 1991a: Frauen und lokale Politik, in: Bernhard Blanke (Hrsg.): Staat und Stadt. Systematische, vergleichende und problemorientierte Analysen "dezentraler" Politik, PVS-Sonderheft 22. Opladen.

Naßmacher, Hiltrud, 1991b: Vergleichende Politikforschung. Eine Einführung in Probleme und Methoden. Opladen.

Neidhart, Leonhard, 1987: Regierungs- und Verwaltungssystem in der Schweiz und der Bundesrepublik Deutschland – ein Vergleich, in: Adrienne Windhoff-Héritier (Hrsg.): Verwaltung und ihre Umwelt. Opladen, S. 170-193.

Nelles, Wilfried/Oppermann, Reinhard, 1980: Partizipation und Politik. Göttingen.

Norris, Pippa, 1991: Gender Differences in Political Participation in Britain: Traditional, Radical and Revisionist Models, in: Government and Opposition. An International Journal of Comparative Politics, Jg. 26, 1/91, S. 56-74.

Norris, Pippa, 1985: Women's Legislative Participation in Western Europe, in: West European Politics, 4/85, S. 92-101.

Offe, Claus/Preuss, Ulrich K., 1990: Democratic Institutions and Moral Resources, ZeS-Arbeitspapier Nr. 5/90, hrsg. vom Zentrum für Sozialpolitik, Universität Bremen.

Olson, Mancur, 1965: The Logic of Collective Action. New York.

Oomen-Welke, Ingelore/Thum, Bettina, 1991: Unsere Stadt braucht Frauen – wir machen mit!" Ein Seminar zur politischen Bildung von Frauen. Bericht über ein Pilotprojekt. Stuttgart.

Opp, Karl-Dieter/Roehl, Wolfgang, 1990: Der Tschernobyl-Effekt. Eine Untersuchung über die Ursachen politischen Protests. Opladen.

Opp, Karl-Dieter, 1990: Postmaterialism, Collective Action, and Political Protest, in: American Journal of Political Science, 34/90, S. 212-235.

Parry, Geraint/Moyser, George/Day, Neil, 1992: Political Participation and Democracy in Britain. Cambridge.

Pateman, Carole, 1970: Participation and Democratic Theory. Cambridge.

Penrose, Virginia, 1993: Orientierungsmuster des Karriereverhaltens deutscher Politikerinnen. Bielefeld.

Pfaff, Martin/Deimer, Klaus 1994: Zukunftswerkstatt Augsburg. Zwischenbilanz und Perspektiven. Augsburg.

Pfizer, Theodor/Wehling, Günter (Hrsg.): Kommunalpolitik in Baden-Württemberg. Stuttgart 1991.

Phillips, Anne, 1995: Geschlecht und Demokratie. Hamburg.

Pohlmann-Rohr, Birgit, 1994: Frauengerechter Wohnungs- und Städtebau, in: Baukultur, Nr. 4.

Putnam, Robert D., 1995a: Tuning In, Tuning Out: The Strange Disappearance of Social Capital in America, in: PS: Political Science & Politics, Vol. 28, No. 4 (December 95), S. 664-683.

Putnam, Robert D., 1995b: Bowling Alone: America's Declining Social Capital, in: Journal of Democracy, Vol. 6, No. 1 (January 95), S. 65-78.

Putnam, Robert D., 1993: Making Democracy Work. Civic Traditions in Modern Italy. Princeton.

Raschke, Joachim, 1993: Die Grünen. Wie sie wurden, was sie sind. Frankfurt/M.

Raschke, Joachim, 1985: Soziale Bewegungen. Ein historisch-systematischer Grundriß. Frankfurt/New York.

Reichardt-Dreyer, Ingrid, 1987: Warum tun sich Frauen schwer mit der aktiven Politik? In: Die Frau in unserer Zeit, 3/87.

Richter, Dagmar, 1991: Geschlechtsspezifische Sozialisation und politische Bildung. Hamburg.

Rodenstein, Marianne, 1980: Feministische Stadt- und Regionalforschung. Ein Überblick über Stand, aktuelle Probleme und Entwicklungsmöglichkeiten, in: Kerstin Dörhöfer/Deutsche Gesellschaft für Soziologie, Sektion Frauenforschung (Hrsg.): Stadt – Land – Frau. Soziologische Analysen, feministische Planungsansätze. Freiburg.

Roemheld, Regine (Hrsg.), 1994: Traueninteressen – Frauenpolitik. Definitionen und Initiativen. Weinheim.

Roemheld, Regine, 1985: Einmischung. Über die Politisierung von Frauen im ländlichen Raum. Siegen.

Roth, Roland/Wollmann, Hellmut (Hrsg.), 1993: Kommunalpolitik. Politisches Handeln in den Gemeinden. Bonn.

Roth, Roland, 1994: Demokratie von unten. Neue soziale Bewegungen auf dem Wege zur politischen Institution. Köln.

Roth, Roland, 1991: Herausforderung demokratischer Institutionen durch neue Formen politscher Mobilisierung. Zur Situation in der Bundesrepublik Deutschland, in: Schweizerisches Jahrbuch für Politikwissenschaft, 31/91, S. 209-233.

Rubart, Frauke, 1988: Partizipation von Frauen in neuen sozialen Bewegungen, in: Aus Politik und Zeitgeschichte, Beilage zur Wochenzeitung "Das Parlament", B 42/88.

Rudzio, Wolfgang, 1991: Das politische System der Bundesrepublik Deutschland, Opladen.

Sandmann-Bremme, Gabriele, 1956: Die Rolle der Frau in Deutschland. Göttingen.

Sartori, Giovanni, 1992: Demokratietheorie. Darmstadt.

Sauer, Birgit, 1994: Was heißt und zu welchem Zwecke partizipieren wir? Kritische Anmerkungen zur Partizipationsforschung, in: Biester, Elke/Holland-Cunz, Barbara/Sauer, Birgit (Hrsg.): Demokratie oder Androkratie? Theorie und Praxis demokratischer Herrschaft in der feministischen Diskussion. Frankfurt, S. 99-130.

Schaeffer-Hegel, Barbara (Hrsg.), 1995: Frauen mit Macht. Pfaffenweiler.

Schaeffer-Hegel, Barbara/Heidi Kopp-Degethoff (Hrsg.), 1991: Vater Staat und seine Frauen. Pfaffenweiler.

Schaeffer-Hegel, Barbara (Hrsg.), 1984: Frauen und Macht. Berlin.

Scharpf, Fritz W., 1975: Demokratietheorie zwischen Utopie und Anpassung. Kronberg.

Scheu, Hildegard, 1995: Entwicklungsziel: Frauenmacht! Umbrüche der Moderne, Band 3. Frankfurt.

Scheuch, Erwin K./Nuttal, Ronald L./Gordon, Chad, 1965: A Process Approach to Metropolitan Decision-Making. Paper presented at the annual meeting of the Eastern American Sociological Society. Boston.

Schlozman, Kay/Burns, Nancy/Verba, Sidney, 1994: Gender and the Pathways to Participation: The Role of Resources, in: Journal of Politics, Vol. 56, No. 4/94, S. 963-990.

Schmals, Klaus M./Siewert, Hans-Jörg, 1982: Kommunale Macht- und Entscheidungsstrukturen. München.

Schmidt, Manfred G., 1997: Demokratietheorien. Eine Einführung. Opladen.

Schmidt, Manfred G., 1996: Germany – The Grand Coalition State, in: Colomer, Josep M. (ed.): Political Institutions in Europe. London/New York.

Schmidt, Manfred G., 1995: Wörterbuch zur Politik. Stuttgart.

Schmidt, Manfred G., 1992: Frauen: Teilhabechancen in Wirtschaft, Gesellschaft und Politik, in: Manfred G. Schmidt (Hrsg.): Die westlichen Länder, Lexikon der Politik, Band 3. München.

Schmidt, Manfred G., 1984: Zur sozialen, wirtschaftlichen und politischen Benachteiligung von Frauen im internationalen Vergleich, in: Ilona Kickbusch/Barbara Riedmüller (Hrsg.): Die armen Frauen. Frauen und Sozialpolitik. Frankfurt.

Schmidtchen, Gerhard, 1989: Jugend und Staat. Übergänge von der Bürger-Aktivität zur Illegalität. Eine empirische Untersuchung zur Sozialpsychologie der Demokratie, in: Ulrich Matz/Gerhard Schmidtchen: Gewalt und Legitimität, Analysen zum Terrorismus. Opladen, S. 106 ff.

Schmidtchen, Gerhard, 1984: Die Situation der Frau. Berlin.

Schneider, Herbert, 1997: Stadtentwicklung als politischer Prozeß: Stadtentwicklungsstrategien in Heidelberg, Wuppertal, Dresden und Trier. Opladen.

Schneider, Herbert, 1977: Landpolitik in einer Landgemeinde. Entscheidungsstrukturen und Partizipationsmöglichkeiten, in: Aus Politik und Zeitgeschichte, Beilage zur Wochenzeitung "Das Parlament", B 3/77, S. 21-39.

Schnell, Rainer/Hill, Paul B./Esser, Elke, 1993: Methoden der empirischen Sozialforschung. München/Wien.

Schnitger, Elke, 1990: Frauen und Parlamente, Verhältnisse und Verhinderungen. Oldenburg.

Schöler-Macher, Barbara, 1994: Die Fremdheit der Politik. Erfahrungen von Frauen in Parteien und Parlamenten. Weinheim.

Schöler-Macher, Barbara, 1992: Auf den Spuren einer möglichen Fremdheit von Frauen in der Politik, in: Angelika Wetterer (Hrsg.): Profession und Geschlecht. Über die Marginalität von Frauen in hochqualifizierten Berufen. Frankfurt/New York, S. 257-276.

Schöler-Macher, Barbara, 1991: Fremd(körper) in der Politik. Die Normalität des politischen Alltags in Parteien und Parlamenten aus der Sicht von Frauen, in: Frauenforschung 1+2/91.

Schönhuth, Michael, 1996: "PRA" (Participatory Rural Appraisal) im Diskurs, in: Entwicklungsethnologie, 5/2, S. 11.

Schuster, Franz/Dill, Günter W., 1992: Aufgaben der Kommunalpolitik in den 90er Jahren: Stellungnahme des Sachverständigenrates zur Neubestimmung der kommunalen Selbstverwaltung beim Institut für Kommunalwissenschaften der Konrad-Adenauer-Stiftung e.V. Köln.

Schweizerische Vereinigung für Politische Wissenschaft (Hrsg.), 1994: Jahrbuch, Nr. 34: Frauen und Politik. Bern/Stuttgart.

Siewert, Hans-Jörg, 1979: Lokale Politiksysteme. Königstein/Ts.

Sineau, Mariette, 1988: Des Femmes en Politique. Paris.

Sinning, Heidi, 1995: Verfahrensinnovationen kooperativer Stadt- und Regionalentwicklung, in: Raumforschung und Raumordnung, Nr.3/53. Köln.

Sozialministerium Baden-Württemberg, 1997: Frauen AKTIV in Baden-Württemberg, Nr. 1/97. Stuttgart.

Squires, Judith, 1994: Citizenship: Androgynous or Engendered Participation? In: Schweizerische Vereinigung für Politische Wissenschaft (Hrsg.): Jahrbuch, Nr. 34: Frauen und Politik. Bern/Stuttgart.

Stadt Heidelberg/Amt für Stadtentwicklung und Statistik, 1997: Heidelberg-Studie 1997. Ergebnisse einer Umfrage in Heidelberg, durchgeführt von Studierenden des Instituts für Politische Wissenschaft an der Universität Heidelberg im Juni 1997. Heidelberg.

Stadt Heidelberg/Amt für Frauenfragen, 1997: Fünf Jahre Amt für Frauenfragen. Ein Arbeitsbericht. Heidelberg.

Stadt Heidelberg/Amt für Frauenfragen (Hrsg.), 1996: Der Frauenalltag als Planungsgrundlage. Beispiel Emmertsgrund. Heidelberg.

Stadt Heidelberg/Amt für Frauenfragen (Hrsg.), 1996: Zukunftswerkstätten – Heidelbergerinnen mischen sich ein in die Stadtteilgestaltung: Wenn nicht wir, wer dann? Ein Zwischenbericht. Heidelberg.

Stadt Heidelberg/Amt für Frauenfragen (Hrsg.), 1995: Fraueninteressen an Stadtentwicklung. Heidelberg.

Stadt Heidelberg, 1995a: Schriften zur Stadtentwicklung. Stadtentwicklung Heidelberg 2010. Entwurf, Leitlinien und Ziele. Konzept zur Konsensfindung und Umsetzung. Heidelberg.

Stadt Heidelberg, 1995b: Schriften zur Stadtentwicklung. Szenarien zur Stadtentwicklung Heidelberg 2010 mit Diskussionspapier. Heidelberg.

Stadt Heidelberg/Heidelberger Straßen- und Bergbahn AG 1993: Empfehlungen des Verkehrsforums zum Verkehrsentwicklungsplan Heidelberg. Dokumentation der Arbeitsergebnisse März 1991-Juni 1993. Heidelberg.

Stadt Karlsruhe/Frauenbeauftragte und Stadtplanungsamt (Hrsg.), 1988: Frauen im Wohnumfeld. Neue Sichtweisen in der städtebaulichen Planung. Betrachtung der Wohnsituation von Frauen nach einer Umfrage in drei Karlsruher Stadtteilen. Karlsruhe.

Stang, Sabine, 1994: Frauen in der Stadt – Stadt für Frauen. Frauen und Stadtplanung. Dortmund.

Stein, Ursula, 1993: Frauen planen die Stadt. Dokumentation eines Kolloquiums des Bundesministeriums für Raumordnung, Bauwesen und Städtebau und der Bundesforschungsanstalt für Landeskunde und Raumordnung am 25.02.93 in Bonn. Bonn.

Stelzenmüller, Constanze, 1994: Direkte Demokratie in den Vereinigten Staaten von Amerika. Baden-Baden.

Tarrow, Sidney, 1991: Kollektives Handeln und politische Gelegenheitsstruktur in Mobilisierungswellen: Theoretische Perspektiven, in: Kölner Zeitschrift für Soziologie und Sozialpsychologie, Jg. 43, Heft 4, S. 647-670.

Thomassen, Wolfgang, 1988: Politische Partizipation und Stadtentwicklung. München.

Tsebelis, George, 1995: Decision Making in Political Systems: Veto Players in Presidentialism, Parliamentarism, Multicameralism and Multipartyism, in: British Journal of Political Science, Vol. 25, S. 289-325.

Tübingen, Gleichstellungsbeauftragte (Hrsg.), 1990: Frauen in der Stadt. Dokumentation. Tübingen.

Tullock, Gordon/Brady, Gordon (Hrsg.), 1994: On the Trail of the Homo Economicus. Fairfax.

Tullock, Gordon, 1971: The Paradox of Revolution, in: Public Choice 11/71, S. 89-99.

Uehlinger, Hans-Martin, 1988: Politische Partizipation in der Bundesrepublik. Opladen.

Ueltzhöffer, Jörg, 1975: Die kommunale Machtelite und der politische Willensbildungsprozeß in der Gemeinde, in: Hans-Georg Wehling (Hrsg.): Kommunalpolitik. Hamburg.

Universität Kiel, Institut für Soziologie (Hrsg.), 1989: Frauen in Beruf, Haushalt und Öffentlichkeit. Ergebnisse des Schleswig-Holstein-Surveys 1989. Kiel.

Verba, Sidney/Burns, Nancy/Schlozman, Kay, 1997 : Knowing and Caring about Politics: Gender and Political Engagement, in: The Journal of Politics, Vol. 59, No. 4, S. 1051-1072.

Verba, Sidney/Schlozman, Kay/Brady, Henry, 1995: Voice and Equality. Civic Voluntarism in American Politics. Cambridge.

Verba, Sidney/Schlozman, Kay/Brady, Henry /Nie, Norman, 1993: Citizen Activity: Who Participates? What Do They Say? In: American Political Science Review, Vol. 87, No. 2, S. 303-318.

Verba, Sidney/Nie, Norman/Kim, Jae On, 1978: Participation and Political Equality. A Seven-Nation Comparison. Cambridge.

Verba, Sidney/Nie, Norman, 1972: Participation in America: Political Democracy and Social Equality. New York.

Verein Ökostadt, Basel/Ökozentrum Langenbruck (Hrsg.), 1989: Vorprojekt Ökostadt Basel. Erste Schritte in Richtung Ökostadt Basel. Bericht an den Regierungsrat des Kantons Basel-Stadt. Basel.

Vilmar, Fritz (Hrsg.), 1975: Industrielle Demokratie in Westeuropa. Reinbek.

Weber, Ulla/Esch, Marion/Schaeffer-Hegel, Barbara, 1998: Politikerin als Beruf. Ergebnisse einer Untersuchung zur politischen Bildung und Professionalisierung von Frauen für die Politik, in: Aus Politik und Zeitgeschichte, Beilage zur Wochenzeitung "Das Parlament", B 22-23/98, S. 3-11.

Wehling, Hans-Georg, 1992: Kommunalpolitik, in: Manfred G. Schmidt (Hrsg.): Die westlichen Länder, Lexikon der Politik, Band 3. München.

Westle, Bettina, 1992: Politische Partizipation, in: Oscar W. Gabriel (Hrsg.): Die EG-Staaten im Vergleich. Bonn, S. 135-172.

Whitely, Paul F./Seyd, Patrick, 1996: Rationality and Party Activism: Encompassing Tests of Alternative Models of Political Participation, in: European Journal 29/96, S. 215-234.

Wollmann, Hellmut, 1975: Der Altstadtsanierung erster Teil als Cityerweiterungsplan – der Fall Heidelberg, in: Rolf Richard Grauhan (Hrsg.): Lokale Politikforschung. Frankfurt/New York.

Wuppertal, Kulturamt, Amt für Stadtentwicklung (Hrsg.), 1990: "Zukunftswerkstätten" und "Bürgerplanungen", Urbs 86, Stadt und Kultur. Wuppertal.

Zentralarchiv für empirische Sozialforschung an der Universität zu Köln/Zentrum für Umfragen, Methoden und Analysen (ZUMA), 1996: Allgemeine Bevölkerungsumfrage der Sozialwissenschaften (ALLBUS) 1996. ALLBUS-Codebuch. Köln.

Zimmermann, Ulrike, 1990: Die politische Partizipation von Frauen in den Bezirksverordnetenversammlungen Berlins. Unveröffentlichte Diplomarbeit am Fachbereich Politikwissenschaft der FU Berlin. Berlin.

Zoll, Ralf, 1972: Gemeinde als Alibi. Materialien zur politischen Soziologie der Gemeinde. München.

AKTUELLE BÜCHER

von Busse, Mark-Christian
Faszination und Desillusionierung. **Stalinismusbilder von sympathisierenden und abtrünnigen Intellektuellen**
Freiburger Arbeiten zur Soziologie der Diktatur, Bd. 6, 2000, 606 + XVI S.,
ISBN 978-3-8255-0271-3, 69,00 DM

Claas, Babette
Gleichberechtigt in den Parteien? Der Gleichberechtigungsartikel und die Parteien in der Geschichte der Bundesrepublik Deutschland
Feministische Theorie und Polititk, Band 14, 2000, 360 S., br.,
ISBN 978-3-8255-0300-0, ca. 60,00 DM

Dörr, Bea / Kaschuba, Gerrit / Maurer, Susanne
„Endlich habe ich einen Platz für meine Erinnerungen gefunden".
Kollektives Erinnern von Frauen in Erzählcafés zum Nationalsozialismus
Forschungen zum Nationalsozialismus, Band 1, 2. Auflage 2000, 176 Seiten, Abb., br.,
ISBN 978-3-8255-0245-4, 24,80 DM

Koppenhöfer, Eva
Frauen und Zigaretten. Über das Ambivalente am Rauchen und seine Ausprägungen in weiblichen Lebenszusammenhängen
Betrifft: Geschlecht. Diskussionsbeiträge junger Wissenschaftlerinnen, Band 2,
2000, 200 Seiten, br. ISBN 978-3-8255-0274-4, 49,80 DM

KZ-Gedenkstätte Mannheim - Sandhofen / Association des déportés de Mannheim, Saint-Dié (Hg.)
Die Männer von Saint-Dié / Les Hommes de Saint-Dié. Erinnerungen an eine Verschleppung. Mit einem Vorwort von Annette Schavan
Reihe Geschichtswissenschaft, Bd. 47, 2000, 320 S., 100 Abb.,
ISBN 978-3-8255-0297-3, 49,80 DM

Ley, Ulrike
Einerseits und Andererseits. Das Dilemma liberaler Frauenrechtlerinnen in der Politik. Zu den Bedingungen politischer Partizipation von Frauen im Kaiserreich
Forum Politik & Geschlechterverhältnisse, Band, 1, 1999, 230 Seiten, br.,
ISBN 978-3-8255-0229-4, 59,80 DM

Puschmann, Claudia
Fahrende Frauenzimmer. Zur Geschichte der Frauen an deutschen Wanderbühnen
Frauen in Geschichte und Gesellschaft, Band 34, 2000, 172 Seiten, br.,
ISBN 978-3-8255-0272-0, 49,80 DM

CENTAURUS VERLAG

AKTUELLE BÜCHER

Reinert, Kirsten
Frauen und Sexualreform 1897-1933
Forum Frauengeschichte, Band 22, 2000, 346 Seiten, Abb., br.,
ISBN 978-3-8255-0258-4, 59,80 DM

Schmeling, Anke
Nicht Wieder Gut Zu Machen. Die bundesdeutsche
Entschädigung psychischer Folgeschäden von NS-Verfolgten
Studien und Materialien zum Rechtsextremismus, Bd. 7, 2000, 274 + X S.,
ISBN 978-3-8255-0267-6, 58,00 DM

Sitter, Carmen
„Die eine Hälfte vergißt man(n) leicht!" Zur Situation von
Journalistinnen in Deutschland unter besonderer Berücksichtigung
des 20. Jahrhunderts
Frauen*Gesellschaft*Kritik, Band 31, 1998, 580 Seiten, Abb., br.,
ISBN 978-3-8255-0212-6, 49,80 DM

Reuter, Wilfried
Militärpsychologie in der DDR
Historische Psychologie, Bd. 1, 1. Auflage 2000, 222 S.,
ISBN 978-3-8255-0308-6, ca. 50,00 DM

Tübinger Institut für frauenpolitische Sozialforschung (Hg.)
Den Wechsel im Blick. Methodologische Ansichten
feministischer Sozialforschung
Aktuelle Frauenforschung, Band 40, 2. Auflage 2000, 328 Seiten, br.,
ISBN 978-3-8255-0221-8, 49,80 DM

Wonneberger, Eva / Marten, Susanne
„Eigenes Geld - Eigenes Glück?" Risiken und Chancen
der beruflichen Selbständigkeit für Frauen
Aktuelle Frauenforschung, Band 23, 2000, 108 Seiten, Abb., br.,
ISBN 978-3-8255-0280-5, 29,80 DM

Kroll, Renate / Stoye, Sabine
Bibliographie der deutschsprachigen Frauenliteratur 1998/1999.
Belletristik – Sachbuch – Gender Studies
Bibliographie der deutschsprachigen Frauenliteratur, Bd. 5, 2000, 420 S.,
ISBN 978-3-8255-0312-3, ca. 60,00 DM
Diese jährlich erscheinende Bibliographie erfaßt die von Frauen im deutschsprachigen Raum publizierten Texte - ein unentbehrliches Nachschlagewerk für Bibliotheken, (Frauen)Buchhandlungen, WissenschaftlerInnen und alle an Frauenliteratur Interessierte.

CENTAURUS VERLAG

If you have any concerns about our products,
you can contact us on
ProductSafety@springernature.com

In case Publisher is established outside the EU,
the EU authorized representative is:
**Springer Nature Customer Service Center GmbH
Europaplatz 3, 69115 Heidelberg, Germany**

Printed by Libri Plureos GmbH
in Hamburg, Germany